婴幼儿
语言圣经

〔英〕莎莉·沃德◎著　　毛　敏◎译

BABY TALK

北京科学技术出版社

BABYTALK: MAXIMISE YOUR CHILD'S
POTENTIAL IN JUST 30 MINUTES A DAY BY
DR SALLY WARD

Copyright © 2004 by Dr. Sally Ward

Simplified Chinese edition copyright © 2016 by

Beijing Science and Technology Press

著作权合同登记号　图字：01-2011-117

图书在版编目（CIP）数据

婴幼儿语言圣经 /（英）沃德著；毛敏译 . — 北京：北京科学技术出版社，2016.7
ISBN 978-7-5304-8445-6

Ⅰ . ①婴… Ⅱ . ①沃… ②毛… Ⅲ . ①婴幼儿—语言教学 Ⅳ . ① G613.2

中国版本图书馆 CIP 数据核字（2016）第 131881 号

婴幼儿语言圣经	
作　　者：〔英〕莎莉·沃德	译　　者：毛　敏
策划编辑：赵丽娜	责任编辑：赵丽娜
出 版 人：曾庆宇	责任印制：吕　越
出版发行：北京科学技术出版社	图文制作：天露霖
社　　址：北京西直门南大街 16 号	邮政编码：100035
电话传真：0086-10-66135495（总编室）	0086-10-66113227（发行部）
0086-10-66161952（发行部传真）	
电子邮箱：bjkj@bjkjpress.com	网　　址：www.bkydw.cn
经　　销：新华书店	印　　刷：三河国新印装有限公司
开　　本：710mm×1000mm　1/16	印　　张：17.25
版　　次：2016 年 7 月第 1 版	印　　次：2016 年 7 月第 1 次印刷
ISBN 978-7-5304-8445-6/G·2162	
定　　价：49.80 元	

目　录

序言 ……………………………………… i

从出生到 3 个月 ………………… 1

关键能力的发育 ……………………… 1

第 1 个月 …………………………… 2
第 2 个月 …………………………… 5
第 3 个月 …………………………… 7

小结 ………………………………… 9
应该注意的问题 …………………… 10

与宝宝对话 …………………………… 11

独处每天半小时 …………………… 11
对话的环境 ………………………… 12
本阶段如何与宝宝对话? …………… 13
对宝宝提问的方式 ………………… 16
亲子游戏 …………………………… 16
双语或者多语家庭中的大人怎样
　对宝宝说话? …………………… 18
"半小时"之外,怎样对宝宝说话? …… 19
关于看电视或录像的问题 ………… 19

从 4 个月到 6 个月 ………… 21

关键能力的发育 ……………………… 21

第 4 个月 …………………………… 22
第 5 个月 …………………………… 24
第 6 个月 …………………………… 26
小结 ………………………………… 30
应该注意的问题 …………………… 30

与宝宝对话 …………………………… 31

独处每天半小时 …………………… 31
对话的环境 ………………………… 32
给宝宝"回答"你的时间 …………… 33

本阶段如何与宝宝对话? …………… 34
关注宝宝关注的事物 ……………… 37
对宝宝提问的方式 ………………… 38
亲子游戏 …………………………… 39
"半小时"之外,怎样对宝宝说话? …… 41
关于看电视或录像的问题 ………… 42

从 7 个月到 9 个月 ………… 43

关键能力的发育 ……………………… 43

第 7 个月 …………………………… 44
第 8 个月 …………………………… 49
第 9 个月 …………………………… 51
小结 ………………………………… 54
应该注意的问题 …………………… 55

与宝宝对话 …………………………… 55

独处每天半小时 …………………… 55
对话的环境 ………………………… 56
本阶段如何与宝宝对话? …………… 57
对宝宝提问的方式 ………………… 63
亲子游戏 …………………………… 63
亲子阅读 …………………………… 67
"半小时"之外,怎样对宝宝说话? …… 67
关于看电视或录像的问题 ………… 67

从 10 个月到 12 个月 ……… 69

关键能力的发育 ……………………… 69

第 10 个月 ………………………… 70
第 11 个月 ………………………… 74
第 12 个月 ………………………… 75
小结 ………………………………… 78
应该注意的问题 …………………… 78

与宝宝对话 …………………………… 79

独处每天半小时……………… 79
对话的环境…………………… 80
本阶段如何与宝宝对话？…… 80
重复也非常重要……………… 87
大量使用肢体语言…………… 88
对宝宝提问的方式…………… 89
亲子游戏……………………… 89
游戏材料……………………… 93
亲子阅读……………………… 93
"半小时"之外，怎样对宝宝说话？… 94
关于看电视或录像的问题…… 94

从 13 个月到 16 个月……… 95

关键能力的发育 ………… 95
第 13 个月和第 14 个月……… 96
第 15 个月和第 16 个月……… 101
小结………………………… 104
应该注意的问题……………… 105

与宝宝对话…………………105
独处每天半小时……………… 105
对话的环境…………………… 106
本阶段如何与宝宝对话？…… 107
本阶段的"禁忌"…………… 112
对宝宝提问的方式…………… 114
亲子游戏……………………… 114
亲子阅读……………………… 119
"半小时"之外，怎样对宝宝说话？… 119
关于宝宝玩电脑的问题……… 119
关于看电视或录像的问题…… 120

从 17 个月到 20 个月………123

关键能力的发育 …………123
第 17 个月和第 18 个月……… 124
第 19 个月和第 20 个月……… 128
小结………………………… 132
应该注意的问题……………… 132

与宝宝对话…………………133

独处每天半小时……………… 133
对话的环境…………………… 134
本阶段如何与宝宝对话？…… 134
本阶段的"禁忌"…………… 143
对宝宝提问的方式…………… 143
亲子游戏……………………… 144
亲子阅读……………………… 146
"半小时"之外，怎样对宝宝说话？… 147
关于看电视录像的问题……… 147

从 21 个月到 24 个月………149

关键能力的发育 …………149
第 21 个月和第 22 个月……… 150
第 23 个月和第 24 个月……… 154
小结………………………… 158
应该注意的问题……………… 158

与宝宝对话…………………159
独处每天半小时……………… 159
对话的环境…………………… 160
本阶段如何与宝宝对话？…… 160
本阶段的"禁忌"…………… 168
对宝宝提问的方式…………… 169
亲子游戏……………………… 169
亲子阅读……………………… 172
"半小时"之外，怎样对宝宝说话？… 174
关于看电视或录像的问题…… 174

从 2 岁到 2 岁半……………175

关键能力的发育 …………175
从 2 岁到 2 岁 3 个月……… 176
从 2 岁 4 个月到 2 岁半…… 180
小结………………………… 183
应该注意的问题……………… 183

与宝宝对话…………………184
独处每天半小时……………… 184
对话的环境…………………… 187
本阶段如何与宝宝对话？…… 187

本阶段的"禁忌"……………… 192
对宝宝提问的方式……………… 193
亲子游戏…………………………… 193
亲子阅读…………………………… 197
"半小时"之外，怎样对宝宝说话？… 198
关于看电视或录像的问题……… 198

从 2 岁半到 3 岁…………199

关键能力的发育 …………199
从 2 岁半到 2 岁 9 个月……… 200
从 2 岁 10 个月到 3 岁……… 202
小结……………………………… 206
应该注意的问题………………… 206

与宝宝对话…………………207
独处每天半小时………………… 207
对话的环境……………………… 210
本阶段如何与宝宝对话？……… 211
本阶段的"禁忌"……………… 216
对宝宝提问的方式……………… 217
亲子游戏………………………… 218
亲子阅读………………………… 221
"半小时"之外，怎样对宝宝说话？… 222
关于看电视或录像的问题……… 223

从 3 岁到 4 岁…………225

关键能力的发育 …………225
从 3 岁到 3 岁半……………… 226

从 3 岁半到 4 岁……………… 229
小结……………………………… 233
应该注意的问题………………… 233

与宝宝对话…………………234
独处每天半小时………………… 234
关于宝宝说话不流利的问题…… 234
对话的环境……………………… 236
本阶段如何与宝宝对话？……… 236
本阶段的"禁忌"……………… 240
对宝宝提问的方式……………… 241
亲子游戏………………………… 241
亲子阅读………………………… 245
"半小时"之外，怎样对宝宝说话？… 247
关于看电视或录像的问题……… 247

宝宝 4 岁了…………………249

关键能力的发育 …………249

坚持与宝宝对话…………251
本阶段怎样帮助宝宝？………… 251
亲子游戏………………………… 252
宝宝快上学了…………………… 253

结束语…………………254
附录 1…………………255
附录 2…………………257

序　言

我的故事

我非常热爱语言，对人际交流也有着浓厚的兴趣，这促使我成为一名言语–语言治疗师——言语–语言治疗师的主要工作是治疗各种语言交流障碍（从唇腭裂婴儿遇到的语言障碍到成年人与人交流时存在的口吃问题）。我在伦敦取得言语–语言治疗师从业资格，结婚之后我搬到了曼彻斯特，在那里我又获得了为听力受损者做治疗的资格。

之后不久，我有了自己的3个孩子——1个女儿和2个儿子，他们使我对人类语言能力和沟通能力的发育有了更加全面、深入的理解。

从1980年开始我就在曼彻斯特做兼职，我工作的地方如今被称作"曼彻斯特国家社区健康服务中心"，我的工作主要是在听力受损的孩子入学之前对其家长进行指导。除此之外，我还在治疗室上班，为有着各种不同程度的语言障碍的孩子做治疗。后来，我被任命为主治医师，一方面负责为存在语言交流障碍、听力困难和学习障碍的孩子做治疗，另一方面对言语–语言治疗师和其他相关专业人员进行专业培训。此外，我还有幸被聘为皇家言语–语言治疗师学院的语言发展障碍研究顾问，这样一来，全国的同行在需要的时候都可以向我咨询，我会对他们提出的问题进行解答。

随后，幸运再次降临在我的身上，我有幸获得西北地区卫生局3年的研究基金资助。在该基金的支持下，我通过研究找到了对1岁以下的婴儿的语言发育迟缓问题进行准确检测的方法，同时还完成了关于听力受损、学习能力低下以及患有耳聋和自闭症的孩子对声音的反应的相关研究。凭借这些研究，我获得了博士学位。在此之后，我被任命为首席言语－语言治疗师，负责为"曼彻斯特国家社区健康服务中心"有语言和交流障碍的孩子做治疗。

在工作中，我逐渐对儿童的听力和注意力发育产生了浓厚的兴趣，我发现这二者与儿童的语言能力发育有着密不可分的联系。后来，我和我的同事迪得莉盖尔·伯基特获得了一个定期为学前儿童做治疗的机会。迪得莉盖尔是一位非常优秀的、一直令我敬佩的言语－语言治疗师，我们两个人在工作中互相学习，取长补短，共同帮助我们的小患者提高语言能力和交流能力。我们逐渐掌握了一套效果甚佳的提高语言能力和交流能力的方法，这套方法完全依靠父母的力量来帮助孩子提高语言能力和交流能力。让我们感到欣喜的是，如果孩子的语言发展障碍不是由耳聋、自闭症、神经系统发育障碍或者整体发育迟缓所引起的，而且父母能够并且愿意按照我们的方法每天和孩子对话 30 分钟，那么孩子无论存在多么严重的语言障碍，都能够取得非常明显的进步。在短短的几个星期或者几个月之内，这些孩子理解和运用语言的能力就能达到同龄孩子的正常水平。对我——一位言语－语言治疗师——来说，最好的奖励就是家长看到孩子开始与他人进行语言交流时脸上露出的笑容。此后，我们俩就一直将这套方法作为一种干预治疗法，全身心地投入其应用之中。

我们使用"与宝宝对话"这套方法在曼彻斯特为很多来自贫寒家庭的小患者做了治疗，后来我又用它为来自全国不同地区、不同社会阶层的小患者做了治疗，这些孩子经过干预治疗之后，语言发育都有了明显的进步。

"与宝宝对话"研究

我和迪得莉盖尔探索和研究"与宝宝对话"这套方法的初衷是为了帮助语言发育滞后和有困难的孩子，但是后来我们突然意识到如果在孩子很小的时候就采用这套方法培养他们，也许能够从源头上避免他们出现语言发育障碍。就这样，我们一起进行了一项抽样研究，迪得莉盖尔是我的研究助手。我们走访了 373 名 10 月龄婴儿，我们的第一个发现是：这些婴儿虽然只有 10 个月大，但是在整体发育和语言能力的前期发育上已经有了很大的差异。婴儿成长的环境以及成人与之对话的多少和方式等因素都影响着他们的语言发育。在我们的抽样研究结束的时候，我们已经能够推测哪些婴儿可能出现语言发育迟缓问题。

为了验证我们的推测，我再次向西北地区卫生局申请了 3 年的基金资助，我的申请得到了批准。

于是，我们采用同样的抽样法，找出了 140 名 10 月龄婴儿，他们都存在不同程度（从非常轻微到极其严重）的语言发育迟缓问题。我们在平衡匹配语言发育、整体发育和社会背景这 3 个因素的条件下，将这 140 名婴儿分为两组：一组是实验组，家长采用"与宝宝对话"这套方法每天和婴儿交流半小时；另一组为控制组，不采用此方法进行交流。在接下来的 4 个月里，我和迪得莉盖尔先后 4 次拜访实验组的各个家庭，和家长们讨论他们日常生活中的几个问题，比如背景声音和电视对孩子有何影响，家长每天和孩子说多少话，以及他们以何种方式与孩子对话。然后，我们请他们遵照"与宝宝对话"这套方法的要求，每天和孩子交流半小时。

研究结果令人十分振奋：和我们之前在治疗室治疗过的孩子一样，实验组的孩子语言发育进展迅速，所有完成了这套方法的孩子的语言发育在 4 个月内都达到了同龄孩子的正常水平。而且，我们还得知家长和孩子都乐于享受每天半小时的交流时光，这让我们感到无比开心。

140 名被试者 3 岁时的情况

采用"与宝宝对话"这套方法对孩子进行早期教育，能够对孩子的发育产生持久的影响吗？这个问题对于这套方法的研究非常重要，于是我们对"与宝宝对话"研究中的 140 名被试者 3 岁时的情况进行了跟踪调查。

我们为什么选择在被试者 3 岁的时候进行第二次调查呢？这是因为大量研究表明：如果一个孩子在 3 岁时语言发育迟滞，那么在以后的成长中甚至在到达成人阶段以后，他的语言能力都会比较差。所有的研究都表明，这样的孩子中一直存在语言障碍和交流障碍的很多，存在学习障碍的也相当多。

对两组被试者 3 岁时的情况进行跟踪调查的结果令我们震惊不已：在未采用"与宝宝对话"这套方法的控制组中，85% 的孩子仍然表现出语言发育迟缓，个别孩子的问题还非常严重。**与此形成鲜明对比的是，在采用过"宝宝对话"这套方法的实验组中，几乎所有孩子的语言发育都已达到同龄孩子的正常水平，许多城区家庭中的孩子还超出了正常水平。**（在实验组中，只有 3 名成长环境恶劣的孩子的语言能力低于同龄孩子的正常水平。）其中，有些孩子表现出来的语言理解能力和表达能力已经与 4 岁半的孩子水平相当！他们能够理解复杂的长句，也能够流畅地表达自己的观点和想法。一个名叫约翰的小男孩，刚刚 3 岁就能轻而易举地理解这样的长句："去找一些深色蜡笔，把它们交给比利，让比利发给女孩子们。"要知道，这么长的句子通常只有 4 岁半的孩子才能听明白！不仅如此，约翰还能和大人们长篇大论地谈论恐龙，甚至还出人意料地使用了"灭绝"这个词。

另外，这个阶段的孩子在谈话技巧和游戏能力上也表现出了明显的差异。

上述研究结果表明，改变孩子成长环境中的相关因素，以及改变与孩子交流的方式，能够在很大程度上避免孩子出现语言发育障碍，同时也能够帮助语言发育滞后的孩子达到同龄孩子的正常水平。研究结果如此令人振奋，于是我们决定在这些孩子 7 岁的时候再做一次跟踪调查。

140 名被试者 7 岁时的情况

这次，我们邀请了两名心理学家和我们一起进行研究。我们请他们对两组孩子的发育水平进行评估，但是并没有告诉他们哪些孩子采用过"与宝宝对话"这套方法。两位心理学家采用很多项标准化测试（包括在英国被广泛采用的针对该年龄段孩子的智力测试）对两组孩子的发育水平进行了评估。

测试结果让我们再次感到万分欣喜！在实验组中只有 4 个孩子的语言发育有些迟缓，而在控制组中却有 20 个孩子存在语言发育迟缓问题。**事实上，实验组孩子理解复杂句型以及运用多种句型进行表达的能力的发育比控制组孩子平均领先 15 个月，其中一些孩子的语言能力已经与 10 岁半的孩子水平相当！另外，实验组孩子的阅读能力发育也比控制组孩子平均领先 15 个月。**

针对两组孩子进行的词汇测试也得到了同样的结果，而词汇测试通常被看做反映智力水平的最佳指标。词汇测试结果表明，语言水平最高的孩子已经能够理解"灾难"、"展览"、"碎片"和"报告"等词语。要知道，这些词通常只有 10 岁半以上的孩子才能理解！

最鼓舞人心的研究结果是：**两组孩子在智力发育上存在显著的差异。实验组孩子的平均智商在同龄人中处于前 1/3 的位置，其中 1/3 ~ 1/4 的孩子的智商属于非常出众的范畴。**相比之下，控制组孩子的平均智商在同龄人中则处于后 1/3 的位置，只有 1 个孩子的智商属于非常出众的范畴。

类似的差异也通过英国标准成绩考试（英文缩写为"SATs"，是英国 7 ~ 11 岁的孩子都要参加的考试）体现了出来：实验组所有孩子的考试成绩都达到或者超过了国家标准，而控制组有 1/3 的孩子没有达到国家标准。

另外，两组孩子在情感和行为发育、社交技能和集中注意力方面也存在显著差异。负责所有这些测评项目的心理学家对实验组孩子的评价是"注意力非常集中"、"乐于助人又很懂礼貌"、"非常友好，而且能够轻松自如地表达自己"。与此相反，他们对控制组 1/3 以上的孩子的评价却是"注意力容易分散"、"需中断多次才能完成一项任务"。所有评价中最让人难过的是：控制组中的部分孩子在整个过程中压力很大，非常担心失败。相反，实验组的大部分孩子在整个测评过程中都感觉非常轻松和愉悦。另外，实验组很多孩子的家长对孩子的评价也让我们十分欣慰，他们常说的一句话是："他现在能够非常自信地与人交流。"一个对我们的跟踪调查进行报道的电视节目摄制组在采访了实验组的几个孩子之后也给出了同样的评价。其中，一个小男孩给摄制组工作人员留下了深刻的印象：当他的妈妈告诉他可以和摄制组的人说话时，他就开始和他们聊天了，问他们有关他们的摄影器材的问题，还将他们的摄影器材和他爸爸的照相机进行比较。摄制组工作人员受到了极大的震撼，最后他们请这个小男孩为那期节目致结束语！

总之，通过各项评估，我们的研究证明了"与宝宝对话"这套为解决孩子的语言障碍问题而开发的方法对所有的孩子都是有帮助的，可以有效地促进孩子的发育。不言而喻，如果从孩子出生的那一刻起就采用这套方法对他进行早期教育，就是在为他创造一个能够最大限度地发挥潜能的机会。

本书的意义

在这本书中，我将告诉你如何最大限度地激发孩子的潜能。我的方法是最基本、最简单的，你不用花费太多的时间：每天只需 30 分钟，孩子就能有很大的进步。最重要的是，这套方法使用起来毫不费力，你和孩子都会乐在其中。让孩子在发育的关键阶段获得终身受益的优势，将让你获得最大的满足。

多年来在儿童语言发育领域工作的经验使我坚信，在孩子刚刚踏上人生旅途的时候，你能给予他的最宝贵的礼物，莫过于良好的沟通能力。本书将教你如何提高孩子的语言沟通能力，使其最大限度地发挥交际潜能。

"与宝宝对话"这套方法主要是为孩子今后的成长和进步打下全面的、坚实的基础，这些基础不仅包括理解和运用语言的能力，还包括听力、注意力以及游戏能力。许多人都不清楚这些能力其实是分阶段发育的，我们可以做很多事情来帮助婴幼儿更加轻松地、效率更高地从一个阶段过渡到另一个阶段。

"与宝宝对话"这套方法在任何时候都有益于孩子的发育，而且使用起来能够令家长和孩子都感觉轻松自如，没有压力。它虽然是我们基于广泛的临床经验、语言理论以及尖端研究而提出的，但是同时也深深地植根于我们人类本能的互动性。在"与宝宝对话"的过程中，我们不需要人为地创造教学环境，对话应该自然地融入婴幼儿的日常活动。

使用"与宝宝对话"这套方法的家长不必因为必须外出工作而感到紧张和内疚，也不必花费大量的时间和孩子待在一起以确保他达到最理想的发育状况。在孩子高度敏感的早期发育阶段，少许"完全正确的"刺激就能够取得极好的效果。每天只花 30 分钟就可以了，而且你很可能发现，你会自然而然地、毫不费力地在日常生活的其他场景中也使用本书中介绍的一些方法。

本书不仅适合父母、（外）祖父母以及其他家庭成员阅读，而且适合保姆和托儿所的保育员等阅读——事实上，它适合任何照顾孩子的人阅读。

在"与宝宝对话"的过程中，我相信你和我一样会对这套方法产生浓厚的兴趣。最重要的是，在你帮助孩子最大限度地发挥潜能的过程中，你和孩子能够感受和体会到交流的乐趣。

写给父母的话

本书描述了孩子各个阶段的正常发育水平，你会为孩子的成长感到惊奇和欣喜。另外，这些内容还能够让你明白"与宝宝对话"这套方法是如何与孩子的发育水平相适应的。

但是请记住：不要用书中介绍的内容来"测试"孩子。孩子的正常成长过程受许多因素的影响，不仅受环境因素的影响，还受遗传因素的影响以及发育的各个方面的相互影响。比如，如果孩子的运动能力发育十分迅速，那么他的语言能力发育或者游戏能力发育就可能稍微慢一些。因此，每个孩子都有自己独特的成长模式。

另外，当你看见本书的时候，你的孩子可能已经长大了。如果他出现过耳疾或者长期生病等影响语言能力发育的问题，他的语言能力可能低于同龄

不要试图"测试"孩子

观察和关注孩子与测试孩子是两个完全不同的概念。测试可能促使你主动去教孩子,而不是为孩子创造适当的成长环境,让其最大限度地发挥自己的潜能。

一般来说,对于书中讲到的孩子发育的各个方面家长都不必特别担心,但是当孩子的能力落后于同龄孩子的正常水平达到如下程度时,家长就应该引起注意了:

★ 1 岁孩子的发育落后同龄孩子 2 个月以上。

★ 2 岁孩子的发育落后同龄孩子 3 个月以上。

★ 3 岁孩子的发育落后同龄孩子 4 个月以上。

★ 4 岁孩子的发育落后同龄孩子 6 个月以上。

关于这个问题,在每个阶段中都有更加详细的介绍,如果你实在担心孩子某方面的发育情况,那就带孩子去言语 – 语言治疗师或者医生那里进行确认,因为如果你非常担心孩子的发育状况,就很难全身心地享受和孩子在一起的时光。

孩子。这时,你可以翻到书中符合他的发育水平和理解能力的部分,开始采用"与宝宝对话"这套方法来帮助他。我希望在这套方法的指导下,你能够亲眼见证孩子的巨大进步,但是如果你十分担忧孩子目前的状况,请立刻寻求言语–语言治疗师的帮助。

如果孩子的语言能力发育迟缓是学习障碍或者自闭症等问题导致的,那么请务必带孩子接受语言治疗。但是我相信,无论孩子接受什么样的治疗,"与宝宝对话"这套方法都能够从旁起到辅助治疗的作用,所以你可以和言语–语言治疗师交流一下这套方法。在等待治疗的过程中,这套方法对你一定大有帮助,而且不会给孩子带来任何伤害。

　　我有一个朋友，她的儿子本尼患有唐氏综合征。有一天她问我："本尼4岁了，'与宝宝对话'这套方法对他还有用吗？" 我给了她非常肯定的回答，并且告诉她不要根据本尼的年龄来确定"对话"的起点，要花几天时间认真观察本尼，了解他的语言理解能力，然后根据现状从相应的部分开始。她照我的要求做了，发现本尼能够理解不少人和物的名称以及一些简短的词组，于是从2岁的水平开始采用"与宝宝对话"这套方法与他交流。这母子二人十分乐于享受在一起"对话"的快乐时光，本尼的语言理解能力和表达能力在半年之内就达到了4岁半孩子的正常水平。在这之后，由于先天条件所限，本尼可能再也没有这么快的发育速度了，但是他的妈妈相信他一定能够发挥自己最大的潜能。

从出生到 3 个月

关键能力的发育

生儿育女是一个人生活中最重要的经历。在宝宝刚出生的那几周，你可能完全沉浸在端详宝宝和照顾宝宝的欣喜当中。如果这是你的第一个宝宝，你可能和我一样发出这样的感慨：照顾宝宝实在是一项忙碌而又辛苦的工作。但是，如果你是一位幸运的妈妈，宝宝在出生 6 周左右就能睡一整夜觉的话，你就不会像最初那样辛苦了。

刚出生的宝宝几乎什么都不会做。他无法控制自己的身体，只会在吃奶的时候把小脑袋转向妈妈的乳房或者奶瓶。在刚出生的那几周，他经常会哇哇大哭，而大人们根本不知道他为什么哭，不知道他到底想要什么。不过，尽管看上去十分无助，新生儿从呱呱落地的那一刻起就有他自己认识这个世界的方法。他会睁开眼睛观察世界，竖起耳朵倾听声音（尽管在刚出生的那

> **请注意：** 本书中所介绍的儿童各阶段发育水平都是平均水平。
>
> 不同宝宝的成长速度存在差异，而且某一方面发育迅速通常会导致另一方面的发育暂时落后。所以，即使你的宝宝在某一阶段某方面的能力没有达到本书中的相应水平，你也不用担心和沮丧。更多内容，参见第 10 页"应该注意的问题"。

1

几周里，他的视力和听力还没有发育完全），张开嘴巴品尝味道，吸着鼻子感受气味。小宝贝还可以通过他娇嫩的肌肤接收许多来自外部世界的信息，他尤其喜欢温暖、舒适的感觉，以及你对他的爱抚。

你还会惊讶地发现，宝宝也有他自己的方法与你进行交流。尽管一开始你还不知道他想告诉你什么，不过不用着急，3个月之后，你就能明白他的意思了。

第1个月

语言能力和沟通能力发育

刚出生的宝宝完全处于无助和需要人照顾的状态，然而令人惊讶的是，他已经可以用多种方式与周围的大人互动了。从来到这个世界的那一刻起，他就能表达自己的情绪，并且很快就能在沟通中加以应用。

出生后不久，宝宝便可以对周围的人作出回应：当有人对他说话、抱起他或者注视他时，他会安静下来；当他在妈妈的怀抱里与妈妈四目相对时，他的注意力最为集中（这可真是大自然的巧妙安排）；当有声音传来时，他会停止自己的动作，饶有兴趣地去听声音；到满1个月时，他就可以注视附近有声音的地方了。

刚出生的时候宝宝只会哭，但是不久他就能发出一些声音了。不过，此时他发出这些声音并不是在和你交流，并不是要告诉你什么。在这个阶段，他另有沟通手段——他会通过眼神或者哭闹告诉父母他是否想睡觉、是否觉得舒服，还会主动寻求和大人的目光交流。

在最初的几周里，宝宝会由于身体的各种反应而大哭或者打嗝。他们发出这些声音并不是在进行有意识的沟通，不过，周围的大人会将其当做有意识的沟通，于是积极作出回应，给予关注。这样的回应为随后而来的真正沟通打下了基础。宝宝渐渐就会明白，他不同的行为可以得到不同的回应，比如：

他一哭闹，妈妈就会说"哦，你想换尿布了"；他一朝玩具看，妈妈就会一边说"宝宝想看娃娃了"，一边把玩具娃娃拿到他身边。

1个月的宝宝觉得观察人的脸很有趣，会经常看人的脸，这是因为他喜欢明暗的对比，喜欢立体的而不是平面的物体，喜欢弯曲的而不是笔直的线条。出生仅仅36小时之后，宝宝就能辨认妈妈的脸。与看陌生人的脸相比，新生儿更喜欢凝视妈妈的脸庞。我们不得不说，小家伙的认知能力实在令人吃惊！新生儿喜欢观察处于动态的人，胜于观察处于动态的动物或者物品。他还具有超凡的学习能力，如果有人朝他吐舌头或者张嘴巴，他就会学着做！但是这种能力在两三周后会自行消失。此外，新生儿还会模仿成人的面部表情，做出不高兴、开心或者吃惊的样子。目前，还没有人清楚地知道新生儿为什么具备这些本领。

动作能力和认知能力发育

从妈妈肚子里一出来，宝宝就开始去探索这个未知的世界。他会把小脑袋转向有光亮的地方；尽管视力发育还不健全，他已经知道一个物体无论从哪个角度或者距离去观察，大小和形状都是永恒不变的；而且，在这么小的时候，他就已经能够分辨几种形状了，比如十字形、圆形和三角形。

新生儿缺乏身体控制能力，因此身体的动作很不稳当。和所有的脊椎动物一样，婴儿身体控制能力的发育是从头到脚逐步完成的：他首先能够支配自己的小脑袋，接着是躯干部分，最后才能控制自己的两条腿。现阶段，你如果扶住宝宝的肩膀，他就能立起脑袋，并将这种姿势保持一小会儿。此外，宝宝还会出现一些特定的肢体反射动作，比如：手的抓握动作——如果你把摇铃放在宝宝的手掌中，他会立刻把手握起来；行走动作——如果你扶着宝宝让他站直，他会移动双腿做出走路或者迈步的动作（不过这只是行走反射，只能持续几周，之后就会被有意识的动作取代）。

注意力发育

新生儿的注意力有两个重要的特征：一是注意力保持的时间非常短暂；二是完全没有办法抵抗干扰。

在第 1 个月你会观察到，宝宝看一件玩具的时间是非常短的。同样，他也只能短时间地看着你的脸。即使在你喂他的时候，你也只能短暂地捕捉到他的眼神。

听力发育

听力，具体指的是将注意力集中在我们想听的声音上并保持一段时间，同时屏蔽我们不想听的声音的能力。听力是一种从出生就开始发育，并呈阶段性进步的能力，它的发育是一个长期的过程。听力是最容易被忽视的婴幼儿发育领域，而实际上它对语言能力发育和智力发育至关重要。婴幼儿的听力发育极易受环境的影响，在后面我将对此作详细介绍。

宝宝在呱呱坠地的第一天，就能辨认爸爸妈妈的声音。如果把爸爸妈妈的声音处理成宝宝在子宫里听到的样子，并录下来放给他听，他就会有更强烈的反应。这个事实证明，小家伙听爸爸妈妈的声音已经有一段时间了。此外，新生儿还能对妈妈在怀孕期间经常看的电视节目作出反应。（事实上，宝宝在出生之前的 2 个月里一直在倾听外界的声音，他的听觉系统在孕期第 7 个月就开始工作了！）

新生儿的听力没有成人的听力敏感。不过，在出生短短几天之后，宝宝就能分辨自己的哭声和其他婴儿的哭声，还能分辨真宝宝的哭声和电脑合成的哭声——具体表现为：听到前者时他哭得更厉害。在这个阶段，宝宝更喜欢听音调较高的声音以及抑扬顿挫、富于变化的声音。

宝宝倾听声音的表现还有：低而平静的声音会让他产生反射性的转头动作；当附近有新的声音出现时，他会停止自己的动作。最初，宝宝对身边所有声音的反应都是相同的，因为这些声音对他还没有什么意义。（你能想象，如果你不知道杯子和碟子相互碰撞的叮当声或者钥匙开门的声音意味着什么，会是什么样子吗？）

只用几周时间，新生儿就能理解他经常听到的、对他有重要意义的声音，比如与喂奶相关的声音。当然，刚开始，只有当这些声音离他很近的时候，他才能理解；不过，随着他对这些声音和其来源之间的联系越来越熟悉，他能够从更远的距离理解和辨认这些声音。

第2个月

语言能力和沟通能力发育

大约在第6周，宝宝会露出第一次真正的微笑。这是一个奇迹般的时刻，宝宝的微笑具有强大的力量，足以融化大人们的心。大人们愿意做任何事情以博宝宝一笑，哪怕是头顶地脚朝天也心甘情愿。这一阶段的宝宝会自发地发音和微笑，即使是在没有人看他的时候，他也会发出声音、面露微笑（他对除人以外的外界刺激也会露出笑容）。另外，他已经学会和大人进行目光交流——他开始看着你的眼睛，表示交流开始；他开始转移目光，表示交流结束。

宝宝在现阶段对周围的环境（尤其是对人）充满了好奇，他会经常转头看着有声音的方向，好像在很专注地听人说话。到了2个半月左右，当有人和他说话的时候，他有时会露出微笑，还会对说话人的语调作出回应！

宝宝的发音能力在不断进步，在心满意足的时候，他会不时发出"喔啊"声。"喔啊"声比哭声更轻、更悦耳，宝宝通常先发一个近似于辅音的声音，再发一个近似于元音的声音，有时也会重复发一个音。如果饿了，宝宝会发出一种特殊的声音告诉大人他想吃奶了，这可是宝宝发出的第一种有意义的声音！另外，在没人关注他的时候，他还会发出"咕咕哝哝"的声音，想引起你的关注。

动作能力和认知能力发育

现阶段，宝宝醒着的时间会变长，时间也会更加固定。这时，宝宝的动作能力发育完全受"非对称性紧张性颈反射"的影响，他会把头转向他更习惯的那一边，而且会伸展相应一侧的胳膊，弯曲另一侧的胳膊。这个姿势会限制他的视线范围，但是他的眼部肌肉控制能力正在增强，当听到摇铃声时，他可以转过头去看，而且可以一直看着移动的光线或者物体——他的目光刚开始只能在水平方向移动，后来也能在竖直方向移动。宝宝喜欢看别人玩游戏，有时候还可以长时间地关注一件事物。他的头部控制能力也在日益增强，俯卧时他可以把头抬起来。洗澡的时候，宝宝会精力旺盛地在水里踢来踢去，这表明他的小胳膊小腿越来越有力量了。

注意力发育

在第 2 个月，宝宝的注意力进一步发育，他能够短时间地保持注意力：刚开始是对水平移动的物体感兴趣，大概 1 周后就能关注竖直移动的物体了。你会发现，他甚至还能聚精会神地注视他感兴趣的东西，有时也会饶有兴趣地注视你的脸，但是时间仍然很短暂。在这个阶段，他开始注意周围所有的声音，而不是只关注他非常熟悉的声音。

听力发育

在第 2 个月，宝宝对很多声音都会产生兴趣，能够较长时间地倾听一个有趣的声音。本阶段听力发育的一个明显特征是：宝宝产生了辨别音素的能力（音素是最小的语音单位）。举例来说，宝宝已经能够分辨"爸爸"和"怕怕"之间的微小差别。也许我们可以说婴儿天生就具有学习语言的能力，也许语言原本就是人类的固有特征之一。

2个月的宝宝还能够分辨男性的声音和女性的声音。

第3个月

语言能力和沟通能力发育

长到8周大以后，宝宝会更加频繁地注视大人，并对着大人发出"啊"、"哦"、"喔"的声音。到了12周大，宝宝喜欢与人交流的倾向就越发明显了，他会经常对着人（尤其是他的妈妈）发出声音。在这个阶段，宝宝第一次能够对妈妈面部的表情和说话的语调作出回应，而且他自己也能够做出表情了——不过，他更愿意对自己熟悉的人露出微笑。

3个月的宝宝对语言的兴趣急剧增长，他经常四处张望，寻找说话的人。他能够分辨生气的声音和友好的声音，而且更喜欢看着人的嘴而不是整张脸，他似乎在想：原来这些有趣的声音就是从这里发出来的啊！现阶段，宝宝对所有的声音都更感兴趣了，并且会用目光四处追寻它们，比如开门的声音、餐具互相碰撞的声音，以及干家务活时弄出的声音。宝宝会安静地听音乐，他喜欢各种音乐——无论是流行的还是古典的——不过相对而言，他还是更加钟情于舒缓柔和的音乐，当然他最爱的还是妈妈温柔的歌声。

现在宝宝能够发出更多、更清晰的声音，而且越来越多地对着自己发音。有时他能够连着发出2个以上的不同音节，其中包含一个辅音和一个元音；有时他还能够把10个以上的短小音节连在一起，发出一连串"啊呀"声。在宝宝吃奶的时候，以及他吃饱以后，你有时会听到他发出一长串类似于元音的声音。3个月的宝宝会有声有色地笑，天真而快乐，当你对他微笑的时候，他也会给你一个甜美的笑脸。

在这个阶段，宝宝最常发的就是"喔啊"声，高兴的时候他还会发出各种声音来自娱自乐。当你和他面对面的时候，有时你还会看到他用自己的舌头和嘴唇做出各种动作，似乎想尝试说话。起先，他用小嘴巴的前部发音，然后逐渐转移到后部，这样他能发的音就更多了，他用来表达自己心情的声音就更丰富了，比如高兴的时候他或咯咯一笑，或哈哈大笑，或尖声大叫。

宝宝的交流性发音也在进步。有人和他说话的时候，他有时会发出声音给予回应；有人注视他的时候，他会一边露出让人难以抗拒的微笑，一边发出"喔啊"声。宝宝和大人之间激动人心的语言沟通开始了！这种沟通是一个人持续一生的语言交流的真正萌芽！当有人和他对话时，尤其是当他熟悉的人眉飞色舞地和他对话时，宝宝能够发出更多的声音。

动作能力和认知能力发育

3个月的宝宝头部控制能力增强了，这让他在很多方面有了进一步的发展。他可以控制全部12块控制眼部运动的肌肉；仰卧时，他能够抬起头；坐在大人膝盖上时，他的头能够稳稳地立起来；他能够使自己的目光从一个物体上转移到另一个物体上，并且追随转圈的物体和被拉着走的物体。

在这个阶段，非对称性紧张性颈反射和宝宝曾有过的大部分反射将逐渐消失。他不再愿意躺着了，而是愿意坐着，因为他喜欢看周围的世界，坐起来的话他的视野就开阔多了。他开始对周围的环境产生一些意识，能够很快看到面前的玩具，看到之后显得十分开心，还会伸手去抓。他会四处挥动自己的胳膊，还会把它们放在胸前，然后玩自己的手指，好像他是第一次注意到自己的手指一样。他会仔细地盯着自己的小手看，如果把摇铃放在他的手里，他能够抓住摇铃。此外，3个月的婴儿依然喜欢在洗澡的时候踢水玩。

与之前我们对小月龄婴儿的认知能力的认识不同，最近的研究显示，小月龄婴儿对物质世界的规律已经有了较深的认识：他知道固体不能彼此穿过，也知道它们不能没有任何支撑地被放在半空中。还有研究显示，3个月的宝宝知道被藏起来的东西虽然看不到了，但还是存在的，他还能记住这些东西的一些特性，比如大小和硬度等。既然宝宝在八九个月大之前就知道看不见的东西仍然存在，那么为什么直到八九个月大他才去寻找藏起来的东西呢？这个问题直到现在还是一个未解之谜。

宝宝从出生起就一直在学习各种概念，到3个月大时，如果你给他看一组马的图片，他就会形成"马"这个概念，而不会把其他动物（包括斑马）当做马。出生仅仅3个月，宝宝就成了一名能干的小小科学家。

注意力发育

在第3个月，宝宝开始显现出控制注意力的能力。他第一次能够主动地将视线从一个物体上转移到另一个物体上，尽管注视的时间不会很长。他还可以一直看着在地上转圈的玩具，或者被拉着走的玩具。他用来观察人的时间比以前更长了，他会盯着说话人的嘴巴看，还喜欢看人们走来走去。在这一阶段结束的时候，宝宝第一次能够把他的视线朝你看的方向转移，这标志着一种新的能力——关注大人所关注的事物——开始发育了，这种能力对语言学习至关重要。

听力发育

从前面的介绍中，我们非常清楚地看到宝宝在为与他人交流做充分的准备，他的听力发育就说明了这一点。在第1个月，宝宝会寻找说话者，听到声音会安静下来；在第1个月结束的时候，宝宝可以分辨不同的音素；到了第2个月和第3个月，宝宝变得更加喜欢听说话的声音，并会对音乐和周围的所有声音都产生浓厚的兴趣。

不过，本阶段宝宝还不具备屏蔽背景声音并专注于前景声音的能力，而这正是采用"与宝宝对话"这套方法与他交流的重要意义所在。

小结

满3个月的宝宝应该具备以下能力：

★在你和他玩的时候，能够咯咯地笑，告诉你他多么喜欢这样。

★能够发出"喔啊"声，能够发出许多不同的短小音节，其中包含一个辅音和一个元音。

★在你对他说话的时候，偶尔会发出声音回应你：你和宝宝的对话开始了！

★对说话的声音非常感兴趣，能够左右寻找说话的人，非常喜欢看人的嘴。

★对其他声音也表现出兴趣，比如干家务活时弄出的各种声音他都喜欢听。

★非常喜欢听音乐，而且将这种喜爱表露无遗。

应该注意的问题

以上介绍的是宝宝的正常发育状况，你肯定也非常希望尽早了解宝宝在发育过程中可能出现的异常情况。如果出现以下几种情况，建议你带宝宝去找专业人士咨询。（不过，请记住：宝宝在某一方面快速发育可能导致其他方面的发育暂时延迟。）

我还想强调一点：这里所列的问题并不能代替专业人士的意见，如果你对宝宝的发育状况有任何疑虑，而你所担心的问题并不在下列问题之中，我也希望你尽快带宝宝去寻求儿科医生等专业人士的建议。

宝宝满 3 个月时，如果出现以下情况，请务必重视：

★不会微笑。

★和他说话或者把他抱起来也不能使他安静。

★不会发带元音的"喔啊"声。

★不会转向有光亮的地方，听到摇铃声也不会转头。

★到了该吃奶的时候，不会用哭来表示。

与宝宝对话

迎来这个神奇的小生命，你欣喜的心情难以言表。和全天下的父母一样，你一定也想为这个看似无助的小家伙创造最好的条件。

其实，你不用太为他担心。我们已经知道，新生儿在和他人的互动中远远不是一个被动的参与者，他会积极主动地参与其中。大自然也赋予了我们成人一种能力，一种可以用恰当的方式和婴儿进行交流的能力。虽然照顾宝宝的许多方法只有通过学习才能掌握，但有趣的是，在宝宝刚出生的时候，我们就知道该如何与之交流，这也是人类发展最有趣的现象之一。不同文化中照顾孩子的方法大不相同，但是成人和婴儿本能的交流却如出一辙。遗憾的是，随着宝宝一天天长大，这种情况发生了变化，渐渐地我们都需要学习该做些什么以及该怎么去做。

在最初的几个月里，如果一些重要条件得到了满足，我们就可以轻松自如地与宝宝进行顺畅的交流。我们将详细讨论这些重要条件，在后面的发育阶段中还将详细描述宝宝在这些条件下必然会取得的进步。如果发现宝宝在哪一方面没有进步，你就可以轻松愉快地作出调整。

独处每天半小时

在"与宝宝对话"这套开发宝宝潜能的方法中，一个最基本的、贯穿始终的要求是：**你要保证每天都和宝宝独处 30 分钟——在这半小时里，你们能够全身心地关注对方。**全身心的陪伴是你能给予宝宝的最好礼物，对宝宝的发育有着不可估量的益处——在宝宝成长的不同阶段，你的陪伴对他有着不同的意义。但遗憾的是，我们虽然每天有很多个 30 分钟，却很少和孩子（尤其是那些不是家中第一个宝宝的孩子）单独待在一起。尽一切努力养成每天和宝宝单独相处 30 分钟的习惯吧，你会发现这样做是值得的。

与 3 个月以内的宝宝的对话可以利用喂奶或者换尿布的时间（若不足半小时可以延长）进行，而不必特意另找时间。这是你和宝宝相互

单独和宝宝在一起

了解的绝好时机，能够让你学着从宝宝的角度看世界，也能够让你全面了解宝宝令人惊叹的能力。

对话的环境

"与宝宝对话"这套方法的另一个基本要求是：**在这宝贵的半小时中，**

与宝宝对话时室内保持安静

你和宝宝必须处在一个安静的环境里，要尽可能地不受外界事物的干扰，也就是没有电视，没有录像，没有广播，也没有音乐（尽管在某些时候和某些环境中，

这些东西是必需的）；也要尽可能地不让其他人进出。正如我们所知，宝宝注意力最初的发育是缓慢、细微却十分重要的，只有在没有干扰的安静环境中才能进行。

另外，宝宝的听力现在刚刚开始发育，需要经历一个很长的过程才能最终发育成熟，到那时宝宝才能熟练地屏蔽背景声音，专注于特定的前景声音。宝宝在刚刚开始发展这种技能的时候，要求背景声音与前景声音之间有很大的差异。

在这个阶段，婴儿形成了辨别不同音素的能力，比如能够分辨"爸爸"和"怕怕"。很多研究显示，婴儿的这种分辨能力只有在适宜的环境中才能形成，即婴儿必须有大量机会听到非常清晰的话语。研究还显示，成人彼此说话的背景声音对婴儿形成分辨能力无益，因此，每天必须有一些时间是婴儿在一个格外安静的环境中倾听一个成人对他说话。这就意味着，尽管家长们都希望享受与宝宝对话的美好时光，但是不要几个人同时和他说话。

我们生活在一个日益嘈杂、充满诱惑的社会中，很多婴儿从来没有体验过待在一个只能听到和注意一种声音的环境中的感觉。我在一项涉及几百名

婴儿的调查中了解到，86% 的婴儿属于这种情况。

听力和注意力对宝宝今后的学习非常关键，我将介绍许多提高这两种基本技能的方法，但目前最为重要的就是创造安静的环境。

本阶段如何与宝宝对话？

多和宝宝说话

在宝宝出生的第一天，就要开始和他说话。大量的研究证明：宝宝的语言输入量与其语言能力发育紧密相关，因此任何时候开始和宝宝说话都不算早。当然，此时他还不明白你在说什么，但是你的声音可以清楚地把你的感情传递给他。你和宝宝之间的相互交流是增强彼此亲密感的重要途径，对宝宝一生的心理健康至关重要。我们已经知道和宝宝说话在安抚宝宝的过程中是多么有效，更重要的是，这也是你回应宝宝的重要方式——表明你不仅将宝宝当做一个独特的个体来接纳，而且将他当做一个需要加入团队的社会人来对待。

经常和宝宝说话

尽管在以后的阶段中你和宝宝的对话内容很重要，但是在这个阶段你跟他说什么并不重要。你可以跟他说说正在发生什么事情，或者你正在想什么。比如，你可以说："我们一起玩吧。哦，你正在看娃娃呀！"我清楚地记得，在和刚出生3天的女儿从她出生的医院回家的路上，我一直都兴致勃勃地给她介绍沿途的建筑。你还可以这样说："我非常喜欢宝宝房的绿色墙纸，上面有可爱的小动物，我希望宝宝也喜欢。"

用特别的方式对宝宝说话

在你和宝宝独处的安静环境中，用特别的方式对他说话：

★使用简短的句子，语调要抑扬顿挫，比如，你可以说"宝宝，来抱抱"或者"宝宝在我的腿上"。

★对宝宝说话的时候，你的声调要比和成人说话时稍微高一点儿。

★说慢一点儿，每个词组或者句子中都有适当的停顿。

★大量重复，比如，"这是宝宝的手指，一根手指，又一根手指，又一根手指……"，或者"这是娃娃的眼睛，这是娃娃的鼻子，这是娃娃的嘴巴……"。

**大量
重复**

★你和宝宝一定要面对面，靠得很近，这样你可以多抚摸宝宝。

★多说一些好听的话，比如，"谁这么棒啊？你啊。是的，就是你，你最棒！"。

这是我们天生就会的与宝宝对话的方式，宝宝会自动将其激活。有趣的是，这种方式不仅深受宝宝的喜爱，而且对宝宝各方面的发育非常有帮助，比如，它使宝宝在满月的时候就能够分辨不同的音素——最小的语音单位。婴儿对节奏韵律、较高的音调和优美的语调非常敏感，成人对婴儿说话时在这些方面会表现得很夸张。成人之所以用较高的音调和婴儿说话，是因为与成人相比，婴儿的外耳道的大小和形状更容易与高频率的声音产生共振。

**用较高的音调
对宝宝说话**

这也是最能吸引宝宝注意力的说话方式，与这种说话方式相伴随的微笑、动作以及面部表情也能吸引宝宝的注意力。与注意力紧密相关的是宝宝的兴奋状态，你可以通过在对话过程中改变头部动作和目光注视的频率来调节宝宝的注意力，使他既不会十分无聊，也不会过度兴奋。那么，为什么要重复说过的话呢？这是因为宝宝的大脑只有经过多次刺激才能建立连接。

开始和宝宝"对话"

在刚开始的那几周，你和宝宝可能同时发出声音，这没有关系。

到了6～8周，情况会有一些小小的变化，这些变化标志着你和宝宝的"对话"真正开始了。你会根据他的行为作出相应的回应，比如：当他发出"喔啊"声的时候，你也对他发出"喔啊"声；当他左右摇晃脑袋的时候，你也左右摇晃脑袋；

当他冲你乐的时候，你也立刻给他一个笑脸。这就是宝宝持续一生的交流的真正开端。你会发现，当你带着夸张的表情，语气生动、语音婉转地同宝宝说话时，他会发出更多的"喔啊"声；同样，当他手舞足蹈、表情丰富、咿咿呀呀地进行自我表达时，你也会越来越多地对他作出回应。你会对宝宝的各种行为作出回应，仿佛他是在向你表达什么特定的意思，比如，当他大吵大闹的时候，你会说："哦，宝宝饿了吗？我给你喂奶吧！"这将帮助宝宝慢慢明白发出声音能够产生特定的效果，并引导他逐渐学会如何表达特定的意思。

> 开始和宝宝进行互动式"对话"

当宝宝 3 个月大时，你会发现自己越来越多地与他进行互动式"对话"——你会模仿他发出的声音，还会经常对他的无意识交流行为作出回应。多多模仿宝宝的声音吧，这是现阶段与宝宝"对话"的最佳方式。

> 模仿宝宝发出的声音

多给宝宝唱歌

这几个月一定要多给宝宝唱歌。宝宝喜欢你的歌声，能够从你的歌声中得到安抚，最重要的是你的歌声能够强化"听声音是一种享受"这一观念。从听的角度来说，在安静的环境中，没有什么比歌声更动听。唱什么歌在现阶段并不重要，唱任何你想得起来的或者喜欢的歌曲就行，重复唱过的歌曲对宝宝也很有帮助。

你可能想知道，在每天半小时之外你是否还会用以上方式和宝宝交流。答案是大多数时候你会，但是有时候，比如当你忙着干活没有时间陪他的时候，你会一口气跟他说上一大段话："我在削土豆，一个已经放到盘子里了，另一个马上就要削好了。我得快点儿，今天咱们得早点儿吃午饭。"跟宝宝说这些话有两个作用：第一，虽然你没有和宝宝进行面对面的交流，但是这些话能够让你们保持密切的联系；第二，这些话能够让宝宝感受语言的全貌，包括节奏、音调、重音等，它们对宝宝来说是重要的语言学习素材。

对宝宝提问的方式

在这里，我要简单地说一说大人应该如何对宝宝提问。在与宝宝"对话"时，你会发现自己经常对宝宝提一些问题。这对宝宝的发育是否有帮助呢？这主要取决于你为什么提问、如何提问以及提多少问题。在宝宝出生的头 3 个月，你会问很多"谁是个聪明的宝宝啊？"之类的问题，这样的问题显然并不需要回答，只是为了表达对宝宝的爱意，完全可以问。在本书后面的部分中我们将讨论如何利用这类问题以及其他类型的问题促进宝宝发育。

亲子游戏

在宝宝发育的任何一个阶段，游戏都与语言输入有着密切的关系。在这一阶段，它完全以大人和宝宝的互动为基础，不涉及任何外部物品或者事件。大人是宝宝唯一的游戏"必需品"！聪明的宝宝还会引导你跟他玩他最喜欢的游戏。

在新生儿时期，宝宝非常喜欢玩身体游戏。此时，你应该是游戏的发起者，你可以拍拍他的小脚，轻轻挠他的小脸蛋，让他的小手指绕着你的手指，数

玩具箱

★ 颜色对比强烈的（尤其是黑白对比的）、有趣的悬挂玩具，能够吸引宝宝的注意力。

★ 小铃铛，以及其他带音乐的玩具，有助于锻炼宝宝的听力。

★ 颜色鲜艳、容易抓握、安全可靠、能放在嘴里咬的玩具，很受宝宝欢迎。

★ 不同的材质能带给宝宝不同的感官刺激，现阶段一小块布也许就是宝宝最好的玩具。

数他的手指头和脚指头，还可以用头轻轻去碰他的小肚子。所有这些你和宝宝都非常喜欢的游戏，以及前面我们讨论过的口头语言输入（参见第13页），都能够刺激宝宝，使他始终以最好的状态利用他的感觉系统去探索周围的世界。在刚开始的几周里，游戏不仅是你与宝宝建立信任关系的重要途径，而且是你与宝宝交流想法和增进了解的保留节目。这一切都为宝宝的语言能力发育奠定了重要的基础。

当宝宝到了2个月大的时候，你和他将如第15页所描述的那样"轮流发言"，这将成为游戏中很有意思的一部分，但是这个时候更多的是你去迎合他，而不是他来适应你。

到3个月大的时候，宝宝会有很大的变化和进步，你需要给他提供足够的东西，让他去看，去听，然后去抓。如果你给他一个摇铃，他会开心地摇啊摇。他不仅喜欢摆弄你递给他的东西，还喜欢自己伸手去抓东西。宝宝主要靠他的小嘴巴进行探索，但是也能看到远处的物体，你需要引导他转移视线，这样他才能看到不同的东西。此外，请记住：宝宝不仅需要时间和大人一起玩，也需要时间独自去玩、去探索。

宝宝喜欢听音乐和唱歌，还喜欢光着身子自由自在地活动！

有一位父亲告诉我，他是法国人，他的妻子是希腊人，他们全家又住在伦敦，他想知道他们应该对刚满月的女儿说哪种语言。每当听到这样的问题，我的第一个反应就是：这个小姑娘是多么幸运啊！她有机会熟练地掌握3个国家的语言，还可以接触不同文化中的诗歌和其他文学作品。我的回答是：首先，他们完全不必担心英语的学习，因为他们的女儿在成长过程中会从周围环境中自然地学会英语；然后，他和他的妻子在与宝宝单独相处时用各自的母语对她说话，这样她一定能够毫不费力地掌握这两种语言——如果他们按照"与宝宝对话"这套方法去做，效果会尤其明显。这样的基础训练也能够使他的女儿将来轻松自如地掌握第三种语言——英语。

双语或者多语家庭中的大人怎样对宝宝说话？

很多双语或者多语家庭中的父母对宝宝学习语言的问题感到十分困惑，纷纷向我咨询应该教宝宝哪一种语言。

许多父母认为双语或者多语环境可能给宝宝造成困惑，使得宝宝的语言能力发育比单语环境中的宝宝慢。但是事实上，这种状况仅仅在父母大量混合使用两种语言的时候才会出现，比如，在同一个句子中使用不同语言中的词语，或者和宝宝说话时使用的不是自己的母语——后者尤其需要引起注意。我们知道，当我们说的不是自己的母语时，就很难对说话的方式进行调整，而"与宝宝对话"这套方法的中心任务就是在和宝宝的嬉戏中调整和宝宝说话的方式，用特别的语气和语调与宝宝对话。另外，传统的童谣和语言游戏对宝宝的语言能力发育也大有裨益，但是如果你和宝宝说话时使用的是非母语语言，那么你可能根本就不知道该语言中流传久远的童谣。

不久之前，我曾和一位俄–英口译者聊天，她的所言令我极感兴趣。这位口译者对俄语和英语的运用都达到了炉火纯青的地步，但是她仍然觉得不应该用英语和她的宝宝说话——她本能地觉得，还是应该使用她的母语俄语。

我曾见过一个 3 岁的希腊女孩，她叫埃拉西亚，很招人喜欢，但是她的语言发育迟缓，很令人担心。3 岁的埃拉西亚大多数时候只能说单个词语，偶尔能说 2 个词语构成的短语，很难说出一句话。她的父母都是希腊人，英语是他们的第二语言，但是他们认为既然他们生活在英国，就应该和女儿说英语。幸运的是，那个夏天他们全家将去希腊和埃拉西亚的祖父母生活一段时间。我建议他们在希腊每天都和女儿讲希腊语，让她完全沉浸在希腊语的语言环境中，并且每天坚持采用"与宝宝对话"这套方法与她交流。2 个月之后，当我再次见到他们时，埃拉西亚的父母表示，女儿学习希腊语进展神速，他们深感震惊。回到英国后，他们在家中继续用希腊语和女儿交流。与此同时，埃拉西亚在和伙伴们玩耍的过程中很快提高了自己的英语表达能力，这同样让她的父母深感震惊。

（参见第259页"附录2"。）

最近，我还接到过一位焦急的母亲的电话，她刚出生3周的宝宝患有疝气痛。她问我："宝宝夜里难受的时候，给宝宝安抚奶嘴是一个极其有害的方法吗？"我毫不犹豫地说："当然不是！"初次为人父母的我们需要给宝宝提供尽可能多的帮助，我还从未见过一个由于使用安抚奶嘴而导致语言能力发育受到严重影响的宝宝。如果有，那么唯一可能存在的问题就是这个小宝宝没有任何可玩的东西或者可做的事情，大人和他交流得太少，结果他每天一连好几个小时都在吸吮安抚奶嘴或者手指。你的宝宝并不是这种情况。

"半小时"之外，怎样对宝宝说话？

★坚持和宝宝说话，告诉他你正在做什么或者正在发生什么事情，他可以从中感受流畅而完整的语言所具有的魅力。

★尽量减少背景噪声，以保证宝宝每次关注一种声音。

★使用简短的句子，并且大量重复。

★对宝宝唱歌——在任何你想唱歌的时候，唱任何你想唱的歌。

关于看电视或录像的问题

在介绍"与宝宝对话"这套方法时，有必要专门说一说电视对宝宝成长发育的影响，因为电视已经成为我们生活中非常重要的一部分。不可否认，当孩子到了一定的年龄，电视可以成为他了解世界、增长见识的窗口，也可以成为他娱乐放松的工具。但是，电视也会阻碍他其他方面的发展，尤其是当他还非常小的时候。

婴幼儿阶段是一个人发展沟通能力和交流能力的黄金时期。我们已经知道，宝宝具有一定的交流和沟通天赋，在出生后的头几个月和头几年里，他能够以惊人的速度发展沟通能力和交流能力。然而，要想做到这一点，他必须有一个能够与他进行互动沟通的伙伴，而电视无论从哪个方面讲都无法胜任这个角色。

宝宝需要大量的机会去探索和理解周围的世界，这是他所面临的一个非常重要的任务。如果对周围真实的人和物没有足够的了解，他不可能从电视上学到任何知识。

如果宝宝还很小，那么在他哭泣或者发脾气的时候千万不要试图用电视让他安静下来。电视有着富于变化的明亮色彩，对宝宝很有吸引力，就连刚出生几周的宝宝也会被它深深地吸引住，甚至还会主动去找电视看。所以，再次提醒你：千万不要用电视来安抚你的小宝宝！

从 4 个月到 6 个月

关键能力的发育

3 个月之后，抚育宝宝比以前轻松、快乐了许多。如果运气好，你的宝宝可能已经形成了自己的作息习惯，每天吃奶、睡觉和玩耍都有一定的规律，你也会因此而觉得每天的生活开始步入正轨，不再像以前那样杂乱无序。

在这个阶段，你会发现宝宝不仅喜欢和你在一起，也非常喜欢和其他人接触，他会对你们都报以迷人的微笑，有时还会哈哈大笑。在满 6 个月之前，宝宝不怕陌生人，他可以轻松舒适地与陌生人单独待在一起，也可以在陌生的环境中安然入睡。但是，过了这 3 个月之后，一切都会发生变化。如果你不在他身旁，他就不会和陌生人交流，而且他只有在熟悉的环境中才能入睡。

在这个阶段，宝宝开始通过打滚来移动自己的身体了，所以千万别让什么东西挡了他的路。

请注意：本书中所介绍的儿童各阶段发展水平都是平均水平。

不同宝宝的成长速度存在差异，而且某一方面发育迅速通常会导致另一方面的发育暂时落后。所以，即使你的宝宝在某一阶段某方面的能力没有达到本书中的相应水平，你也不用担心和沮丧。更多内容，参见第 30 页"应该注意的问题"。

宝宝这时候也开始理解周围的世界了，比如，看到你准备给他喂奶，他就会变得兴奋起来。他会专心致志地观察周围的世界，还开始喜欢伸手去抓周围的东西。

第4个月

语言能力和沟通能力发育

在前3个月中，我们见证了宝宝如何成功地成为互动交流中的一方，能够发送和接收重要的交际信息。在接下来的3个月，宝宝的语言能力发育会更上一层楼。

本阶段，宝宝的语言能力将在前3个月的基础上得到巩固，喜欢与人交流的天性会促使宝宝真正的语言萌芽。尽管宝宝仍然处于前语言阶段，还不能说出任何真正的话语，但是他会取得一系列重大的进步，这些进步将为他真正开口说第一个字铺平道路。

在交际互动方面，宝宝有两个重大的进步。

第一，宝宝开始和大人"有来有往"地"聊天"，当你跟他说话的时候，他也会朝你发出声音。真正的对话开始了！

第二，随着眼部运动控制能力的提高，宝宝开始仔细观察周围的环境，他能够先盯着一个物体看一段时间，然后将视线转向另外一个物体，还能够更加轻松地注视移动的物体。而且，现在大人看什么，宝宝也可以轻松地跟着看什么，这样宝宝和大人就有了共同关注的事物。

宝宝控制眼部肌肉和头部的能力都增强了，他能够把头转向正在说话的人，对周围的说话声更加感兴趣了。他经常自发地冲着人微笑或者大笑，这说明他对人的兴趣以及对与人交流的兴趣更浓了。（他甚至还会冲着镜子中的自己微笑。）他还经常寻找说话的人——这也反映了他对与人交流的兴趣——而且总是能够成功地找到。

在语言理解能力方面，宝宝开始对语言中的交际意图有所理解。比如，他能够明白他听到的话是跟他打的招呼，还是对他发出的警告。他还能够明白听到的话所表达的情绪，愤怒的声音会令他感到害怕，而安慰的话语可以让他安静下来。

宝宝的发音能力继续发育，他开始牙牙学语，反复地发一些音，其中最常发的就是双唇音："p"、"b"、"m"。

动作能力和认知能力发育

宝宝的身体控制能力越来越强，他可以顺着声音找到说话的人。如果你扶他坐起来，他能够坐得很直，还能够一直挺着小脑袋。趴在床上的时候，他的头部和上半身都能够抬起来。

另外，宝宝还加强了对自己的手的关注，他不仅玩自己的手指头，还伸手去抓自己感兴趣的东西。如果递给他一个摇铃，他能够抓住；如果想拿走他手里的东西，他会紧紧握住不放。

在认知能力方面，宝宝最大的进步就是知道了从他视线中消失的物体也一直存在着！

注意力发育

正如前面所提到的，此时宝宝能够追随大人的目光，注视大人正在看的物体，这样他和大人就能够共同关注同一件事物。这一能力对宝宝日后发展将词语和意义联系起来的能力至关重要，也可以帮助宝宝从不同的角度理解"世界如何运转"。

有研究结果显示，在宝宝4个月时，妈妈对其注意力发育的关注和了解程度与其13个月时的语言能力发育水平有着密切的联系。还有一项研究证明：如果在宝宝4个月的时候，妈妈意识到了他的注意力是短暂的、不固定的，那么到了17个月的时候，他的词汇量会比那些注意力未受到妈妈关注的宝宝大得多。为什么会有这样的结果呢？原因可能是妈妈对宝宝所关注的事物了解得越多，那么在大多数情况下她和宝宝谈论他所关注的事物的时间就越多。

4个月的宝宝还会在你不关注他的时候想各种办法引起你的注意，比如，他会劲头十足地做出各种肢体动作，有时还伴随着哼哼唧唧的声音！

听力发育

随着肌肉控制能力大大增强，4个月的宝宝可以向左右两边看以寻找声源，这是宝宝发展直接给声音定位以将声音和声源联系起来的能力时迈出的重要一步，就这样，他逐渐积累关于听觉世界的知识。4个月的婴儿还无法只靠转移自己的目光就找到声音，他还必须转动自己的头。他对说话的声音很感兴趣，常常分外努力地去寻找位于他视线之外的说话者；当有声音传到他耳边时，他还经常停下自己的动作，让自己听得更清楚一些。

正如我在前面所言，此时宝宝第一次对语言中的交际意图有所理解，对不同的语调会作出不同的反应。他知道妈妈的声音可以传递快乐、发出警告或者表达不悦，愤怒的声音会让他感到害怕。

宝宝开始竖起耳朵听自己发出的声音，而且对这样做很感兴趣。很显然，他是在听自己通过舌头和嘴唇的不同动作发出的不同声音。

第5个月

语言能力和沟通能力发育

宝宝对周围世界的认识、理解和兴趣正在快速增长。比如，当他听到他的食物已经准备好了的时候，他会非常开心，这表明他第一次对事情有了期待。当有人和他说话或者他听到音乐的时候，他会停止哭闹。

宝宝已经开始将一些"语块"与特定的活动或者情形联系起来，比如当有人对他说"宝宝，来抱抱"时，他会张开双臂。宝宝第一次将词语和意义联系在一起的神奇时刻通常是他识别出自己的名字的那一刻，他的具体表现是：听到有人叫他的名字时，立刻开始四处寻找说话人。他似乎已经意识到一连串特定的声音有着特定的意义：在上面的情形中，那串声音就是指他自己。有意思的是，这一神奇的时刻很早就会到来——比宝宝开口说第一个字的时间早得多。此后不久，宝宝似乎就能够明白"不"是什么意思了，尽管他常常不照这个意思去做！

5个月的宝宝的视觉追随能力已经发育成熟，通常能够找到在他附近说话的人，这使他与大人共同关注的事物更多了。另外，宝宝的视觉理解能力（即认识所见事物的能力）也有所提高。现在他能认出他的兄弟姐妹，喜欢看他们玩耍。他还常常观察他的妈妈，并且在观察过程中逐渐理解事物的意义和作用，也就是说，他在理解"世界如何运转"。

在这个阶段，无论是有人陪着，还是独自待着，宝宝都会把发出声音当做一项重要的娱乐活动，而且他会发的音更多了。现在他能够发一些必须从口腔后部发的音了，比如"g"和"k"；他还能够发出特殊的声音来表达自己不高兴的心情，不过这种特殊的声音因宝宝而异，只有宝宝最亲密的人才听得懂。

本阶段，宝宝的交流仍然是无意识的，但是他的各种动作、声音以及面部表情可以帮助大人了解他的情绪和需求。了解宝宝的意图能够促使大人和宝宝关注同一对象，这对宝宝的语言能力发育非常重要。

动作能力和认知能力发育

宝宝身体控制能力的增强再一次促进其沟通能力的发育。他现在能够转动头部，只需少许支撑就能够坐稳，仰卧时还能够自己抬头。有的宝宝在这个时候会有一个重大进步：他会打滚了！这让他第一次获得移动身体的经验和控制环境的感受。从此以后，他可以探索更宽广的空间，可以从不同的视角观察物体和活动。

宝宝还能够移动身体去靠近和拿取东西，他会伸手去抓东西，不过有时手伸得过长，以致越过了要抓的东西。他总是把东西放进嘴里，这是他目前了解各种物品的性质的主要方法。另外，他对手和脚的认识加深了，非常喜欢玩自己的手指头和脚指头。

注意力发育

与上个月相比，这个月宝宝注意力发育方面的变化较小，他的注意力依然非常容易分散，保持的时间也非常短暂。现在，当他发觉你没有关注他时，他会采用"大喊大叫"（即为了引起注意发出很大的声音）的方法来吸引你的注意力。

听力发育

在这个阶段，虽然宝宝寻找声源时还不能只靠目光，仍需转动脑袋，但是他已经很擅长寻找声源了——他不仅能够找到与他的耳朵平齐的声源，还能够找到位置低于他的耳朵的声源。只要有人（不仅仅是熟人）在他附近说话，他就会扭头去看，不过他最喜欢的还是自己家人的声音。他能够理解更多声音的含义了，比如，听到钥匙开门的声音，他会变得很兴奋。他对音乐的兴趣也更加浓厚了，非常喜欢别人唱歌给他听，并且开始聆听音乐声。

有研究表明，这个阶段的婴儿已经注意到了语速、重音和语调，而这些通常能够在一定程度上标记一个句子的主要成分之间的边界。乔姆斯基所说的"语言习得机制"开始发挥作用了！

第6个月

语言能力和沟通能力发育

6个月的宝宝对周围的人的认识出现了具有里程碑意义的变化。面对不同的人他会作出不同的反应，尤其重要的是他开始区分熟人和生人，在面对生人时第一次感到害羞。他对别的宝宝也有了感觉，会冲着他们微笑，还会咿咿呀呀地和他们"聊天"。

6个月的宝宝已经能够理解一些话语的大致含义了，比如，大人说某句话是在提醒他还是生他的气。

宝宝能够理解的情感范围越来越宽泛了，这些情感以后会出现在他的假装游戏中。他还能够理解日常生活中经常听到的重要词语，比如"爸爸"和"再见"，不过，他还需要再过几个月才能说出这些词语，个中原因我们在后面再讨论。

宝宝开始记住自己的日常生活规律，并根据它作出相应的反应。当你说"不"的时候，他对这个字的理解与以前相比更加全面了，而且有一半的时间还能够照你说的去做！

在这个阶段，宝宝的发音——包括他发出的声音和他使用这些声音的方式两个方面——有了很大的变化。他不仅能够发更多的辅音，还能够发出一连串由相同的音组成的声音，比如"吗吗吗"、"哒哒哒"和"吧吧吧"，这些音都发自口腔前部，很容易发。有时候你可能认为他已经开始说话了，但是实际上这神奇的一刻还没有来临，宝宝只是在用声音做游戏，只是在无意识地发音。本阶段宝宝沟通能力发育的一个重大进展是，他开始主动对着别人咿咿呀呀。他似乎是意识到了我们经常会彼此发出很多声音，于是也希望加入这种"游戏"之中。宝宝有时会打断别人的话，不等别人停下来就叽里咕噜地也说起话来，还开始随着音乐"唱歌"。他有时会一边做手势一边发出声音，还觉得学别人咳嗽很好玩。

在这个阶段，宝宝的发音开始向他所听到的话语声"倾斜"。也就是说，他会将他所听到的语言中的话语声保留在自己的"声音记忆库"里，而将那些不属于该语言中的话语声的声音渐渐遗忘。（有趣的是，处于双语或者多语环境中的宝宝能够同时保留2种或者2种以上语言中的话语声，这就是为什么只有那些在婴幼儿时期听到过某种语言的人才能将该语言说得很地道的原因。）

动作能力和认知能力发育

现在，宝宝几乎不用支撑就能坐着了，趴着时还会出现爬行反射；翻身使他开阔了视野；他喜欢被人高高举起并来回晃动，会主动举起胳膊要求大人这样做。他伸手抓握物品更加精准了，这使大人更容易明白他究竟想要什么。有时候，他在伸手去抓东西的同时嘴里还念念叨叨，这是他说出物品名称的前兆。

在能够精准地伸手抓握物品之后，宝宝就开始了对这些物品的研究。在这个阶段，无论他手里拿的是什么东西，他都会敲一敲、摇一摇，还会试图把它们都塞进嘴里。

此时，宝宝开始对因果关系有所了解，比如，他会发现玩具被猛力敲击时可以发出特别的声音。

随着手的灵活性逐渐增强，宝宝的手眼配合更加协调了，这使他能够更有目的地摆弄东西。他可以用一只手拿起一件小东西，可以从桌子上拿玩具，还可以抓住别人举在他面前的玩具。不过他还不能够自发地放下手中的东西，而且他每次只能玩一件玩具，如果你给他第二件玩具，他就会扔下手里的玩具去拿第二件。他开始知道物品的用途，比如，茶杯是用来喝水的。

6个月的宝宝对这个世界怎么看都看不够，总是目不转睛地注视着周围的一切。他会观察大人怎样玩玩具，然后自己也学着玩，还会兴致勃勃地模仿各种面部表情。这个阶段还有一个进步是，他开始寻找滚出去的玩具了。

注意力发育

在第6个月中，宝宝的注意力发育逐渐有一些小小的进展，到达了一个十分重要的阶段。宝宝将注意力保持在以下物品或者活动上的时间变长了一些：

★他能够理解的物品或者活动；

★他感兴趣的、愿意注视的物品或者活动；

★离他很近的物品或者活动。

在这个月，宝宝开始发育选择性倾听声音的能力，将注意力集中在重要的、有趣的声音上，这种能力对他未来的学习至关重要。

不过，宝宝的注意力此时还是很容易分散。他每次只能通过一种感觉通道获取外界信息：要么听，要么看，要么触摸。当他全神贯注地用手摸或者用嘴咬某个东西时，他是听不见你说话的，甚至跟你的目光交流也大大减少。这个时候你可能瞬间闪过这么一个念头："他会不会是聋子或者有自闭症呢？"——当然不会，他只不过是太忙了！

在这一时期，宝宝最重要的进步是关注大人所关注的事物——看大人正在看的东西——的能力继续增强，这样宝宝和大人就能够分享彼此对同一物品或者活动的关注，而这为宝宝大量学习知识开创了一条重要途径。

现在宝宝还能够观察大人怎样玩玩具并试图模仿，然后和大人一起玩。这也是一种分享注意力焦点的方式，能够为宝宝大量学习知识开创另外一条重要途径。

听力发育

本阶段宝宝的听力发育有一些重大进展。他能够更快地转过身找到声源（但是现阶段只有当声源离他很近并和他的耳朵平齐时他才能做到这一点），也能够通过一番搜寻最终找到位于他头部上方或者耳朵下方的声源。

宝宝对倾听声音表现出极大的兴趣，开始搜索周围的一切声音，并将更多的声音和声源联系起来。尽管如此，他的听力还是十分有限，他还是不能持续倾听，一般情况下注意力保持的时间十分短暂。只有对自己能够理解的声音，他才能听较长的时间，即便如此，他的注意力也很容易分散。

这个月宝宝听力发育方面的另一个进展是，他能够分辨声音是来自近处还是远处。

到了这个月，宝宝第一次可以在用眼睛看的同时，还用耳朵听，这是他成长过程中的一个重要里程碑。在此之前，他完全不能同时运用这两种感觉器官，即使是现在，他这种眼耳并用的能力也很弱，极大地依赖于环境因素——只有当环境非常安静，他听的和看的是同一事物，并且是他感兴趣的事物时，他才能做到眼耳并用；而当他正用手摸或者用嘴咬东西时，他是听不见声音的。你会发现，当你给他一个新玩具时，先给他介绍这个玩具是没有用的，他根本听不进去，必须等他自己对玩具进行了初步探索之后再给他介绍。这种状况会持续一段时间。

大量案例显示，宝宝的听力发育水平存在相当大的个体差异，这些差异甚至在这样的早期阶段就已存在。这些差异的存在是因为不同宝宝的成长环境不同。

小结

满6个月的宝宝应该具备以下能力：

★通过身体语言和面部表情，明确地告诉我们他已经能够分辨愤怒的语气与友善的语气了。

★开始识别他经常听到的一些词语，比如"再见"、"爸爸"。

★能够对一些小小的要求作出回应，比如"宝宝，来抱抱！"。

★开始明白"不"的含义，听到"不"的时候有时能够停下正在做的事情。

★无论是一个人待着，还是和别人在一起，经常发音玩。

★能够清楚地对着人发出声音，开始主动与人"交谈"。

应该注意的问题

如果出现以下几种情况，建议你带宝宝去找专业人士咨询。（不过，请记住：不同宝宝的成长速度是各不相同的。）

如果你对宝宝的发育状况有任何疑虑，而你所担心的问题并不在下列问题之中，我也希望你尽快带宝宝去寻求儿科医生等专业人士的建议。

宝宝满6个月时，如果出现以下情况，请务必重视：

★不会主动去寻找周围说话的人。

★很少用目光追随移动的东西。

★你对他说话的时候，他很少冲你发出声音。

★不会发含一个辅音和一个元音的音节，如"pa"或者"gu"。

★ 除了哭声，很少发出其他声音。

与宝宝对话

在这3个月中，只要你遵循最基本、最关键的方法和要领，宝宝就会继续激发你与他对话的灵感，而你与他的对话对他的发育有很大的促进作用，他将如我们前面所描述的那样在各个方面突飞猛进。

独处每天半小时

如果你的运气好，宝宝每天吃奶、睡觉和玩耍有了一定的规律，那么你晚上也能够睡个好觉了。若果真如此，与宝宝"对话"的半小时要选在没有人打扰你们的时候，这样你和宝宝可以尽情享受彼此的陪伴，而不用像以前那样与喂奶或者换尿布同时进行。如果宝宝的日常生活还没有形成一定的规律，你可以仍然像以前那样在喂奶或者换尿布的时候与宝宝对话。请记住，无论在什么时候与宝宝对话，整个过程都应该是轻松的、令彼此愉悦的。你对宝宝的全心关注是现阶段你能够给他的最好礼物，也是他最喜欢的礼物，同时还能最有效地减少宝宝的压力，你将发现宝宝是多么渴望得到你的全心关注。

每天抽一些时间和宝宝待在一起，陪着他逐步认识这个世界，这是你能够给予宝宝的最佳学习机会。对刚出生几个月的宝宝来说，每天在你的陪伴下，一次次地玩那些你们熟悉的游戏，就是最佳学习方法。

对话的环境

正如你所知，与宝宝对话时最重要的要求就是房间里要绝对安静，没有广播、音乐、录像或者电视的打扰。只有在没有任何干扰——尤其是没有背景噪声干扰——的环境中，宝宝的听力发育和注意力发育才能取得微小的但又非常重要的进步。现在，宝宝开始注意前景声音，并屏蔽背景声音，但是前面我们提到过，只有在前景声音和背景声音差别很大的情况下，宝宝才能形成这种能力。另外，宝宝也需要在一个安静的环境中听自己发出的声音，这样他才能把自己的舌头和嘴唇的运动状况与发出的声音联系起来。

> 让宝宝清楚地听到他自己的声音

宝宝的注意力还是很容易分散，保持的时间总的来说十分短暂。所以，你需要在他周围放很多有趣的东西，让他去抓、去看。当他想拿某个物品玩的时候，你可以递给他。一定要给他一些发声玩具，他可能特别喜欢这种玩具。

与宝宝对话时，你要和宝宝保持非常亲密的距离，你可以抱着他，也可以让他坐在小椅子上，而你坐在他面前的地板上。只有这样，他才能非常清楚地听到说话声并加以区分。当然，别忘了把玩具放在你触手可及的地方。

"与宝宝对话"这套方法中还有一个极其重要的原则：**当宝宝不愿意再注意某个物品或者某种行为时，千万不要试图强迫他继续将注意力保持在该物品或者行为上。**没有什么比这种强迫更加阻碍宝宝的注意力发育了！（当然，以后可能需要引导孩子的注意力或者鼓励他较长时间地保持注意力，但不是现在，而且，在使用"与宝宝对话"这套方法时，任何时候都绝对不能强迫宝宝保持注意力。）

> 不要强迫宝宝保持注意力

这是因为在婴儿注意力发育早期，当婴儿已经将注意力转向另一件事物时，任何试图将他的注意力保持在某件特定事物上的行为都会"分裂"他的

> 伊姆兰的父母非常绝望，因为伊姆兰从来不照他们说的去做，他根本就不会玩，醒着的时候就在家里跑来跑去，打坏各种东西。父母给他买了很多玩具，并做了很多努力想让他玩这些玩具，可他就是不玩，而且他变得越来越不听话了，就连让他去吃饭和睡觉也不理睬了。他的妈妈说起他来就要哭了："当然，我爱伊姆兰，但是我发现要喜欢他真是太难了，我都害怕和他待在一起了。"在他的父母采用"与宝宝对话"这套方法和他交流的2周里，伊姆兰被明确告知他可以自由地转移注意力，可以自己选择关注对象。2周后，伊姆兰的变化让他的父母惊喜万分——他很会玩玩具了，而且非常听话。他的妈妈又可以尽情享受和他在一起的时光了！

注意力，使他的注意力在自身的注意对象和成人为之选择的注意对象之间摇摆不定，无法集中。这种强迫行为达到一定程度以后，不仅会使婴儿的注意力发育受到阻碍，而且会使成人和婴儿都大受打击。令人心痛的是，这种现象非常普遍，所以让父母们了解这种情况，从而使孩子们立刻发生变化，是一件很有意义的事情。

给宝宝"回答"你的时间

给宝宝足够的时间"回答"你非常重要，所以不要只按照自己的想法和宝宝说话，而要特别关注你们两个人"对话"的声音。你对他说几句话后要暂停一下，给他"回答"你的时间，并且要在等待回应的过程中观察他的反应。你会发现，这样做以后你们抢着"说话"的时候就少了。给宝宝"回答"你的时间，你就能更好地理解他与你的沟通和互动，而他则能帮助你采用更恰当的、更有利于他的语言能力发育的方式回应他。

一项研究考察了母亲在与5月龄婴儿的互动中促使婴儿接过话头的频率（母亲通过停下来等待让婴儿明白该他"说话"了，并给他足够的"回答"时间），结果表明，这一频率与宝宝13个月大时注意力的保持时间、做象征游戏的能力以及理解词语的能力存在极大的相关。

本阶段如何与宝宝对话?

你也许发现,在这3个月刚开始的时候,游戏以及与之相伴的语言输入都以你们两个人的互动活动为中心。后来,随着宝宝对玩具和其他物品的兴趣不断增强,他会把它们都引入游戏。只要你和玩具都在他身边,他就能够并且一定会让自己的注意力在你和玩具之间保持平衡。与宝宝对话的最佳方式并非每个月都有所不同,下面介绍的方法在这3个月中都适用。

对宝宝重复他发的音

经常对宝宝重复他发的音。学他发的单个音,或者学他发的一串音中的最后一个,比如,他说"哦",你就学他说"哦哦哦哦",他说"啊呀啊呀",你就说"呀呀呀呀呀呀呀呀"。(你发的音要比他发的音长一些,这会让他觉得很有趣。)这是最早的对话形式,也是真正的对话即将开始的重要征兆。这还是宝宝最初集中注意力关注的事物之一,因此对他的注意力发育很有帮助。宝宝喜欢你学他说话的样子,在你热情的鼓励下,他咿咿呀呀发音的劲头会更足。

重复宝宝发的音

你会发现,你学他学得越多,他发出的声音就越多!之后你还会发现,他也开始通过对着你发音来回应你了,你和宝宝已经开始了精彩的"对话"!

每次只让宝宝听到一两个音,而不是正常说话时一连串快速变化的音,这样的模仿能够帮助宝宝提高他对自己所发的音的认识,还能够帮助他更好地理解舌头和嘴唇的动作不同,发出的声音也不相同。此外,模仿宝宝发音,还可以让宝宝感觉倾听声音非常有趣和有益,这一点非常重要,是"与宝宝对话"这套方法中另一个贯穿始终的主旨。

模仿宝宝发音

在这3个月中,自始至终你都要坚持一遍又一遍地模仿宝宝发音——他会很喜欢你这样做!

人们通常认为,成人应该只用"真正"的语言与婴儿交流,但事实并非如此。

> 苏姗和夏洛特的生活环境非常相似，她们都在各自的家庭中排行老大，几乎每时每刻都受到全家人的关注。这两个孩子都非常招人喜欢，都很聪明、机灵。她们唯一的不同，就是她们的妈妈采用了不用的方式来回应她们发出的声音。
>
> 夏洛特的妈妈总是高高兴兴地回应她发出的所有声音，对着她重复她发的音，并把这看做母女二人的互动"聊天"，而夏洛特则会发出更多的声音来回应，很显然她非常喜欢自己和妈妈玩的这种发音游戏。
>
> 与此相反，苏姗的妈妈认为她对着女儿发音的目的就是让女儿模仿她发音，所以她发完音后就一脸焦虑地期待着苏姗重复她发的音。其实，正如我们已经看到的，婴儿对于交流知之甚多，苏姗对这种"交流"形式的回应就是渐渐地不再发出声音了。在她16个月的时候，她的妈妈焦虑万分地把她带到我这里，我们开始使用"与宝宝对话"这套方法与她交流。几个星期之后，她的语言能力就追上了同龄宝宝，她和妈妈共处的时光也开始充满了乐趣。

正如我向大家展示的那样，模仿宝宝发音除了能够带来极大的乐趣，还有许多重要的作用。

需要提醒你的是，你对着宝宝模仿他发音，是为了回应他，从而展开对话，千万不要试图让他再模仿你发音。

针对宝宝的兴趣发出有趣的声音

和宝宝玩的时候，要观察宝宝对什么感兴趣，然后针对他的兴趣，发出许多有趣的声音。

你可以发出各种各样的声音，比如：当小球滚动的时候，你可以发出"咕噜咕噜咕噜"的声音；当你举起宝宝的时候，你可以说"起、起、起、起来了"；当你用手指在他的小肚子上模仿走路的动作时，你可以发出"噔噔噔、噔噔噔"的声音；你还可以模仿手表发出的"嘀嗒"声。经常重复这些声音将给宝宝的语言学习带来更多乐趣！

发出有趣的声音，使听声音充满乐趣

与模仿宝宝的发音一样，大人对着宝宝发出这些有趣的声音也有许多重要的作用，它能够吸引和保持宝宝的注意力，并让宝宝感觉声音听起来是很有趣的。你可能注意到宝宝开始做出说话的姿势了，比如，他看着你的脸时，会撅起嘴，似乎想说话，这是因为宝宝对说话的声音产生了极大的兴趣。

使用简短的句子

对宝宝说话时要使用简短的句子，语调要抑扬顿挫，语速要慢，词与词之间要停顿一下。这种说话方式深受这么大的宝宝喜爱，能够很好地吸引和保持他的注意力。当你这样说话的时候，宝宝大多数情况下都能够非常认真地听。"爸爸回来了。他回来了，爸爸来了！"这样的句子，一定比"我想我听到爸爸的车开过来了，爸爸很快就要来了"这样的句子更受宝宝欢迎。

保证句子简短

对宝宝说话时使用语调动听的短句能够让你们的关系更加亲密，在这3个月的后期，这样的说话方式还能起到另一个重要作用——帮助宝宝将词语与意义联系起来。有研究发现，4个月的婴儿对以这种方式说的话会给予更多关注，即使这些话只是背景声音，也比成人之间的对话更能吸引他们的注意力，他们甚至对有成人以这种方式说话的录像也更加关注。

缓慢地、抑扬顿挫地对宝宝说话

做语言游戏

现在，你可以和宝宝玩一些简单的语言游戏了，比如，唱一些简单有趣的儿歌，进行互动对话。这样的游戏不仅有趣，而且能够为宝宝的语言交流能力发育和社会交往技能发展奠定重要的基础。宝宝在游戏中会逐渐了解大人下一步的反应，从而掌握控制措施，并获得互动交流的早期体验。刚开始，你可能是游戏的掌控者，但是到宝宝6个月大的时候，他会成为一个完全独立的游戏伙伴。

你会发现，宝宝在两次发音之间有了停顿，好像在等你说话。比如，他可能对着你说"啊滴吧吧"，说完就期待地看着你，等待你回答。在这个阶段的早期，你可以和宝宝玩挠痒痒的游戏以及其他肢体游戏。刚开始的时候，你们可以玩数手指头和脚指头等简单的游戏，慢慢地，就可以做一些相对复杂的儿歌游戏，如《拍手歌》和《炒豆豆》。（如果你不知道怎么做这些游戏，可以在书上或者网上查一些资料。）

过一段时间，你们就可以用柔软的玩具或者其他物品做游戏了，比如用布娃娃玩"认五官"的游戏，或者用勺子敲出"梆梆梆"的声音。和宝宝做游戏时，你的表情要丰富一些，有研究发现丰富的面部表情能够促使宝宝发出更多的声音。

要和宝宝做那些能够让他预测你的下一步行动的游戏，这是互动交流的最初形式。比如，在这3个月的早期，将你的脸慢慢靠近他，给他一点儿时间，让他能够猜到你下一步会说"啵"。6个月大的时候，宝宝喜欢做拍手游戏，你可以先拍自己的手，再与他击掌，如此反复多次。

大量
重复

在宝宝5个月和6个月大的时候，要经常为他唱儿歌、做表演，这会让他非常高兴。你可以选择一些节奏感强的歌谣，反复唱给他听，这样，他对这些儿歌会渐渐熟悉起来，慢慢就会知道你接下来要唱什么。在这个阶段即将结束的时候，宝宝会特别喜欢那些能够一边唱一边做动作的儿歌，比如《摇啊摇，摇到外婆桥》。正如我们前面所说，从第5个月起，宝宝会对能够帮助他断句的语调、节奏和重音越来越敏感，而唱儿歌对这一过程有促进作用。

关注宝宝关注的事物

在这个阶段，你要开始关注宝宝究竟在关注什么，并逐渐培养这样一个习惯：注意他在看什么，然后以此为主题与他对话，并随着宝宝注意焦点的改变时不时地改变对话主题。比如，当他看着你的时候，你就和他做互动游戏；

当他注视某件物品的时候，你就把这件物品拿给他，或者告诉他这是什么东西，

他在看什么，你就说什么

还可以针对这件物品发出有趣的声音。在"与宝宝对话"这套方法中，"宝宝在看什么，你就说什么"是一个非常重要的原则。

在这个阶段，大多数情况下你都是游戏的掌控者。但是，如果你发现宝宝已经对某个游戏失去了兴趣，就不要继续玩这个游戏了；而一旦你发现他盯着某个玩具，就应该把这个玩具拿给他，并且跟他一起玩。

在后面的发育阶段中，"他在看什么，你就说什么"这一原则能够帮助宝宝将词语和意义联系起来，对宝宝的注意力发育很有帮助。在这 3 个月的大部分时间里，注意力各个方面的发育是相互独立的，一般情况下宝宝无法一边听一边看，但是在以下情况下宝宝能够在用眼睛看的同时用耳朵听：

★周围没有其他事物分散他的注意力。

★他关注的对象是他主动选择的结果。

★他所看的和所听的是同一事物，比如，一个发声玩具，一个在唱歌或者跟他聊他关注的东西的人。

关注宝宝所关注的事物，能够帮助他跨出至关重要的一步，提高边看边听的能力。

对宝宝提问的方式

有时你会问宝宝一个问题，然后停顿一下。仔细想想，你会发现你这样做是为了给他反应的时间，而不是真的要问他问题。比如，你可能问"那么，我们再做一次好吗？"，或者"谁是一个聪明的孩子呢？"，这些问题都可以问。你还可能问"这是什么？"，在这个阶段这还不能算一个真正的问题，而是用来吸引宝宝的注意力的话，当你觉得他可能对周围的什么物品感兴趣时，你会这样问。同样，这样的问题也可以问。

亲子游戏

游戏仍然是——实际上一直都是——宝宝学习语言的最佳途径。在本部分我将按月介绍游戏的有关内容，但是不同年龄的宝宝所玩的游戏有很多是重叠的。

这3个月的游戏贯穿着两个主题：

★基于大人和宝宝"一对一"互动的游戏。前3个月的游戏都属于此类。

★引入物品的游戏。随着宝宝身体控制能力的提高、手眼协调能力的增强以及对环境的认识的提高，现在可以在游戏中引入玩具或者其他物品。

第4个月的游戏

在第4个月，宝宝和大人开始一遍又一遍地做彼此都非常喜欢的互动游戏。在游戏中，大人和宝宝的动作都是同步的、有计划的，大人为宝宝创造一个特定的游戏环境，让他参与到游戏中，并知道接下来该怎么玩。这种游戏让宝宝开始有了控制局面的早期体验，开始理解一系列事件，并且知道他应该在什么时候以什么方式参与其中。

宝宝对涉及各个身体部位的肢体游戏继续保持极大的兴趣，尤其是当他开始对这一切有更清楚的认识时。

宝宝喜欢玩挠痒痒的游戏，你每次挠他的时候他都会笑得非常开心，全身都会跟着欢快地动起来。

儿歌和歌曲成了游戏的重要部分，在整个婴儿期和幼儿期都是如此。每当音乐响起的时候，宝宝就会随着音乐旋律有节奏地扭动自己的身体，以表达自己的快乐之情。他对音乐旋律的这种喜爱与他正在形成的对语言韵律的兴趣极为类似。

外部物品开始成为游戏的核心。宝宝会用手抓物品，还会把物品放在嘴里咬，他这是在通过还不协调的手嘴配合来了解物品。宝宝对所有物品都一视同仁，又抓又咬，显然，嘴是他最主要的探索工具，他在探索的过程中不停地学习。

第 5 个月的游戏

简单的互动游戏仍然让宝宝非常兴奋，他尤其喜欢在游戏中预测大人的举动。于是，"藏猫猫"就成了他这个时期最喜欢玩的游戏：大人先用手或者靠垫挡住自己的脸，然后突然把手或者靠垫拿开，并大叫一声"喵——"，宝宝就会非常开心地笑起来。宝宝的肢体语言和他发出的声音告诉我们，他已经理解了游戏中每个人的角色：挡脸的人要决定什么时候把手拿开，同时另一个人要屏住呼吸等待这一时刻的到来。他还能够清楚地让你知道他还想继续玩这个游戏。5 个月的宝宝喜欢反反复复地玩同一个游戏，这样他就更清楚下一步会发生什么，从而成为游戏的主动参与者。这样的游戏为培养宝宝的社交兴趣奠定了扎实的基础，使他更愿意参与人与人的交流，同时还加深了他对沟通过程的理解。在这个月，宝宝仍然对自己的身体部位非常感兴趣，开始玩自己的手指头和脚指头。

随着抓握能力不断提高，宝宝更加喜欢玩各种物品了。他还是通过用嘴咬或者用手摸来了解物品，不过也开始拍打或者摇晃物品了。这使他开始对因果关系产生认识，比如，拍打或者摇晃手中的物品，它就会发出声音。宝宝喜欢色彩不同、质地各异、形状有别的物品，这些让他更有兴趣去进行他的探索。

宝宝现在也开始观察别人（包括大人和小孩）怎么玩，然后自己学着玩。他会模仿别人的样子玩玩具，而且会拿着玩具跟别人一起玩。现在他能够清楚地告诉大人他还想继续玩正在玩的游戏，从而使游戏持续下去。

第 6 个月的游戏

从第 4 个月开始，宝宝就喜欢做互动游戏，到了第 6 个月的时候，他已经非常熟悉这些互动游戏了，能够作为一个独立的游戏伙伴参与其中。宝宝喜欢做既有声音又有动作的游戏，比如"拔萝卜"。他还喜欢一边被大人放在膝盖上来回摇晃，一边发出搞笑的声音，以及被大人举起来在空中"飞"。

宝宝的手眼协调能力提高了，这使他不仅可以通过咬和抓，还可以通过看来了解物品，因而他对玩具和其他物品的兴趣更大了。他摆弄物品的时间变长了，而且他会全神贯注地玩那些东西，甚至顾不上看大人一眼。

现在，宝宝越来越多地关注爸爸妈妈和其他人的举动，他开始了解各种物品的作用以及游戏步骤和规则。

在这个阶段，宝宝需要许多可供他探索的物品，因为此时他的注意力保持的时间十分短暂，他会从一件物品快速转向另一件物品。

宝宝的主要需求仍然是各种色彩不同、质地各异、形状有别的物品。

玩具箱

★床铃　　　　　　　　　★手摇铃

★镜面手摇铃　　　　　　★球铃

★床上玩具　　　　　　　★柔软的方块积木

★柔软的小球

★柔软的布料

★小铃铛，以及其他发声玩具

★泰迪熊，以及其他毛绒玩具

"半小时"之外，怎样对宝宝说话？

正如上个阶段中所介绍的，爸爸妈妈在忙碌的时候可以对身边的宝宝说一说自己正在做什么，或者正在想什么。你可能说："我们出去买东西好吗？不，我觉得不好。好像要下大雨了，我们明天再去吧！"当然，宝宝并不能理解你说的话，但是他在听你说话的过程中能够感受语言的节奏和韵律。

关于看电视或录像的问题

同前 3 个月一样，这 3 个月还是不要让宝宝看电视或者录像。宝宝需要的仍然是一个能够回应他、能够与他互动的伙伴！

从7个月到9个月

关键能力的发育

这个阶段的宝宝已经形成了良好的生活规律，你和他的生活渐入佳境，有章可循。毫无疑问，你是他生活中最重要、最亲密的人，他甜蜜的笑容、朗朗的笑声、大声的喊叫和手舞足蹈的模样无一不在告诉你，他是多么喜欢和你在一起。他能够敏锐地分辨熟人和生人，这让他更加依恋你，你的存在让他有安全感。

在这个阶段，宝宝很容易开心：能够伸手去抓东西，让他很开心；周围的一切对他来说都很有趣，即使是一个纸筒也能够让他高兴好一阵子。如果你让他放下手中的玩具或者玩别的游戏，他会听从你的安排——他的注意力还是比较容易分散的。虽然有时他也会不理你以示拒绝，但是他对所有事物都充满了兴趣，很快就会去玩另一个玩具或者另一个游戏。

请注意： 本书中所介绍的儿童各阶段发展水平都是平均水平。

不同宝宝的成长速度存在差异，而且某一方面发育迅速通常会导致另一方面的发育暂时落后。所以，即使你的宝宝在某一阶段某一方面的能力没有达到本书中的相应水平，你也不用担心和沮丧。更多内容，参见第55页"应该注意的问题"。

宝宝学爬有了进展，他能够向前或者向后爬了，不过现在你的目光还可以从他身上移开几秒钟——他还爬不远。

宝宝对自己的日常生活已经了如指掌了，于是开始自己做一些小事，比如，自己拿着饼干，或者用小手握住奶瓶。

第7个月

语言能力和沟通能力发育

在这3个月中，宝宝的语言能力发育会取得极大的进步，他向着"有声交流"迈出了一大步。本阶段宝宝大脑语言中枢的细胞联结激增，这一现象与相关神经网络受到的外界刺激有很大的关系。

环境的影响成为宝宝发育中的一个关键因素。从6个月大开始，不同宝宝的发育水平会出现更大的差距，而这主要是受遗传因素和成长环境的影响。例如，很多研究发现有家人呵护的孩子的发育状况明显好于在孤儿院里长大的孩子的发育状况。

宝宝从一出生就对语言产生了极大的兴趣，现在他已经知道一些熟悉的人或者物品的名字了。比如，听到他的某个不在场的家人的名字时，他会东张西望地去找这个人。

宝宝的很多行为说明，他已经能够理解很多经常听到的词语的意思了。比如，当听到有人说"再见"时，他会挥挥自己的小手。（宝宝的这种感觉类似于你在一个语言不通的国家有一天突然意识到自己明白了一些词语的意思时的感觉。）

不过，宝宝只有在熟悉的环境中才能听懂这些词语，比如，当爸爸妈妈照常出门上班的时候，宝宝清楚地知道"再见"的意思；而在其他场合他暂时还不能理解，比如，如果爸爸妈妈带宝宝去他以前从未去过的朋友家玩，那么告别的时候他听到"再见"也不会挥手。这会使爸爸妈妈感到十分疑惑：

宝宝到底懂不懂"再见"是什么意思啊？

在这个月，宝宝理解话语的情感基调的能力发育良好，远远超过他理解词语的能力，他能够正确地判断爸爸妈妈是高兴还是不高兴。他还特别喜欢听音乐和歌声，每次听到都会高兴得手舞足蹈。

宝宝对他的名字就是指他自己这一事实的认识更加明确了，听到有人喊他的名字时，他经常会出声回应，就像接电话一样。

宝宝开始使用各种肢体语言（包括手势、拖、推、拉和面部表情）进行交流，他还擅长传递各种信息，包括让别人注意他、让别人注意某人或者某物、问候、拒绝、提出要求、批评或者致谢。宝宝可以用这些手段有效地支配周围的人，他现在已经是一名能力极强的沟通者了。

早在进入第7个月之前，宝宝就已经意识到他能够通过发出声音让某些事情发生，比如，他一喊叫，妈妈就会来到他身边，所以他开始故意把妈妈"叫"来。他逐渐有意识地用声音与其他小宝宝交流，开始对着小朋友咿咿呀呀地说话，非常愿意参与"有声聊天"。7个月大的时候，宝宝一般会一边玩一边发出声音，他开始通过他的大喊大叫或者他发出的其他声音支配周围的人。

在这3个月中，宝宝对自己的嘴唇和舌头的动作与随这些动作而产生的声音之间的联系理解得更加深刻了，比如，他知道上下嘴唇一碰就可以发出"p"。宝宝对这种联系的关注对他的言语–声音系统的形成非常重要，其作用可以从宝宝的"咿呀学语声的规范化"过程中看出来——在这一过程中，宝宝发出的声音中属于他所听到的语言中的话语声的声音越来越多，而那些不属于该语言中的话语声的声音则逐渐消失。

在这个阶段，宝宝辨别不属于话语声的声音的能力明显减弱，但是，正如我们所知，他能够很好地辨别所听到的语言中的话语声。

宝宝对自己发出的声音也有了更多的认识，并且更加频繁地使用其中的一部分——他喜欢重复它们，发出更多、更长的成串声音，比如"吗吗吗"或者"吧吧吧"。他能够发双音节音了，还能够重复2个或者2个以上不同的音，如"吧嗒吧嗒吧嗒"。

宝宝发出的声音在节奏和音调上听起来更像真正的语言了，他开始对着物品发出一连串音，这是他在尝试说出物品的"名字"。每个宝宝发出的声音都与众不同，这些声音和真正的语言还有很大的差距，但是它们标志着宝宝的发育已经到了一个重要的阶段：他开始意识到特定的声音能够代表特定的物品或者事件了。

在探索环境以及与人互动的过程中，宝宝逐渐形成了自己的方法和策略。随着认知能力的提高，宝宝与他人的互动开始涉及更多主题，这使他和他人逐渐形成了对事物的共同看法。他如果有了和某个人一起玩某个游戏的经验，就可能把这个人和这个游戏联系在一起，比如，他可能知道爸爸喜欢和他玩"藏猫猫"游戏。与大人共同关注更多的事物，是宝宝发展将词语和意义联系起来这一重要能力的关键因素。

宝宝越来越多地用声音"聊天"了，这是他即将开始真正的语言交流的重要征兆。

动作能力和认知能力发育

在发展语言能力和沟通能力的同时，宝宝也在快速发展动作能力和认知能力。

现在，你如果扶着宝宝，他就能站住；他坐着的时候，头部和背部都挺得很直。他能够自己翻身，从仰卧变成俯卧，还能够自己调整姿势以看清某个物品。

宝宝抓握和控制物体的能力也在继续增强，他会尝试去抓离他较远的东西，并学会如何将物品从一只手上转移到另一只手上。他能够让手指靠近他想要的东西，能够朝玩具举起一只手，能够做出用手敲打桌子的样子，还能够拿着2个物品对敲。这些可都不是小进步呀！伸手去拿东西的过程，需要3个手臂关节和14个手关节共同完成；伸手动作所涉及的手臂肌肉超过了13块，艾丽丝现在 6 个月了，她的妈妈非常担心她的发育，因为她对声音或者语言毫无兴趣，只能发一些含糊不清的元音。但是，艾丽丝其他方面的发育状况都非常好，身体控制能力发育状况尤佳：她能够稳稳地自己坐着，能够轻松地把玩具卡车翻过来，还能够控制和探索手里拿着的任何物品。她的运动能力发育状况也很好，翻起身来很快，也很熟练。很显然，她的注意力都集中在运动和身体控制这两个领域了。我们采用"与宝宝对话"这套方法与艾丽丝交流，3 个月之后她的沟通能力就已经与她其他方面的能力相当了。现在，她各个方面的发育都很好。

而调整手的姿势去抓物品则需要 20 多块手部肌肉的参与。

7 个月的宝宝在认知能力发育方面也取得了很大的进步。他能够理解不同种类的物品的特性，比如，软东西能够被其他东西挤扁，而硬东西则不能。

在这个阶段，宝宝各方面的发育会不可避免地相互影响。一个很早就会爬的宝宝，由于着迷于自己新发展的运动能力，可能对语言暂时失去兴趣；同样，没有哪个刚学会独自站立的宝宝还有精力去做别的事情。认识到这一点后，你就不会因为宝宝暂时在某方面落后而产生不必要的担心。不过，你也可以采用一定的办法防止宝宝在语言和交流上出现这种暂时性的落后。

注意力发育

这个月宝宝继续发展同时使用 2 种及 2 种以上的感觉器官的能力，这是一个非常重要的过程。但是大体上来说，目前他的注意力仍然是单通道的。如果你给他一个好玩的东西，那么他在拿着东西摸来摸去的时候根本就不会听你说话，也不会看你。现在，宝宝将注意力保持在他自己选择的物品或者他主动参与的活动上的时间会长一些，但是他的注意力还是很容易分散。注意力保持的时间变长对短时记忆和长时记忆都非常重要——事实上，宝宝以后的学习全都依赖于他保持注意力的能力。

听力发育

第 7 个月是宝宝发展两种对其语言能力至关重要的技能的关键时期：

★ 区分和辨识话语中的不同声音的能力。

★ 理解词义的能力。

有研究证明，7 个月的宝宝辨别声音的能力已经出现了明显的差异。这主要是因为宝宝生活的听觉环境不尽相同，而声音刺激太少或者太多都会影响宝宝辨别声音的能力。从小生活在声音刺激很少的环境中的孩子，在听力方面会遇到下列困难：不能辨别不同的声音，不能理解声音的含义，无法屏蔽环境中的噪声。因为保温箱的噪声非常大，所以如果在早产儿保温箱里待的时间比较长，宝宝在听力方面也会出现类似的困难。（但是，家长一定要认识到，宝宝遇到的这些问题都有办法解决。我们接诊过很多有严重听力障碍的孩子，"与宝宝对话"这套方法中关于听力的部分能够在很短的时间内解决这些问题。）

在这个月，宝宝继续将声音和它们的意义联系在一起。他还不能直接确定声音的位置——不能立即转向声源，还需要四处看看才能找到，不过比以前进步一些了，而且他能发现自己头部上方的声源了。

宝宝一边听一边看的能力仍然很弱，只有在下列情况下才能做到耳眼并用：

★ 他的注意焦点是他自己选择的。

★ 他没有过分投入地去看或者去听。

★ 他所看的和所听的是同一物品。

★ 他所处的环境不受干扰。

第8个月

语言能力和沟通能力发育

8个月的宝宝不仅能寻找视线之外的说话者，还能听完整场对话——他会先转向第一个人听其说话，再转向另一个人听其接着说，然后又转向第一个人……他来回看着对话的双方，就像观看乒乓球比赛的观众关注全局一样。

宝宝能够将常见的物品和它们的名称联系在一起，听到某个物品的名称时他会转过身看着该物品。他基本上已经知道所有直系亲属的名字，听到有人叫他自己的名字时，他会非常认真地听。

8个月时，听到一些熟悉的指令后，宝宝能够作出正确的反应。比如，听到有人说"宝宝，来抱抱"，他会伸出胳膊；听到有人说"挥手再见"，他会挥挥小手。但是，他仍然只有在熟悉的环境中才能理解这些话语。此外，他能够通过说话人的手势、表情和语气，洞察其情绪。

8个月的宝宝所发的声音越来越接近他所听到的语言中的话语声，同时，他对不属于该语言中的话语声的声音之间的差异越来越不敏感。

在这个阶段，宝宝偶尔会咿咿呀呀地说话，听起来就像在说外语，节奏、语调和重音一应俱全。目前，人们对宝宝的咿呀学语声和他以后所说的真正的语言之间的关系尚有许多争议。有研究显示，真正的语言并不是由咿呀学语声直接发展而来的，但是在咿呀学语的过程中，神经系统已经为以后掌握真正的语言做好了准备。8个月的宝宝偶尔还会跟着音乐哼唱，但是他还不会唱任何真正的歌词。

宝宝仍然通过许多非语言方式与人沟通，而且这些方式已经非常完善了。他会通过将小手一张一合来提出要求，也会通过推开大人的手或者摇头来表示拒绝。他还能一边做动作，一边发出声音，比如看到妈妈的时候，他会挥着胳膊咯咯笑。

49

动作能力和认知能力发育

8个月的宝宝可以在没有支撑的情况下坐几分钟，坐着的时候还能转动头部和上身，这使他能够更加轻松地环顾左右和探索周围的环境，同时也使他能够更加容易地找到声源。如果被扶着站起来了，他就可以向前迈步，将一只脚伸到另一只脚前面。

宝宝伸手抓东西的技能更加娴熟了。伸手拿玩具的时候，他能够不断调整位置，直到拿到为止。他第一次能够同时玩2个玩具了，比如，把2个小方块积木放在一起进行对比。他还能够用绳子把玩具拉到自己身旁，移开遮盖物使藏着的东西露出来，以及拉扯桌布以拿到放在上面的东西。

注意力发育

8个月时，宝宝可以轻松地追随大人的目光，但是还不能仅靠移动目光来完成，通常需要转动整个头部。与前几个月一样，追随大人的目光的能力对宝宝的发育仍然起着非常重要的作用。首先，宝宝和大人共同关注的事物进一步增多，这可以帮助宝宝了解他的生活环境，以及了解大人的世界，对他的智力发育非常关键。其次，如果大人知道宝宝某一时刻在关注什么，就可以向宝宝介绍更多的相关知识。第三，关注大人关注的对象，可以帮助宝宝理解他人产生不同情绪的原因，从而提高他与人交往的能力。最后，也是最重要的一点，目光追随能力还可以帮助宝宝将词语与意义联系在一起。

宝宝的注意力保持的时间仍然十分短暂，主要还是单通道的，也就是说，在一段时间内他一般只能用一种感觉器官关注信息，只有在极其有限的特定环境下才能做到一边看一边听。

听力发育

如果一切正常，宝宝的听力发育在这个月会取得非常重要的进步。首先，宝宝第一次可以直接找到声源，这一能力与他独立坐稳的能力密切相关，是连接耳部和脑部的神经发育完全的结果。他现在能够直接找到他周围1米以内与他的耳朵齐平的声源。他的声源定位能力依赖于他对声音传到两耳的时间和强度的判断，因此要求宝宝两只耳朵的听力都正常。

宝宝的声源定位能力使他开始"扫描"周围的有声世界，并把注意力集中在某一个声音上。现阶段宝宝对周围声音的"扫描"速度还很慢，注意力也很容易分散，但是这种"扫描"对他将声音和声源联系起来非常重要。他越来越快地将声音和声源联系起来，这不仅能够促进他的语言能力发育，还能够增进他对世界的理解。

宝宝现在更加注意倾听自己发出的声音了，他还会把自己发出的声音与他从周围环境中听到的话语声进行比较，这种比较最终会使他发出的声音与他的母语中的话语声完全一致。

此时，宝宝对声音仍然很着迷，他喜欢玩发声玩具，喜欢听有趣的声音、儿歌和歌曲。

第9个月

语言能力和沟通能力发育

宝宝的理解能力这个月迅速增强，到了月末他能够理解20多个物品或者人的名字。听到"我们走吧"或者"来爸爸这儿"这样的短句时，他能够作出相应的反应，不过他还是只有在熟悉的环境中才能做到这一点。他对"不"的理解更加深刻了，听到"不"时，他通常会停下自己正在做的事。

现在宝宝还可以在大人的要求下表演一些儿歌动作，比如，当听到儿歌《摇啊摇，摇到外婆桥》时，他会前后摇晃身子。现阶段，他仍然喜欢听乐曲声和歌声。

在这个月，宝宝第一次将他熟悉的物品的图片与物品本身联系起来，并且乐意短时间地欣赏这些图片，这是他在阅读之路上迈出的第一步。

宝宝掌握了许多种交流方式。他现在会使用一些通用的肢体语言了，比如，摇头表示"不"，招手表示打招呼。此外，他仍然会通过拖、推、拉等动作以及面部表情来与人互动。他现在看起来是一个很有能力的沟通者，能够有效地表达"欢迎"、"反对"、"谢谢"等意思，还能够吸引别人的注意力，让别人关注他以及其他人或者物。9 个月的宝宝很善于支配处于他的"势力范围"之内的大人，而且开始理解他的行为和大人的反应之间的关系——结果是，他知道显摆自己了。

宝宝发出的声音更多了，而且节奏和语调俱全，有时候你很难否认他真的是在说话，因为他所说的越来越像真正的句子。宝宝此时发出的声音在以下两个方面更加接近真正的话语：

★现在他会用自己造的词来描述一个物品，而不再用以前的那种声音模式，当他所说的东西出现在他面前时，他会非常开心。

★现在他能够同时运用声音、肢体语言和眼神进行沟通。比如，他会盯着某个东西，同时用手指着它，嘴里还"呜呜"地发出声音，很显然，他想要这个东西。

有人和他说话的时候，宝宝会积极主动地回应，而且他更加喜欢"你拍一，我拍一"这类语言游戏了。他开始成为一个模仿者，经常学别人说话的声音、语调以及面部表情。

事物的概念和类别在宝宝的头脑中逐渐形成，这是宝宝掌握真正的语言的一个先决条件。之前几个月的游戏活动使事物的概念开始在宝宝头脑中形成（比如，杯子是用来喝水的），同时也使宝宝开始给事物分类（比如，玻璃杯、奶瓶和茶杯都是用来喝东西的）。这种分类刚开始非常笼统，但是以后会越来越细致。宝宝只有先掌握事物的概念和类别，才能够掌握有意义的语言，比如，我们只有知道猫和狗是两种不同的动物，才能够谈论它们。

9 个月大的时候，宝宝有了这样一个重要的认识：从嘴里发出的声音可以帮助我们实现心中的想法，而且某一特定的声音还能够带来特定的效果。

实际上，宝宝已经初步感受到了语言的惊人力量。虽然还没有掌握真正的语言，但是他已经开始以自己的方式说话了——发出一连串表达特定意义的声音。这些声音和它们所表达的意义都因宝宝而异，也就是说，每个宝宝用来表达特定意义的声音都各不相同。例如，我的一位朋友的9月龄宝宝想喝水时总是很清楚地不停说"哦呎"，而当最终看到水的时候，他一脸的兴奋无以言表。

在这个月的月末，宝宝有了另一种重要的本事：他开始将人和物结合在一起开展活动。他会让人帮他拿某个东西或者用某个东西做某件事，比如，他会指着玩具车对妈妈咿咿呀呀地说话，这样妈妈就会将玩具车上好发条递给他玩；他还会用东西引起人的注意，比如，他会拿着玩具使劲地在椅子上敲。

9个月大的时候，宝宝说的是只有他自己才懂的"话"——一连串有话语节奏和语调的声音，从远处听起来就像真正的话语。

宝宝现在说的"话"虽然不含任何真正的字和词，但是足以表达他的感觉和情绪！

动作能力和认知能力发育

这个月，许多宝宝最显著的特征就是已经可以在大人的搀扶下在屋子里走动了，活动范围大大扩展。

宝宝会去寻找掉在地上的玩具，这说明东西虽然看不见了，但是他仍然记得，意味着他对环境的认识有所提高。

宝宝还会模仿一些简单的动作，比如按门铃，这说明他在仔细观察和学习他人的行为。

注意力发育

随着与大人共同关注事物的能力不断增强，现在宝宝能够非常迅速地将词语和意义联系在一起。

与大人共同关注事物的能力还催生了一种新的能力——目光追随手的指向：如果大人所指的东西离宝宝较近，而且就在他的正前方，他就能够追随；如果大人所指的东西需要他转头才能看见，他就不能追随了。

宝宝的注意力范围也在不断扩大，9个月大的时候，他可以饶有兴趣地观察3米以内的人以及移动的物体。

尽管宝宝正在词语和意义之间建立联系，但是由于他的注意力仍然是单通道的，他还不能把话语与他正在做的事情联系起来。他只能要么做，要么听，不能两者兼顾。

注意力容易分散仍然是一个大问题，并且还会持续一段时间。

这个月的一个重要进步是，当大人给宝宝介绍图片的时候，宝宝的注意力能够保持将近1分钟的时间。这是亲子阅读的第一步。

听力发育

在环境允许的情况下，这个月宝宝"扫描"周围的声音、将注意力集中在自己想听的声音上并屏蔽其他声音的能力逐渐增强。

在不受外界干扰时，宝宝"扫描"声音所用的时间越来越少，而关注自己想听的声音的时间越来越长。

宝宝通过将现在听到的声音与之前听到的声音进行对比，加强了对各种声音的含义的理解，比如，他现在能够更好地理解与吃饭有关的声音了。

小结

满9个月的宝宝应该具备以下能力：

★能够大声喊叫以吸引你的注意力。

★能够模仿你说话的声音和语调。

★能够理解"不"和"再见"。

★能够发出一长串重复的音。

★听到你说"不"的时候，通常能够停下手中的活动。

★知道一些熟悉的人和物品的名字。

应该注意的问题

如果出现以下几种情况，建议你带宝宝去找专业人士咨询。（不过，请记住：不同宝宝的成长速度是各不相同的。）

如果你对宝宝的发育状况有任何疑虑，而你所担心的问题并不在下列问题之中，我也希望你尽快带宝宝去寻求儿科医生等专业人士的建议。

宝宝满9个月时，如果出现以下情况，请务必重视：

★不知道自己和直系亲属的名字。

★很少对着人发出声音，没有和人"对话"的愿望。

★不能发出"吗吗吗吗"或者"吧吧吧吧"这样的成串声音。

★不喜欢玩"藏猫猫"这样的互动游戏。

★对发声玩具没有兴趣。

与宝宝对话

独处每天半小时

现在，一定要让每天一起度过半小时成为你和宝宝的习惯，这一点至关重要。在这半小时里，你们能够全身心地关注对方，宝宝将在与人交流方面取得尽管很小却很关键的进步。从这3个月开始，宝宝会非常期待每天的半小时，并从中获得难以估量的益处。你对他的全心关注能够使他感觉到自己生活在一个安全、稳定的环境里，从而感觉到平静、信任和依赖——对他而言，这些都是珍贵的礼物。你们之间的互动以及交流与分享，对他以后理解和运用语言都非常重要。

你会发现，在使用"与宝宝对话"这套方法的过程中，你需要持续做一些之前你一直在做的活动。不过，现在做这些活动的出发点与以前不同，宝宝的反应也有所不同。这些活动本身也会有一些微小而巧妙的变化，这一点非常重要。

你的产假快结束了，上班的日子快到了。不过，你不必担心！这每天的半个小时足以让你的宝宝继续健康成长，因此请你一定坚持下去。我希望，你是发自内心地喜欢"与宝宝对话"，并真心愿意坚持下去。

对话的环境

在这 3 个月中，宝宝的听力和注意力有了重大的进步。他开始理解这个有声世界：他能够"扫描"周围的声音，将注意力集中在他想听的声音上并保持较长时间。通过这种方式，他逐渐在无数个声音和声源之间建立了联系。但是只有在没有背景噪声的环境中他才能做到这一点。

宝宝需要背景声音与前景声音差别很大的环境

请记住：宝宝只有在背景声音与前景声音差别很大的环境中才能听到前景声音。在这个阶段的某个时间，你可能需要让宝宝做一个听力测试。连由鼻炎引起的暂时性听力丧失都能够影响宝宝的听力发育，因此这个听力测试非常重要。

我们是通过比较声音到达双耳的时间和强度来确定声源的位置的，所以，如果宝宝两只耳朵的听力不一样，那么他的声源定位能力就会受到影响。

更重要的是，由鼻炎引起的暂时性听力丧失对处于不同成长阶段的孩子的影响是不同的。因为较大的孩子已经能够很好地将声音和声源联系起来，并且能够在有背景声音的环境中听到前景声音，所以这种暂时性听力丧失对他没有太大的影响；但是，7 ~ 9 个月的宝宝受到的影响是非常大的，这种暂时性听力丧失会让他的听觉变得不灵敏和不可靠，而当听力出现问题以后，他会只致力于发展用眼睛看和用手拿的能力，从而严重影响听力的发育。

在这个阶段，只有在安静的、没有干扰的环境中，宝宝才能够一边看一边听，做到眼耳并用。宝宝在嘴唇和舌头的运动与发出的声音之间以及他发出的声音与他听到的声音之间建立联系的能力迅速提高，这对其言语－声音系统的建立非常关键——同样，宝宝只有在安静的环境中才能很好地做到这一点。

**务必保证
房间安静**

这个阶段的宝宝非常喜欢探索各种各样的物品，还会在你们的游戏中使用这些物品。因为此时他的注意力保持的时间仍然非常短暂，所以你需要为他准备很多玩具，这样他才能随心所欲地将注意力从一件物品上转移到另一件物品上。

我们已经知道，"与宝宝对话"这套方法中的一个贯穿始终的基本原则就是：不要强迫宝宝将注意力继续保持在一件他已经不感兴趣的物品上。

你和宝宝应该彼此靠近，要使你们两个人的脸在同一水平线上。你要在他身边放很多他喜欢的玩具，让他容易拿到。他如果能够自由移动，就能够更好地在声音与声源之间建立联系，所以请鼓励他在房间里自由移动，但是一定要在房间里采取必要的措施保护他的安全。

有人认为从一开始就应该让宝宝懂得什么东西是他不能碰的，但是我认为宝宝此时有很多更重要的东西要学，而且到了一定年龄他自然会明白有些东西是不能玩的，到那时你可以向他解释那些东西为什么不能玩，而在现阶段，如果有些东西你不想让他玩，你只需把它们拿走就可以了，这样你和宝宝都会轻松一些。

本阶段如何与宝宝对话？

给宝宝留出足够的时间

有声对话自此一发不可收拾。你一定要把这种交流看做你和宝宝在对话，而不再是你说他听。你要留出足够的时间让他开口说，当轮到你说的时候，他会通过眼神和动作明确地告诉你该你说了。

现在，宝宝探索和研究物品的兴趣非常浓厚，并且从中受益匪浅。如果看到宝宝正在探索某个东西，你可以给他几分钟，等他不玩了再跟他说话。同样，到了你可以跟他说话的时候，他会通过抬头看你来明确地告诉你可以说了。你还会注意到，有的时候宝宝会着迷地听自己发出的声音，这时你也要保持安静，给他足够的时间。

一遍又一遍地做语言游戏、唱儿歌

宝宝非常喜欢简单的互动性语言游戏，并且从中受益匪浅。在第 7 个月，和宝宝玩"拍拍手"和"藏猫猫"的互动游戏时，你一定要表情生动，而且每次都要和他说同样的话，做同样的动作。通过宝宝的表情，你就能知道他是多么喜欢这类游戏，你们关注同一个活动是多么有趣，以及这些活动是多么吸引他的注意力。

一定要多给宝宝唱一些简短的、同一句式反复出现的儿歌，比如《如果感到幸福你就拍拍手》和《妈妈呀我要亲亲你》。你也可以自己编一些儿歌，最好简短一些，因为宝宝的注意力保持的时间非常短暂。

多唱简短的儿歌

同以前一样，让宝宝坐在你的膝盖上，轻轻地摇晃他同时发出有趣的声音。比如你上下摇晃他的时候可以说"踢踏踢踏踢踏"，前后摇晃他的时候可以说"噢——噢——"。你可以真切地感受到宝宝是多么喜欢这么近距离地听你的声音。

你要把模仿宝宝的动作作为游戏的一部分，你可以学他微笑，学他挥手，并且让他也学你的动作。你会看到他认真地琢磨这些动作的含义，并比较你的动作和他的动作有什么不一样。

当宝宝进入第 7 个月的时候，你们的互动游戏要有一些小小的变化。比如，玩"藏猫猫"游戏时，你在说出"喵——"之前先停顿一下，或者玩"拍拍手"游戏时，你在拍手之前先停顿一下。通过宝宝的肢体动作你会发现，他已经知道接下来该怎么做了。此外，弹出式玩具也能够让宝宝获得这种期待的乐趣。

继续对着宝宝唱儿歌和歌曲以及做动作，你会发现他的注意力保持的时间变得更长了，他获得的快乐也变得更多了。能够理解儿歌是宝宝的阅读能力即将开始发育的重要征兆。你一定要在做同一个动作时唱同样的歌词，这样你会发现宝宝开始将语言和游戏联系起来了，具体表现为：当你说出游戏的名称后，宝宝会露出期待的神情，比如，你对他说："我们一起玩'摇啊摇，摇到外婆桥'吧！"在你刚说出第一个"摇"字的时候，他就开始前后摇晃身体了。

在第9个月，你可能注意到宝宝开始主动玩这些游戏了。当然，你需要热情地回应他，也可以在游戏中加入一些新元素，比如，你可以在"拍拍手"游戏中拍拍泰迪熊的手，或者藏在被子后面玩"藏猫猫"。

对宝宝重复他发的音

继续对宝宝重复他发的音，这可以促进他的语言能力发育。当你学他说话的时候，他会很开心地看着你，然后再对着你发出声音，这样你们就开始了愉快的对话。这种"对话"与成人之间的对话有着相同的规则：两人轮流说话，听对方说话，每个人说话的时间都有限，并且都喜欢这样的互动。你会发现，你这样做得越多，宝宝说的"话"就越多，他会积极地回应你，他已经发现听对方说话很有趣。

> 对宝宝重复他发的音

重复宝宝发的音能够促进宝宝的语言能力发育的另一个原因是，这样可以让宝宝听到一个一个单独的音，而不是包含许多个音的语流，在这个过程中，宝宝可以理解两种重要的联系：一是嘴唇和舌头的动作与发出的声音之间的联系；二是他自己发出的声音与他所听到的话语声之间的联系。你可能看到，在认真听你学他发音之后，宝宝的嘴唇和舌头会有意做出一些动作，尝试发一些不同的音。

在这个阶段的初期，当宝宝发"吗吗吗"和"吧吧吧"这样成串的重复音时，

你也对他重复发这样的音；当宝宝后来会发"吧嘀咕"这样的混合音时，你也要尽可能地模仿他发音。此外，他还非常喜欢你模仿他尖叫和大喊大叫。

"对话"时给宝宝
足够的时间回应你

说出宝宝的想法

在这个阶段，不仅要重复宝宝发的音，随着宝宝语言理解能力的快速发展，在他尽力用表情和肢体语言表达自己的想法的时候，你还要用语言把他的想法说出来，这也是非常重要的。比如，宝宝哭了，你可能并不知道他为什么哭，这时你可以说："宝宝不高兴了，小明明不高兴了啊！"你也可以这样回应宝宝的动作："想过来了？宝宝想过来了！宝宝过来吧！"宝宝大约在第 9 个月学会扔东西，你可以在他一遍又一遍地扔东西时说："不见了！"

用语言表达出
宝宝的行为

帮助宝宝把他的想法用语言表达出来，可以很好地促进他的语言理解能力，坚持这样做下去，到第 9 个月结束的时候，你就会发现，宝宝已经开始理解你说的话了。

继续针对正在发生的事情发出有趣的声音

你可以模仿水从水管里流出的声音"咕咕咕"，也可以模仿水流淌的声音"哗哗哗"。这些有趣的声音仍然有很多重要的作用：首先，同前几个月一样，有趣的声音能够让宝宝觉得听声音充满了乐趣；其次，这样的模仿能够让宝宝听到单个的声音，从而将话语声中的不同声音区分开来；第三，这个过程能够帮助宝宝将声音与声源联系起来；最后，有趣的声音能够很好地吸引和保持宝宝的注意力。

我曾经就此与一位 8 月龄宝宝的妈妈进行过讨论，她说她的宝宝对声音和说话毫无兴趣，可是每当我向这位妈妈展示如何模仿有趣的声音时，她的

宝宝都会兴奋地扭动自己的身体。

你还可以这样模仿有趣的声音：一边推着玩具小汽车向前走，一边发出"嘀嘀嘀"的声音；有飞机飞过的时候就说"轰隆隆"；东西掉到地上了就说"啪嗒"。在这个阶段的末期，你可能注意到宝宝正试着模仿你发出的这些声音。

这引出了"与宝宝对话"这套方法的另一个非常重要的原则：**在任何情况下，都不要采用任何方式强迫宝宝发出或者模仿声音，或者强迫他学说话。**这样做一定会严重阻碍宝宝的语言能力发育，因为宝宝具有交流和说话的天赋，基本上懂得什么是交流，而要求别人说话或者模仿声音并不是正常的交流过程，他很清楚这一点。在过去的几年里，我见过很多这样的孩子，父母用最甜美的、最温柔的方式鼓励他们说话，可结果是他们彻底陷入了沉默。

> 永远不要强迫宝宝模仿声音或者学说话

> 哈瑞是一个活泼、聪明的孩子，今年3岁了，他具有很强的语言理解能力，可以用除说话以外的任何沟通方式（比如，用手指示、模仿、使用复杂的肢体语言等）和人进行有效的沟通，但就是不说一个字。事情是这样的：哈瑞1岁时，他的奶奶搬来和他一起住，奶奶认为应该教他说话了，所以经常对他说："说……！说……！说……！"这种强迫他学说话的方式造成了如今的这种后果。排除孩子身上的压力，使其语言能力迅速发育，是我们的工作所获得的最大奖赏！

使用简短的句子

这对宝宝之后几个月的语言能力发育非常重要。宝宝正处于语言能力快速发育的关键时期，如果使用恰当的语言和他对话，他就能够理解更多词语的意思。如果我们对宝宝说："我们要去公园了，我们得穿上鞋和外套。"请问：宝宝怎么才能知道这么多词语中到底哪个才是我们要穿在脚上的东西呢？但是，如果我们这样说："鞋在这儿，小明明的鞋，穿鞋吧，鞋穿好了。"那么，宝宝就很容易理解"鞋"是什么意思。在和宝宝对话时，请不要使用一个字来表达意思，因为这不是自然的说话方式，比起短小的词组或者句子，一个字更难听懂。

说简短的句子，句子之间要有停顿

你说话时应该抑扬顿挫、语速缓慢，句子之间要有停顿。和前几个月一样，这样的说话方式能吸引和保持宝宝的注意力，也给了他听清楚每一个字的时间。

和以前一样，在这半小时之外的时间用流畅的语言告诉宝宝你正在做什么，这样既能够使你们保持联系，又能够让他体验语言的魅力。

说出名字

宝宝逐渐能够将人或者物品与其名字联系起来了，所以这个阶段在和宝宝对话时你一定要说出人和物品的名字，而不要使用代词（比如，他、她、它、

说出家人和玩具的名字

他们、它们），这对于宝宝的语言能力发育很有益处。比如，我们应该说"我们把泰迪熊放在椅子上吧"，而不应该说"我们把它放在椅子上吧"。宝宝最早理解和最容易理解的是他最常听到的人或者物品的名称，所以要经常对他说家人的名字和他最喜欢的玩具的名称。

关注宝宝关注的事物

在这个阶段，要密切关注宝宝关注的事物，这样可以帮助宝宝更好地在词语和意义之间建立联系。我们已经知道，只有当他所看的和所听的是同一事物时，宝宝才能做到耳眼并用，所以如果我们留心他在看什么，并告诉他那是什么东西，他就能够听我们说话；如果他的注意力转移了，我们还能够随时关注他，那么他就能够继续听我们说话。反之，如果我们不关注他关注的对象，他就不会听我们说话。在和宝宝对话的时候，如果他盯着玩具看，你就可以用很短的句子告诉他这是什么，比如，对他说"这是球"；如果他对球的兴趣始终不减，你就可以用球来做游戏，比如，轻轻地把球滚到他身

边让他抓；如果他对球失去了兴趣，去看其他东西了，你就接着告诉他那是什么，比如，对他说"那是泰迪熊"。关注宝宝的注意焦点的变化是促进其注意力发育的最佳方法。任何时候，强迫宝宝将注意力保持在他已经不感兴趣的事物上，都只能损害其注意力和阻碍其发育。

关注宝宝关注的事物

在这个阶段，你会注意到你和宝宝共同关注的事物大大增多，很多时候你们都会关注同一事物。

对宝宝提问的方式

本阶段对宝宝提问的方式与前 3 个月相同。你可能发现，其实你对宝宝提问有的时候是在描述宝宝的活动，比如，"是你把毯子踢开了吗？"；有的时候是在猜测宝宝的想法，比如，"你想要奶瓶吗？"；还有的时候是在吸引宝宝的注意力，比如，"这是什么？"。这类问题都可以问，因为它们并不需要宝宝作出回答。

亲子游戏

游戏能够显示宝宝各种能力的发育状况，同时它还是一条极好的语言输入途径。本阶段最显著的特征就是，随着宝宝的理解能力不断提高，以及他探索人和物品的兴趣不断增强，越来越多的物品和场景成为游戏的组成部分。（需要记住的是，宝宝会来回玩不同阶段的游戏，比如，2 岁的宝宝累了的时候会玩他 6 个月大的时候玩的游戏：坐在妈妈的膝盖上，听她唱《拔萝卜》。）

宝宝依然喜欢和大人做互动游戏，也喜欢玩玩具。有时候，当他特别投入地玩玩具时，他甚至不欢迎任何其他人参与其中。

第 7 个月的游戏

这个月宝宝最喜欢的游戏是他熟悉的互动游戏，因为在游戏中他知道下一步该怎么说或者该怎么做，这样他就能够主动参与下一步的活动。他还能够理解游戏双方在游戏中的作用，知道谁该做什么，以及什么时候轮到他。这意味着他喜欢一遍遍地重复简短的儿歌和游戏，这种重复让他觉得这个世界是安全的，是他能够理解的。在这个阶段，他不希望发生任何变化。

"藏猫猫"和"拍拍手"这类简单的游戏非常适合宝宝在这个阶段玩，因为这些游戏都有简单的规律可循，他很容易就能知道后面会发生什么。而且，这些游戏的角色简单而清晰，语言和动作都比较少，却能够为游戏参与者提供与人交往的愉悦体验。这种互动为宝宝以后发展社交技能奠定了良好的基础。

宝宝依然喜欢配有动作的儿歌和有趣的声音等，比如，他喜欢大人一边把他放在膝盖上轻轻摇晃，一边发出有趣的声音。他仍然喜欢游戏中有大量的身体接触，并且喜欢与身体活动相关的声音。这些活动有助于宝宝和大人始终拥有共同的注意焦点——这在宝宝的发育过程中有着非常重要的作用。

宝宝还非常喜欢大人模仿他的动作，觉得这样非常有趣。大人的模仿让他更加了解自己的动作以及这些动作对他人的影响，也让他将自己的动作与感觉器官接收的信息更好地联系起来。

现在，宝宝喜欢探索各种不同的物品，他的注意力保持的时间总的来说仍然十分短暂，总是很快就从一个物品上转移到另一个物品上，所以要在他身边放很多东西。他仍然对物品的形状、颜色和材质非常感兴趣，对发声玩具也非常感兴趣。他开始记住不同物品发出的声音，并一次一次让它们重发。

有研究证明，父母如果能够为孩子设计足够多的这类游戏并且参与其中，那么与那些大多数时间都是自己玩的孩子相比，他们的孩子在游戏中会表现得更加活跃和善于变化。

第 8 个月的游戏

8 个月的宝宝仍然喜欢玩"藏猫猫"这样的互动游戏，玩多少次也不觉得腻烦。他现在已经知道这个游戏该怎么玩了，如果玩的时候加入一些新玩法，他就更喜欢了，比如，在"藏猫猫"游戏最后说"喵——"之前多停一会儿，这样可以吸引他的注意力，他也能从中获得无穷的乐趣。通过这些游戏，宝宝会逐渐明白听声音是有乐趣、有效果的，另外他与爸爸妈妈也有了共同的经验。现在他会主动开始玩游戏，比如，用纸片蒙住脸把自己"藏"起来。他还喜欢惊喜的感觉，比如，弹出式玩具带给他的惊喜感觉。

大人与宝宝的相互模仿成为游戏的一部分。大人和宝宝互相模仿对方的面部表情和动作，这能够使宝宝学会"给"和"拿"的合作性游戏，比如，宝宝学大人的样子喂别人。

随着宝宝对玩具的兴趣越来越浓厚，游戏中使用的道具越来越多。这个阶段经常出现这样的情景：宝宝盯着某个玩具看，大人追随他的目光，发现他在注视那个玩具，就把那个玩具拿给他，然后，大人和宝宝就用那个玩具一起做游戏，比如，大人让球滚向宝宝，或者把玩具车推向他，让他刚好能用腿夹住。

宝宝对自己手中的任何物品都会满怀热情地采用各种方式进行探索和研究：用嘴咬，用手摇，使劲打，盯着看或者扔出去。

第 9 个月的游戏

现在，宝宝非常喜欢别人和他一起玩。"藏猫猫"和"拍拍手"这类简单的互动游戏仍然深受他的喜欢。不过，现在的玩法有些不同了，他不仅能够主动开始游戏，还能够主动开始对话——他的表情和动作清楚地告诉大人，他希望得到回应。同时，他还开始设计游戏了！比如，他会做出把玩具递给你的动作，而等你去拿的时候他却立刻把手缩回去或者非常夸张地做出保护玩具的动作——他学会逗大人玩了。现在，他喜欢做稍有变化的游戏，所以在来回滚球的游戏中，你可以不把球传给他，而是把泰迪熊滚到他那儿。最重要的一点是，他开始将游戏和游戏中用到的词语联系起来了，比如，听到有人说"拍拍手"，他就知道要做的是什么游戏。他的记忆力开始发挥作用，这对游戏有着直接的影响。他记得游戏步骤，会去寻找他亲眼看到大人藏起来的玩具，还会四处搜寻不见了的玩具。不过，他对于"东西看不见了"的理解还处于初级阶段，仍然认为只要他捂住自己的眼睛，别人就看不见他了，颇有"掩耳盗铃"的意味。

模仿在游戏中起着更加重要的作用，不管是早期的自发性模仿，还是现在的主动性模仿，都是宝宝用来理解不同表情和行为的含义的手段。在这个阶段，宝宝第一次能够在游戏中充分兼顾玩具和大人，比如，他可以和大人一起用球、玩具车或者其他玩具玩互动游戏。

宝宝探索物品的热情继续高涨，日益增强的运动能力扩展了他的探索范围。他能够将小物品放进盒子再倒出来，并且反复地放进倒出，还能够主动放下或者扔掉手中的物品。于是，他又多了一种有趣的游戏：他一遍又一遍

玩具箱

在探索游戏中，宝宝需要研究各种不同的物品，这些物品并不限于玩具、盒子、纸袋，任何能够放到嘴里咬的东西都是宝宝本阶段很好的玩具。宝宝喜欢不同形状、图案、颜色和材料的物品，所以一定要为宝宝准备种类丰富的玩具，例如：

★ 推拉玩具   ★ 弹出式玩具

★ 滚铃   ★ 婴儿游戏垫

★ 旋转玩具   ★ 宝宝的小镜子

★ 组合套装玩具   ★ 积木和盒子   ★ 塑料球

★ 纸：这个阶段的宝宝非常喜欢玩纸，纸可以揉在一起，可以四处挥动，还可以用于"藏猫猫"游戏。

为了让宝宝喜欢听前景声音：

★ 发声玩具是很好的选择，比如摇铃和简单的乐器；另外，家庭日用品也可以成为不错的玩具，比如锅盖和勺子。

★ 也可以自己做一些发声玩具，比如在塑料瓶里装上米或者豆子等不同东西。

地扔掉某个东西，然后一遍又一遍地让大人拿给他继续扔。他现在还能够将 2 件物品联系起来，比如，他会把茶杯放在茶托上，或者把勺子放在杯子里。此外，他依然喜欢发声玩具。

如果身边有足够的玩具，宝宝可以一个人玩将近 20 分钟，但是身边必须有大人陪着。他独自玩耍的这些时间也非常重要：在这些时间里，他不受打扰，能够集中全部注意力探索某个物品。记住：他的注意力仍然是单通道的。现在，宝宝开始向其他宝宝移动，朝他们热情地挥舞玩具，试图与他们进行互动。

亲子阅读

现在你可以为宝宝准备一些卡片或者布质图书，这些卡片和图书一定要适合他咬或者摔打，因为这个阶段的宝宝都喜欢这样做。如果他愿意，你们现在就可以开始亲子阅读了，你可以让他坐在你的腿上和你一起看图片。

"半小时"之外，怎样对宝宝说话？

要继续经常对宝宝说他感兴趣的事情。你如果养成了关注宝宝关注的事物的习惯，就能够更好地和他"聊天"。比如，在外面的时候，如果他正注视着一条狗，你可以说："有一条狗……它正在跑……我听见它在汪汪叫！"或者，当他看着你把食物放到他碗里时，你可以对他说："这是土豆，它旁边是胡萝卜。"

关于看电视或录像的问题

在这个重要阶段，宝宝有很多需要学习的东西，请不要让他看电视或者录像，否则会阻碍他的发育。

从 10 个月到 12 个月

关键能力的发育

现在，宝宝越来越独立了。他可以自己用手拿着东西吃，你给他穿衣服或者洗澡的时候他会自己伸出小胳膊或者小脚丫。但是，有时候他也会不那么配合你，比如，他会不让你给他戴帽子。此外，他的注意力也不像以前那样容易分散了。

尽管理解能力有限，但是宝宝仍然对所有事物都充满兴趣，比如，他可能非常喜欢牛奶洒在桌子上形成的图案。他本身也会变得非常有趣，比如，他非常喜欢做鬼脸或者发出有趣的声音以博你一笑，如果你被逗乐了，他就会再次为你表演。

现在，你一定特别希望自己的后脑勺上也长着一双眼睛。这个阶段的宝宝无论是在地上爬还是被搀着走，速度都非常快，而且被磕痛和擦伤后很快

请注意：本书中所介绍的儿童各阶段发展水平都是平均水平。

不同宝宝的成长速度存在差异，而且某一方面发育迅速通常会导致另一方面的发育暂时落后。所以，即使你的宝宝在某一阶段某方面的能力没有达到本书中的相应水平，你也不用担心和沮丧。更多内容，参见第 78 页"应该注意的问题"。

就"好了伤疤忘了痛",很可能再次做出那些危险的举动。

第10个月

语言能力和沟通能力发育

宝宝在这个阶段开始变得非常善于与人交流,他对别人越来越感兴趣,对别人的情绪和情感也越来越敏感。他开始对词语产生兴趣,会认真地听新词语。如果一切顺利,这个阶段的宝宝在听人说话的时候不再那么容易分散注意力了。

智力的进一步发育使这个时期的宝宝更加清楚地知道,手势和语言都可以代表物品。

宝宝的目光开始追随手的指示,先是追随对近距离物品的指示,然后追随对远距离物品的指示。这一能力的发展与宝宝理解物品名称的能力的发展密切相关。现在,宝宝能够发现爸爸妈妈感兴趣的事物,比如,一本新书;他还能够发现爸爸妈妈的烦心事,比如,某个东西碎了。就这样,宝宝不仅更加善于与他人相处,而且对他人的感受更加敏感。获得这种认识——像他一样,别人也有自己的感受——对他以后的社会交往能力发育有着极其重要的意义。

宝宝也开始理解他的行为和大人的反应之间的联系了,他能够预料大人对他的某一行为的反应。比如,如果他把饭洒在地上,妈妈可能不高兴。

此时,宝宝不仅能理解说话人的语调,以及在特定的环境中辨识非常熟悉的人和物品的名字,而且能理解一些常见的东西的名字,比如"球"、"泰迪熊"或"猫咪"。很多事实证明,宝宝的社会交往意识在不断提高:有人喊他的名字时,他会朝那个人看;在大人的要求之下,他会把东西递给大人;在大人的要求之下,他会做一些人们在日常生活中常做的动作,如挥手"再见"。

到了这个阶段,宝宝能够分辨母语的话语声之间的基本差异——事实上他所能分辨的是音素之间的差异（音素是语音中的最小单位，比如"爸爸"和"怕怕"中的"b"和"p"）。有趣的是，这种成熟的辨音能力与宝宝开始输出真正的语言密切相关。

在这个阶段，大人与宝宝之间的交流会发生翻天覆地的变化：从大人主动去理解宝宝无意识的沟通，逐渐发展为宝宝主动控制对话。宝宝之前已经会主动开始互动了，现在他还能够以离开的方式主动结束互动。

宝宝已经是一个能力超强的沟通者了，尽管表达方式与大人不尽相同，他却已经能够表达几乎所有的意思了。

宝宝不仅能够将大人的注意力引向他自己、其他人或者物品，向大人要东西，让大人为他做事情，让大人提供信息，打招呼，表达谢意和告知消息，而且能够意识到对方没有听明白自己的意思，为了让对方听懂，他甚至会重新"措辞"。此外，他还能够让大人明白他的沟通是否达到了预期目标。

现阶段，宝宝主要通过一边发出声音一边做动作来与人沟通（通常是一边指着某个东西，一边发出"嗯嗯"的声音，意思是自己想要这个东西）。他喜欢参与经常玩的语言游戏（比如，"拍拍手"游戏），并且能够主动开始这些游戏。他还喜欢模仿大人的一些习惯性发音，比如，当东西掉到地上时，他会模仿大人发出"啊"的声音。

现在宝宝的咿呀学语声非常动听，具备语言所有的节奏和重音形式，听起来真的越来越像外国话。

动作能力和认知能力发育

宝宝现在能够自己独立坐几分钟，还能够更加轻松地抓来一个东西进行探索。他能够将身体倾向前方去抓玩具，还能够转身去拿东西，同时，他抓握玩具的技能更加娴熟了，这使他玩玩具的方式更加丰富了。此外，他扔起东西来也比较轻松了。如果有人给他演示怎么把积木放进盒子里再拿出来，他也能够放进去再拿出来。看球滚动的时候，他能够判断球移动的方向。他能够扔玩具、拆玩具，还能够把盖在玩具上的布掀开。他摆弄和探索物品的技能日益娴熟，这让他在头脑中更加明确地形成各种概念（比如，"软"、"硬"、"重"、"轻"），为以后理解与这些概念相关的词语奠定了基础。

在这个月，宝宝的运动能力会有很大的提高，而这通常会导致语言能力和沟通能力发育暂时性减缓，因为宝宝把注意力都集中在了身体运动方面，而我们在前面讲过，他的注意力目前还是单通道的。宝宝现在不仅能够随意翻身、四处爬行，还能够被搀扶着向前走。他能够扶着家具站起来并站立一会儿，甚至能够紧抓着家具向前走。不过，如果没有人帮他，他不能坐下去。

宝宝会积极配合你给他穿衣服，主动把胳膊和腿伸进袖子和裤腿，还能够熟练地一把摘掉头上的帽子。

注意力发育

这个月，宝宝能够短时间地将注意力集中在他主动关注的物品或者行为上，但是容易受到噪声或者动作的影响。他的注意力仍然几乎完全是单通道的，不过，如果干扰不大，他也能够一边看一个物品，一边听这个物品发出的声音。此外，他和爸爸妈妈能够更加有效地确立共同的注意焦点了：不仅借助于手的指示，而且用目光追随对方的视线。

听力发育

这3个月是宝宝听力发育的重要阶段。如果一切顺利，在这个阶段结束的时候宝宝将具备一种关键能力——选择性倾听能力，即"扫描"周围的声音、选择想听的声音并保持注意力、屏蔽不想听的声音的能力。12个月大的时候，宝宝听人说话时注意力就不那么容易分散了，而且他还能够把许多声音与其声源联系起来。这样，他通过耳朵得到的信息对他来说更加有意义了。他的运动能力和探索能力也极大地促进了他的听力发育，现在他寻找声源时不再是只用眼睛四处看，而是移动身体到处找。

遗憾的是，越来越多的宝宝的听力发育无法达到上述状态。选择性倾听能力并不是宝宝在成长过程中必然会获得的能力，即使过了很多年，选择性倾听能力的发育也可能处于停滞之中。很多老师认为，这种能力的欠缺正是许多孩子出现学习困难的根源。随着我们的社会变得越来越嘈杂，这个问题在近15年间日益恶化。15年前，幼儿园老师向我抱怨很多孩子不会倾听；逐渐地，小学老师也开始抱怨；再后来，就是初中老师、高中老师；到现在，甚至连大学老师也意识到了这个问题。

15年前，我对9月龄宝宝的听力做了一个研究，结果令人十分担忧：20%的宝宝都存在严重的听力困难。这些宝宝几乎完全不能将声音和声源联系起来，而且听得越来越少，因为声音对他们来说毫无意义。很多宝宝对声音几乎没有什么反应，人们甚至怀疑他们的耳朵是聋的；还有的宝宝在听的时候会遗漏很多声音，包括很大的和很不寻常的声音，因此他们对声音的反应显得很不可靠和很不稳定。这些存在听力困难的宝宝无法"扫描"周围的声音，更不能从中选择自己想听的声音，只要稍稍将注意力集中在看或者摸某个物品上，他们就根本听不到任何声音。毋庸置疑，在这个阶段这些宝宝在联系词语和意义方面也不可能像发育正常的宝宝那样取得明显的进展。事实上，这些宝宝基本上是在尽可能地回避声音，声音对他们来说似乎是无法理解的密码。

从第9个月到第10个月，宝宝开始更多地"扫描"周围的声音，并且专注地听某一特定的声音。他"扫描"周围的声音的速度还比较慢，专注地听自己选择的声音的时间也相对较短，不过，这种能力使他能够倾听输入的声音并将其与他之前听过的声音进行比较，因而对他理解声音的含义大有帮助。

宝宝开始能够更加容易地听到他正在看或者正在摸的东西发出的声音，显而易见的是，他的这种能力只有在安静的环境（前景声音和背景声音有很大差别的环境）中才能起作用。

第11个月

语言能力和沟通能力发育

现在，宝宝理解词语的能力发展迅速。他会经常环顾四周，寻找对话中提到的熟悉的物品和人。他偶尔也能够在特定的环境中理解一些简单的问题和指令，比如，"爸爸在哪儿？"，或者"来，到妈妈这儿来"。不过，这些指令中的对象必须是他可以看见的。他能够做更复杂的手势了，比如，他会伸出胳膊去指一样东西，也会用手势表达"在哪儿呢？"和"没有了"。

在发音方面，宝宝很喜欢模仿"啦啦啦"或者"吧吧吧"这样的话语声，也会发出"嘘"这样的非话语声，偶尔还会蹦出一些词语。他一听到节奏感很强的音乐就显得非常兴奋，会舞动双臂或者扭动整个身子。他酷爱他非常熟悉的"藏猫猫"和"拍拍手"等语言游戏，经常主动开始玩这些游戏。

现在，不管是独自待着还是和别人在一起，宝宝都喜欢咿咿呀呀地发出各种声音。他已经知道什么是对话，以及如何参与其中——轮到他说时，他会兴高采烈地说话；轮到他的对话伙伴说时，他会满怀期望地等待。

动作能力和认知能力发育

随着对周围环境的了解逐渐深入和身体控制能力进一步提高，宝宝能够对周围的物品进行更加细致的探索了。现在，他能够转动身体了，他可以坐着扭转身体去拿东西，也可以探身去拿较远的东西。另外，他还能够找到他亲眼看到被藏进盒子里的玩具。他能够分开手指，并且能够让大拇指和其他手指合作去捡一些小东西。他扶着家具站立的时候更加自信了，甚至能够放开手独立站一会儿。而且，现在他能够围绕家具挪动身体，爬起来也更快了。

这个月，宝宝的智力发育也有了重大进展。随着生活经验的增长，他逐渐明白物品之间的相互关系，比如，杯子要放在杯托上。他还能够将物品和事件联系起来，比如，他会用梳子给自己梳头。这些都为他日后将语言中的概念联系起来——比如，"鲍比的梳子"或者"水没有了"——奠定了重要的基础。他还开始对看图片产生兴趣，并且能够将图片与相应的实物联系起来。

宝宝的行动变得更加有目的性，他开始运用自己的能力去解决问题（比如，怎样才能够到某个物品），而不仅仅是做漫无目的的探索。

注意力发育

这个月，宝宝的注意力基本上没有什么变化，唯一值得一提的是他更加频繁地与大人共同关注一件事物，而且将注意力保持在某个特定的对象上的时间比以前稍长了一些。

听力发育

如果一切顺利，宝宝会对听声音越来越感兴趣，他尤其喜欢听人说话。他的注意力比以前更不容易分散了。他"扫描"周围声音的速度更快了，集中注意力听某种特定的声音的时间也更长了。还有一个极其重要的进步是：他开始不理会其他声音了。另外，宝宝在声音和声源之间建立的联系急剧增多，他一边注视和摆弄某个物品一边听声音的能力也提高了。

第12个月

语言能力和沟通能力发育

宝宝现在能够长时间地将注意力集中在说话上。在这个阶段，由于成长环境不同，不同宝宝理解语言的能力存在很大的个体差异，但是不同宝宝开始运用语言进行表达的时间较为一致，这种能力似乎更受生理因素的影响。（将来并非如此。）

大部分宝宝在 12 个月的时候都能够在一定的语境中理解更多的名称以及

口头要求，比如，"还想要吗？"。听到类似的话语以后，宝宝会用肢体语言告诉你他听懂了，比如，摇头；偶尔他也可能用声音来回应你，比如，在大人的要求下说"拜拜"。

宝宝现在能够将他与人的互动和与玩具的互动整合在一起：他会利用人得到某个物品，比如，拽着大人的衣服并指着某个物品；他也会利用物品吸引大人的注意力，比如，用勺子使劲敲桌子。

现在，宝宝发许多音的时候都是有意识的，他会朝别人喊叫以吸引别人的注意力，会用叫声表达他想换一种游戏的愿望，会在大人和他说话时经常发出声音来回应。

语调成为宝宝所发的音的重要组成部分，他会让调子和节奏变化多端。你会发现理解他想表达的意思变得容易些了。

宝宝现在非常爱扮鬼脸，也非常爱炫耀自己，还非常喜欢在熟悉的游戏中添加一些逗趣的成分。他会和你一起唱歌，做"藏猫猫"游戏时会说"喵——"。

宝宝能够整天对着玩具和人"说话"，像是在做长篇大论的演讲一样。我们在"从7个月到9个月"中讲过的宝宝的"咿呀学语声的规范化"过程（参见第45页），即婴儿所发的音逐渐规范化为成人语言的过程，本月基本完成。

现在，宝宝只使用周围语言中存在的声音与别人交流，他现在已经能够发的音包括在口腔前部发的音（比如，"p"和"b"）、在口腔中部发的音（比如，"t"和"d"）以及在口腔后部发的音（比如，"k"和"g"）。

宝宝开始使用具有特定音调的音来指代特定的事情或者物品，即把这些音当做词语使用（比如，"嘀嘀"就是指汽车），它们是宝宝的专用词汇，只有对宝宝非常熟悉的人才有可能听懂。宝宝也开始模仿词语的发音，同样，这些词语通常都是他熟悉的物品的名称。

宝宝说出第一个真正的词语的神奇时刻到来了，有的宝宝在12个月大的时候就可以说3个词了（很多宝宝需要的时间稍长一些）。宝宝所说的词语通常是他熟悉的人或者物品的名字，而且这些词语的发音大多包括他咿呀学语时常常发的"p"、"b"、"d"和"m"（比如，"妈妈"和"大大"），这也正是为什么不同语言中指代父母的词语的发音十分相似的原因。

父母们经常会对这样一个问题感到十分困惑：既然此时宝宝已经能够理解很多词语，为什么他几乎还不能使用这些词语进行自我表达呢？宝宝现在大概能够听懂60多个词语了，然而通常只能说出两三个。要想解开这个谜团，我们得回想一下自己第一次在新闻中听到某位外国政要的复杂姓名时的情形：如果我们对此人感兴趣，并且注意听了他的名字，那么再次听到他的名字时我们就能够辨认出来；但是，如果想正确地说出他的名字，我们就必须听很多遍。我们在生活中只是偶尔碰到这种情况，宝宝每天却要听成百上千个词语。和我们一样，他在第二次听到某个词语的时候，就能够认出它并将它和它的意义联系起来，但是要想说出它，还得再听许多遍才行。

动作能力和认知能力发育

宝宝其他方面的能力也在快速提高：他能够捡起东西并递给大人；能够模仿大人拿着铅笔，做出要在纸上写字的样子；能够推着玩具车走；能够拿着勺子在碗里搅来搅去；能够把自己的脸遮起来玩"藏猫猫"游戏。他四处移动起来更加轻松了——他爬得更快了，扶着东西走得更稳了。他能够独自站立一小会儿了——有的宝宝在这个月结束的时候就会迈出自己人生的第一步。站立的姿势将宝宝的手解放出来去做别的事情。

注意力发育

在12个月大的时候，宝宝一边听一边看的能力增强了，他的注意力也不像以前那样容易分散了。在这个月结束的时候，他的注意力会发展到一个新的阶段：他会时不时地将注意力高度集中在他感兴趣的事物上，并保持一段时间。他太专注了，以至于大人常常觉得自己完全被忽略了。在接下来的几个月里，这种注意力高度集中的状态会和注意力瞬间转移的状态交替出现。

听力发育

如果一切顺利，宝宝此时已经具备了选择倾听对象的能力，这一能力的获得为他以后的学习提供了良好的条件。现在，这个有声世界对于他是有意义的，不过他仍然只有在适宜的环境中才能运用这种能力。

小结

满 12 个月的宝宝应该具备以下能力：

★尝试跟着音乐"唱歌"。

★知道自己的名字。

★在熟悉的环境中，能够听懂许多人和物品的名字。

★能够摇头表示"不"。

★能够说出 1 ~ 3 个词语。

应该注意的问题

如果出现以下几种情况,建议你带宝宝去找专业人士咨询。(不过,请记住:不同宝宝的成长速度是各不相同的。)

如果你对宝宝的发育状况有任何疑虑，而你所担心的问题并不在下列问题之中，我也希望你尽快带宝宝去寻求儿科医生等专业人士的建议。

宝宝满 12 个月时，如果出现以下情况，请务必重视：

★当你提到他熟悉的物品（比如他的帽子）时，从来不环顾四周去寻找。

★当有人叫他的名字时，没有什么反应。

★不能发出许多悦耳的咿呀学语声。

★从来不尝试主动开始"藏猫猫"之类的小游戏。

★目光不会跟随你的手的指示看东西。

与宝宝对话

独处每天半小时

宝宝现在最喜欢跟你单独在一起。他一天的生活大多由大人安排，如果有时间让他自己做主，他会非常开心，而且会比其他时候更加听话。每天和他沟通会对他的情绪和行为的发展产生莫大的影响，所以无论时间多么紧张，都不要错过和他一起度过的这每天半小时。

如果你有一对双胞胎，那么无论做起来有多难，你都要安排时间跟两个宝宝分别对话半小时。与单胞胎宝宝相比，双胞胎宝宝在语言发育方面通常比较滞后——尽管很多孩子能够在学龄期赶上来，但是仍然有一些孩子处于落后状态。

为什么一定要单独与宝宝对话呢？我们已经知道，促进宝宝语言能力发育最有效和最重要的方法之一，就是谈论宝宝正在关注的事情或者物品。在同时面对两个宝宝的时候，要做到这一点非常困难。这也正是为什么家中后

我记得有一对可爱的双胞胎名叫凯文和纳利，他们10个月的时候我第一次见到他们。他们的动作极其灵敏，到处爬来爬去，探索他们所看到的一切东西，然而他们的语言能力发育还停留在6个月的水平：他们只能听懂"不"和他们自己的名字，而且几乎不发出任何声音。他们的妈妈非常想帮助他们：每天，她请邻居帮她照看其中一个宝宝，自己则和另一个宝宝单独相处半小时；等丈夫下班回家后，她再和先前请邻居照看的宝宝单独相处半小时。她首先遇到的一个大问题是两个宝宝很不情愿被分开，不过很快他们就体会到了享有大人的全身心关注的乐趣，以及在游戏中发挥主导作用的乐趣——问题解决了。同时，他们的妈妈也发现了一次陪伴一个孩子的极大乐趣。这对双胞胎宝宝最后取得了巨大的进步：7岁的时候，他们在阅读和算术方面与10岁的孩子水平相当！

坚持一对一的"对话"

出生的宝宝的语言能力发育通常比先出生的宝宝慢的原因。如果你能够坚持每天都和每个宝宝单独对话，哪怕只有 20 分钟，也不会出现这种问题。

对话的环境

你和宝宝对话的环境必须非常安静，这一点至关重要。这个阶段是宝宝选择性倾听能力发育的重要阶段，而只有在适宜的环境中，这种能力才能发育。现在，宝宝学习语言时应该了解什么词发什么音，能否清楚地听到词语的发音对他来说十分关键，因此你在和他对话的时候要尽量靠他近一些。

所有研究都表明，你本阶段对宝宝说的话的多少与他将来的语言能力发育密切相关。因此，一定要多和他说话。在这个阶段，宝宝继续在词语和意义之间建立联系，如果条件适宜，他的这一能力会迅速提高。你一定要帮助他理解词语的意义，这非常重要。在词语和意义之间建立联系可以说是一项壮举。想一想我们常说的句子，比如，"哦，快看，天气转晴了"，"我们穿上大衣和鞋出去散散步吧"——在这么多代表物品的词语里，我们究竟是怎么知道穿在脚上的那个东西就是"鞋"的呢？显然，宝宝在这方面需要很多帮助，而"与宝宝对话"这套方法本阶段的核心目标就是为他提供这种帮助。

本阶段有重要进展的其他发育领域有：选择性注意力、辨别语言中所有话语声的能力以及运用词语进行表达的能力。宝宝对周围世界的理解更加深刻了。你会再次发现，本阶段所使用的方法有一些是以前用过的，但是现在它们所起的作用已经大不相同了。

本阶段如何与宝宝对话？

继续你们的互动游戏

在进入本阶段之前，你和宝宝就已经能够非常默契地玩你们的互动游戏了，你在游戏中形成了语言输入和行为的固定模式，这些在本阶段都对你大有帮助。在这3个月中，继续玩这些游戏。虽然宝宝以前只能注意你说的话的大体状况和语调，但是现在，他所熟悉的、不断反复的、愉悦的对话体验帮助他把词语和意义联系起来了。他和你对世界有了共同的理解，这使他能够明白那些重要的物品和事件的名称，同时，他也做好了理解指代这些事物的词语的准备。在这个阶段，他能够将一些短句中的词语与真实的动作联系起来，比如，他能够把"宝宝，来抱抱"与他被抱起来的行为联系起来。

互动游戏也是你和宝宝形成共同的注意焦点的好方法。在反复玩的熟悉游戏中，你们分享着同样的经历，有着共同的期待。我们看到，宝宝在游戏中逐渐成长为一个平等的游戏伙伴。刚开始是由你全权负责游戏的进度、角色的转换，但是没过多久宝宝就能够在反复玩的游戏中学到如何配合，从而成为游戏中平等的合作者。你留心一下，就会注意到他现在在发出声音后会停顿一下，似乎是在给你时间回应，而且你讲话的时候他会停止发出声音，而一旦你不说话了，他就会接着说。你已经帮助他掌握了对话的基本规则。

继续做你们先前做过的游戏，但是要让游戏发生些许变化，比如，假装犯错、变换一下规则或者在熟悉的动作之前停顿较长的时间。本阶段的这些游戏会在很大程度上鼓励宝宝作为一个完全独立的游戏伙伴参与其中，也会帮助他掌握游戏的步骤和流程。

不断重复事物的名称（比如，"鼻子，鼻子，耳朵"）的游戏能够帮助宝宝把词语和意义联系起来，同样，在这类游戏中，你们形成了共同的注意焦点，拥有共同的关注对象，两个人都玩得非常愉快。

> 互动游戏能够帮助宝宝在词语和意义之间建立联系

继续对宝宝重复他发的音

在这个阶段，宝宝发出的声音最终与周围语言中的话语声趋于一致了，接下来他面临的艰巨任务是注意和记住自己听到的成千上万个词语的发音，

> 我第一次在我的治疗室见到肖恩时，他 8 个月大，几乎不发出任何声音。他异常安静，不吵不闹，对妈妈和周围的环境似乎毫无要求。他不会发出声音与人交流，好像对与人交流没有任何兴趣。他发音的水平仍然滞留在 5 个月的水平，只能发一些模糊不清的元音。我们建议他的妈妈采用"与宝宝对话"这套方法来和他交流，建议她多和他说话并且对他发出的声音作出回应。在两个月之内，肖恩各方面的发育就达到了同龄宝宝的正常水平。

继续用声音与宝宝进行"对话" 这时，继续对他重复他发的音非常重要。重复他发的音能够帮助他理解嘴唇和舌头的运动与发出的音之间的联系，并且有助于他将自己发出的声音和听到的声音进行比较。

你和他会继续用声音进行有趣的对话，而重复宝宝所发的音对此有极大的促进作用。

继续发出有趣的声音

推着玩具车向前走时发出"嘀嘀"的声音，扫地时发出"刷刷刷"的声音，在这个阶段，这些声音不仅能够让宝宝获得极大的乐趣，而且能够继续发挥它们之前的重要作用。

发出有趣的声音能够让宝宝觉得听声音是一件非常有趣的事情，从而鼓励他主动去听声音。

发出有趣的声音还能够帮助宝宝分辨母语的话语声之间的所有基本差异（这一过程也在这一阶段结束的时候完成），因为它使宝宝能够专心致志地去听一两个音，而不是变化极快的语流。

发出有趣的声音，使听声音充满乐趣 要不断发出新的有趣的声音。当玩具掉在地上的时候，你能够发出很多有趣的声音，比如"嘣"、"啪"、"喀嚓"、"咣"等。当然，还要继续发出之前已经发过的"噼里啪啦"、"哎哟"等。

关注宝宝关注的事物

在这个阶段，要密切关注宝宝关注的事物，这一点非常重要。通过和宝宝关注同一事物，你为他创造了一个理想的语言学习环境，因为语言只有在信息共享的情境中才能完全习得。大量研究证明，成人对婴儿关注的事物描述得越多，对婴儿的注意力关注得越久，婴儿的词汇量就越大，婴儿将来对语法结构的理解就越深刻。有这样一项关于宝宝学习物品名称的比较研究：第一种情境是大人观察宝宝在关注什么物品，然后反复说出这些物品的名称；第二种情境是大人选择一些物品，然后开始教宝宝说这些物品的名称。结果显示，宝宝在第一种情境中掌握的名称比他在第二种情境中掌握的名称多得多。这个结果证明，当大人提到的是宝宝感兴趣的物品的名称时，宝宝能够更轻松、更快地掌握，而那些由大人选择的物品的名称，宝宝学起来就费力多了。

要想轻松关注宝宝关注的事物，你必须在身边放许多有趣的物品，还必须离宝宝近一点儿并且和他面对面。一旦发现宝宝在看某个物体或者要去抓某个物品，你就告诉他那是什么——"那是泰迪熊"；如果宝宝关注的是正在发生的事情，你就向他描述该动作——"把它放下"。你对宝宝关注的对象——不仅包括他的眼睛所看的东西，而且包括他的脑中所想的东西——了解得越多，你对宝宝的理解能力发育帮助就越大。举例子来说，宝宝拿着一本书，如果他正在咬书，你可以告诉他"你正在咬书"；如果他正在翻书，你可以告诉他"翻到下一页，再翻一页"；如果他正在看书里的某张图片，你可以说"这是一辆小汽车"。要尽量发现宝宝关注的事物，这个通常不难做到。

观察宝宝对什么感兴趣

同样，当宝宝充满期待地看着你的时候，如果你觉得他是在等你为他做点儿什么，你可以指着一个物品并且说出它的名称，或者捡起一个玩具开始玩并且告诉他你在做什么，表达一定要清楚。你的注意力要随着宝宝注意力的转移而转移，千万不要强迫宝宝继续关注他已经不感兴趣的事物。

帮助宝宝享受倾听的过程

在这个阶段，宝宝集中注意力听他想听的声音并且屏蔽他不想听的声音的能力有了重大的发展。

如果一切发育正常，环境条件适宜，在本阶段结束的时候宝宝就能够掌握这项技能。相反，如果发育迟缓或者生活环境不允许，宝宝本阶段在听力方面就可能出现严重的问题。我在治疗室见过很多学龄前儿童刚开始被怀疑重度耳聋，最终却被证明听力完全正常。这些儿童没能在声音和声源之间建立至关重要的联系，从而导致整个有声世界对他们毫无意义，所以他们便不再去听。如果得不到帮助，他们上学的时候将面临十分严重的问题。

在这个阶段的游戏时间里，要抓住一切机会让宝宝明白听声音是简单而有趣的活动，你可以通过让宝宝在完全没有其他声音干扰的环境中听一些简

> 哈利被带到我的治疗室的时候 12 个月大，他茫然地环顾四周，听不见别人对他说的话，甚至听不见他妈妈的声音。他对我们给他的发声玩具毫无兴趣，即使是那些声音非常大的玩具；听到隔壁房间里的小孩大声叫喊，他也完全没有反应。刚开始我还真以为他的听力有问题，他的父母也非常担心。我问他的妈妈他最喜欢吃的零食是什么，她说是薯片，我还问她带来的玩具中是否有哈利最喜欢的玩具，她说小泰迪熊就是哈利的最爱。
>
> 我们出去买了一包薯片，然后我便开始工作。我坐在哈利面前，一次给他一块薯片，而且一边给他薯片，一边揉捏装薯片的袋子。接着，我开始用他的小泰迪熊做游戏，我一边靠近小泰迪熊，一边说"来了、来了、来了……啵"。哈利非常喜欢这两项活动。接下来，我找人在他面前分散他的注意力，我自己则到他背后去揉捏装薯片的袋子，还在他身后或者两侧轻声说话。无论我发出的声音多么小，他每次都能准确地找出其位置。
>
> 我们采用"与宝宝对话"这套方法与他交流 4 周以后，哈利完全能够正常地回应各种声音了。

单、有趣的声音来做到这一点。给他准备足够多的发声玩具，并且时不时给他演示怎么使玩具发出声音。一定要给他足够的时间听这些声音，而且在他听的时候不要说话。你还可以给他演示怎样变换操作方法以弄出不同的声音，比如，很大的声音和很小的声音。

有一点需要注意：有些发声玩具（尤其是那些由电脑程序控制的玩具）发出的声音非常大，很可能伤害宝宝的听力。

在游戏时间，你可以唱儿歌或者一边唱儿歌一边做动作，也可以一边把宝宝放在你的膝盖上轻轻摇晃一边发出有趣的声音。你的宝宝一定非常喜欢这些活动，并且能够从中得知声音听起来是很有意思的。其他有趣的活动，比如你一边把泰迪熊抛向空中一边发出有趣的声音，也能够达到同样的目的。

在其他时间里，你还可以想办法帮助宝宝将声音和声源联系起来，比如，给他演示如何开吸尘器或者按门铃，让他明白做这样的动作会导致特定的声音出现。

坚持做能够使听声音充满乐趣的游戏

我第一次见到亚历山德拉时，她才 11 个月大，是一个很漂亮的小女孩，非常喜欢游戏，也喜欢与我和她的妈妈进行互动。但是在将近 12 个月大的时候，她仅仅刚开始发一些重复的短小音节，而这是正常情况下 6 月龄婴儿的水平。显而易见的是，尽管测试证明她的听力很正常，但是她根本不去听声音，周围的说话声和其他大部分声音对她毫无意义，她的妈妈说她似乎生活在她自己的世界里。亚历山德拉是一对双胞胎中的妹妹，她的哥哥非常外向，她相对来说处于弱势地位。她很少和大人单独相处，更别说在安静的环境中单独相处。另外，长到 3 个月以后，她曾经有过多次耳部感染，这或许也影响了她的听力。

我们为她制订了采用"与宝宝对话"这套方法进行交流的计划，重点训练她的听力。一个月后，她的妈妈写信告诉我，刚开始采用"与宝宝对话"这套方法，亚历山德拉就取得了非常明显的进步，她能够对很多声音作出反应了，咿呀学语的时候能够发出更长、更复杂的声音了，安静的时候还能够很认真地去听声音了。又过了一个月后，当我再次见到亚历山德拉时，她的听力、发音能力以及语言理解能力都达到了同龄宝宝的正常水平。

你现在对宝宝说话的方式（其中一些你之前与宝宝对话时曾用来引起他的注意、激发他的兴趣以及与他进行情感交流），对帮助他提高语言理解能力极为重要。这3个月是宝宝语言能力发育的决定性阶段。

坚持使用简短的句子

要坚持使用简短的句子，这一点非常重要，因为：

首先，正如我们前面所说，把词语放在简短的短语或者句子中，宝宝更容易理解。比如，"有一只狗"这句话的所指非常清楚，而"我看到一只狗和一只猫刚刚穿过了马路"这句话的所指就不那么清楚了。

其次，我们已经看到宝宝满12个月时是如何分辨母语的话语声之间的所有基本差异的。他们现在所面临的艰巨任务是注意和记住什么词发什么音，这样他们最终才能回忆起它们并说出来。显然，宝宝更容易注意和记住简短的短语或者句子中的一连串音。

"与宝宝对话"这套方法有一个重要的原则：在每个阶段，大人为宝宝输入的语言都与宝宝的理解能力相匹配。

在这一阶段，宝宝能够理解单个词语，所以最合适的说话方式就是说只包含一个重要词语的短语或者句子，比如"有一只猫"或者"这是一个球"。但是，千万不要只对宝宝说一个词语，因为这并不是正常的交流。

此外，简短的句子与宝宝目前短暂的注意力保持时间相宜。

要坚持使用简短的句子，同时句子一定要完整，并且符合语法规则。比如，可以说"桌子上有一只狗"，不能说"狗桌子"。有研究显示，妈妈在这一阶段对宝宝说简短的句子与宝宝所说句子的长度的快速增长有显著的相关。

> 说简单的句子，
> 但不说单个词语

句子之间要有停顿

大人在说完一个短句后要停顿一下，给宝宝一定的时间消化。宝宝首先注意到的是每个停顿之前的完整句子，然后才会逐渐注意句子中的每个词。

当你改变话题的时候，停顿还要稍微加长一些。针对这个年龄段的宝宝的研究显示，他们更喜欢听有这种停顿的话语——他们似乎清楚地知道什么对他们最有用。

句子之间要有停顿

缓慢、大声、抑扬顿挫地对宝宝说话

继续用较为缓慢的语速大声地、清晰地对宝宝说话，语调要富于变化。这个阶段的宝宝仍然对这样的说话声更为敏感，语调和重音的变化也有助于他更好地了解句子的语法结构。比如，说"妈妈在这儿"这句话时，语调上扬并且稍稍重读第一个"妈"能够帮助宝宝确定"妈妈"是这个句子的主语。又如，说"泰迪熊来了"这句话时，稍稍重读"泰迪熊"能够帮助宝宝确定这个句子里有一个新词语，并且能够帮助他把这个新词语和实物联系在一起。（千万不要扭曲你的声音，它听起来应该是自然的。）要保证在对话中说出物品的名称，而不是使用代词，比如，要说"把杯子放在桌子上"，而不要说"把它放在桌子上"。

要想吸引并保持宝宝的注意力以及使宝宝保持兴奋状态，采用这种说话方式是最有效的。

重复也非常重要

我们只有在不同的语境中多次听到同一个词语，才能够完全理解并且记住它。你可以回忆一下自己学习外语的经历，或者如前面所提到的那样，想一想新近在新闻中出现的某个外国政要的名字——你若想说出他的名字，必须一遍又一遍地反复听。识别与记忆之间的距离对宝宝来说同样是遥远的。

宝宝需要一遍又一遍地听同一个词语

在这个方面，重复性游戏和儿歌能够发挥很好的作用；另外，你还可以将同一个词语反复用在一连串不同的短句中，比如，"有一只狗狗，狗狗真乖，

> 莫利是一个 3 岁的卷发宝宝，他把车叫做门，把衬衫称作鞋。他是家里的第 10 个孩子，从来没有大人关注过他关注的事物。他经常眼睛看着某个物品，耳朵却听到别人说另外一个物品的名称，结果他在实物和词语之间建立了很多错误的联系。我们为他制定了采用"与宝宝对话"这套方法进行交流的计划，在这半小时中他和他的姑姑单独相处。我们对他的姑姑提出的要求是：只有在能够确定莫利的注意力集中在哪个物品上的情况下，才能告诉他那个物品的名称。我们还要求他的其他家人和老师也尽可能这样做，从而帮助他把他以前说错的物品名称在非常自然的谈话中纠正过来。莫利慢慢地在进步，能够把越来越多的物品与正确的词语联系起来，到最后，他很少再说错物品的名称了。

狗狗过来，狗狗在这儿"。当然，给宝宝喂饭、穿衣、洗澡的时候也非常适宜这样做。

这种说话方式对你的宝宝来说是非常有趣的：这个年龄段的宝宝非常喜欢听到他们已经知道的词语。

大量使用肢体语言

我们已经谈论过这个奇妙的过程：在这个阶段如果得到适当的帮助，宝宝很快就能把词语和它们的意义联系起来。

肢体语言的运用在这一阶段非常重要。宝宝 9 个月的时候就能够根据你的手的指示看向正前方，但是不能超越他的视线范围。所以，你在说某个物品的名称时，一定要用手指着它。更为重要的是，你要告诉宝宝你所指的东西是什么。这样做可以让你确定你们共同关注的对象，从而帮助宝宝在词语和物品之间建立正确的联系——我见过的很多孩子都不能把词语和意义正确地联系起来。

你还可以使用肢体语言向他表达你的意思，比如，你一边说"倒牛奶"，一边做倒牛奶的动作。

模仿宝宝的肢体语言非常有趣，你的模仿会让他大笑，还能够鼓励他进行更多交流。

对宝宝提问的方式

你可能发现你仍然在不停地向宝宝发问——提问实际上是你吸引宝宝的注意力的手段，你的问题实际上是你的看法。你可以这样做，但是绝对不能通过向宝宝提问来强迫他说话。

不要通过提问强迫宝宝说话

亲子游戏

宝宝的游戏能力在这3个月中发展迅速。随着手眼协调能力和身体控制能力（尤其是双手的控制能力）的提高，宝宝能够用更加复杂的方式继续探索物品。我们可以看到他如何利用他掌握的新技能更有目的地摆弄玩具，比如，把物品放进容器里或者从容器里拿出来，把容器打开，拆掉玩具的包装，堆积木，推玩具车，滚球，将实物和图形配对，以及安装玩具。他非常喜欢做所有这些事情。

宝宝持续一生的阅读兴趣也产生于这个阶段，这是他成长过程中的另一个里程碑。

宝宝能够抓住笔，在纸上涂画，迈出书写的第一步。

宝宝仍然很喜欢前几个月做过的互动游戏，能够更加积极主动地开始游戏和使游戏继续下去。

另一个重要的进展是宝宝和同龄宝宝的互动：他会把玩具给小伙伴玩，或者让小伙伴看；他会指出他喜欢的玩具；他还会抢小伙伴的玩具。这正是与人合作和冲突的开始。

第10个月的游戏

宝宝现在不再用整只手一把抓住玩具了，而是开始用食指去戳东西，这使他扩大了探索物品的范围，掌握了更多关于物品的质地和形状的信息。他仍然会把东西往嘴里送，但是手和眼睛已经取代嘴成为他了解物品的主要途径。他变得对细节很感兴趣，会聚精会神地看洋娃娃衣服上的图案。能够四处移动去摆弄玩具和物品让他很开心，而运动能力的提高不仅加深了他对周围环境的理解，而且促进了他的选择性注意力的发展——他现在可以通过四处移动和探索找到声源。

宝宝现在还能够模仿大人玩玩具的动作，比如，你给他演示怎样让泰迪熊一蹦一跳后，他也能够跟着做。

所有的探索性游戏都能够帮助宝宝在头脑中形成事物的概念和类别——没有事物的概念和类别，就没有有意义的语言。宝宝开始形成一些概念，比如，什么东西厚，什么东西薄；他还开始给物品分类，比如，哪些物品可以滚动，哪些物品可以扔来扔去。再过一段时间，他就能够用语言描述这些概念和类别了。

在这一阶段，宝宝仍然用非常相似的方式对待所有物品，他对动作之间的因果关系的理解还处于启蒙阶段，非常有限，只能理解拿积木敲桌子会发出声音这类事件。他仍然喜爱发声玩具。

儿歌在宝宝这 3 个月的发育中占有非常重要的地位。著名语言学家史蒂芬·平克的研究显示：人类的耳朵对儿歌十分敏感，就像人类的眼睛对条纹十分敏感一样。乔姆斯基的"语言习得机制"又一次发挥了作用。

宝宝酷爱坐在大人的腿上听儿歌，他更喜欢熟悉而简单的调子，而且内容最好是他了解的人和事，比如《摇篮曲》或者你哄他睡觉时唱的其他儿歌，以及关于摔跤的儿歌《小蚱蜢》——这个时候宝宝常常摔跤。此外，宝宝还喜欢：与穿衣服有关的儿歌，比如《穿衣服》；关于身体部位的儿歌，比如《妈妈呀我要亲亲你》；能够一边唱一边做动作的儿歌，比如《摇啊摇，摇到外婆桥》。

宝宝现在会更加积极地参与游戏，而且从现在起他和大人在游戏中的关系变得完全平等了。他依然非常喜欢连续几周重复他已经熟悉的游戏。在游戏中，当知道接下来要说什么或者做什么的时候，他就会做出动作或者发出声音以表达自己的喜悦之情。在不断的重复中，这些游戏形成了自己独特的节奏、调子和节拍。

有意思的是，宝宝本阶段最喜欢的是双方轮流进行的游戏，就像他刚开始用声音与人进行对话时一样。他喜欢和大人做你来我往的游戏，比如把球滚给对方或者把玩具车推给对方。他还喜欢"藏猫猫"和"我要抓住你啦"这样的游戏，在这些游戏里他和大人可以轮流扮演不同的角色。

第 11 个月的游戏

宝宝现在开始用不同的方式摆弄物品。他非常喜欢把东西放进容器再拿出来，比如把积木放进去又拿出来，还非常喜欢反复打开盒子。他能够熟练自如地滚球和推玩具车——一边玩还一边发出声音，这些声音的作用在某种程度上和词语的作用一样，比如"嘀嘀"代表汽车。宝宝特别喜欢像大人那样开始游戏，而且他开始理解事物之间的联系了，比如杯子和杯托是一起的——这种理解是他即将开始运用语言中的相关概念的重要征兆。

现在宝宝能够把图片和实物联系起来，这是他在阅读之路——一条令他终生享受书籍带来的快乐的道路——上迈出的又一步。他非常喜欢熟悉事物的亮丽图片，并且真正开始看这些图片了，不再像以前那样咬它们或者拿在手里玩。现在，他甚至开始翻书了。

在这个月，宝宝已经能够预知伴随儿歌的身体动作了。

第 12 个月的游戏

现在，宝宝非常喜欢毛绒玩具，而且开始玩假装游戏了：他会拥抱泰迪熊，也会把洋娃娃放进婴儿车。他开始喜欢玩杯子、梳子之类的真实物品，以前他见过父母使用这些物品，现在他想看看自己能够怎么使用它们以及它们在自己的生活中到底起什么作用。现在他也喜欢根据真实的东西制作的玩具，比如玩具动物。

宝宝开始用物品做游戏，这表明他知道这些物品的功能：他会推着玩具车前进，让泰迪熊走路，而不会把二者反过来。通过做游戏，宝宝告诉我们他已经懂得了大人世界中的物品的作用，比如，电话是用来通话的。

宝宝的手眼配合越来越协调，手越来越灵活，他能够把插片玩具简单地插在一起，也能够把积木堆起来。

宝宝还非常喜欢玩纸和硬纸盒，特别喜欢能够把他自己装进去的大盒子。

宝宝喜欢大人在和他做熟悉的游戏时加入一些新花样，这不仅能够让他从中获得极大的乐趣，而且能够促使他成为完全独立的游戏伙伴。比如，在做宝宝期待的某个动作之前，你可以先停顿一下，例如玩"藏猫猫"游戏的

玩具箱

假装游戏

下面的玩具能够帮助宝宝理解不同的物品各有什么作用以及我们应该怎么使用它们。

★ 毛绒玩具　　　★ 简单的木质交通工具
★ 洋娃娃的刷子、梳子和车子　　★ 茶具

探索游戏和动手游戏

下面的玩具能够给宝宝创造大量机会运用他新近发展的动手能力。

★ 布积木以及其他可以堆起来的玩具　　★ 铅笔和纸
★ 大大小小的纸盒，最好有一个大得能让宝宝爬进爬出
★ 大大的软球　　　　　　　★ 插片玩具

供宝宝探索的真实物品

★ 塑料杯　★ 软发刷　★ 勺子

发声玩具

下面的玩具能够让宝宝感受到发出声音、倾听声音是很有趣的事情。

★ 铃铛　　★ 装着米、豆子等东西的容器
★ 玩具鼓　★ 玩具木琴　　　★ 锅盖和勺子
★ 响板　　★ 容易揉皱的纸　★ 拨浪鼓

时候推迟说"喵——"的时间；或者在玩"捉迷藏"游戏的时候，你等宝宝提示你他已经准备好了再开始找他。还可以有其他小变化，比如，当宝宝以为你会把球滚给他的时候，你却把球滚到泰迪熊那儿去。

游戏材料

现在，宝宝玩的游戏有了很大的改进和扩展，为宝宝提供适合不同游戏的玩具变得更加重要，很多玩具在今后的几个月里也会大有用处。总的来说，宝宝的注意力保持的时间还很短暂，因此仍然需要在他身边放置许多玩具，以便他随心所欲地将注意力从一个玩具上转移到另一个玩具上。

宝宝玩玩具的时候很喜欢你陪伴在他身边，有时你还可以给他演示怎么玩这些玩具。

你可以帮助他提高玩游戏的能力，比如，当他学会主动扔东西的时候，你可以一遍又一遍地把东西捡起来还给他。有研究发现，有大人的陪伴和支持，孩子更能创新游戏方法。但是，大人一定不要替宝宝玩玩具。这一阶段的明智做法是：先给宝宝演示一下玩具的新玩法，然后撤退。宝宝需要时间自己去探索，自己去解决问题。

亲子阅读

现在，宝宝已经能够将图片和图片所代表的实物联系起来了，他真正开始看书了，甚至还会翻页，不再像以前那样拿着书就往嘴里塞了。宝宝喜欢颜色鲜艳的卡片或者布书，上面最好非常逼真地印着他熟悉的物品，比如杯子和玩具鸭子。

亲子阅读也可以成为你们每天半小时的互动活动中的一部分。**目前，最重要的事情是——非常非常重要——让阅读成为充满快乐的互动活动，这能够让宝宝从一开始就觉得书籍可以给人带来快乐。**

让宝宝坐在你的腿上，和他一起看书的时候多抱抱他，并且让他看看你是怎么翻书的。你们要靠近一些，要从同一个角度看书。有时候，你可以把图片所对应的实物指给宝宝看，这非常有趣。你也可以给图片配上有趣的声音，比如看到小鸭子的图片时，发出"呱呱"的声音。要给宝宝足够的时间，让他去探索图书和观察图片——记住：宝宝现在还处于探索阶段，要耐心地等待他开始真正的阅读。

"半小时"之外，怎样对宝宝说话？

继续和宝宝大谈特谈他感兴趣的事物。比如，当他在澡盆里玩的时候，你可以说："啪——哗啦哗啦，你把水溅到小鸭子身上了，它要沉下去了——哦，它又出来了！"当他玩积木的时候，你可以说："把这个放上去……又来了一个！"

关于看电视或录像的问题

本阶段我对这个问题的看法和前 3 个月一样。语言是在互动中掌握的。

从 13 个月到 16 个月

关键能力的发育

这个阶段最让人惊喜的事情是宝宝的语言表达能力快速向前发展，同时他的语言理解能力也在大幅度提高。

蹒跚学步的宝宝现在正处在一个介于婴儿和幼儿之间的中间阶段。比如，刚才他还非常渴望走路，可是刚走了短短的一段距离，他就要求大人抱他；尽管会把桌子弄得一片狼藉，他仍然会要求自己拿勺子吃饭，可是当他累了或者不舒服的时候，他就要你抱着他给他喂饭，因为你以前就是这么做的。

宝宝仍然很容易陷入危险的处境之中，以至于你仍旧希望自己的后脑勺上也长着一双眼睛，这种情况会持续一段时间。你会发现，现在当你要带他出去的时候，他会非常兴奋，出去以后，他会对他看到的所有人、动物和东西都产生极大的兴趣。在这个阶段，时不时带他出去散步，感受他对这个世

请注意： 本书中所介绍的儿童各阶段发展水平都是平均水平。

不同宝宝的成长速度存在差异，而且某一方面发育迅速通常会导致另一方面的发育暂时落后。所以，即使你的宝宝在某一阶段某方面的能力没有达到本书中的相应水平，你也不用担心和沮丧。更多内容，参见第 105 页"应该注意的问题"。

界的强烈兴趣，其实是一件很有趣的事情。

在这个阶段，宝宝仍然非常需要你多多陪伴他，非常需要你帮助、肯定和保护他。他的性格便是从这个阶段开始形成的，你也许已经注意到他具有和家里人相似的品质，比如外向、有韧劲。

宝宝很快就要跨入幼儿期了，所以他要好好珍惜已为时不多的婴儿时光！

在这个阶段，更多的神经联结建立起来了，宝宝的大脑发育突飞猛进。有研究显示，这一阶段宝宝所接受的外界刺激对其大脑发育有着重要的影响。这个阶段的宝宝，如果没人和他说话，没人跟他玩，将来就不可能充分发挥他的潜能。

第13个月和第14个月

语言能力和沟通能力发育

在语言理解方面，一进入这个阶段，宝宝就开始破解语言密码。本阶段的语言理解能力存在两个非常有意思的因素。

第一，宝宝的理解能力存在明显的个体差异。这表明，与语言表达能力不同，语言理解能力的发育在很大程度上取决于宝宝的成长经历。

第二，宝宝的语言理解能力发育迅速，而语言表达能力却发育缓慢，二者差距悬殊。这再次说明，我们可能只需要听一次或者几次，就能够辨认某个词（大人和宝宝都可能只听一次就认出某个词），但若要正确地说出这个词，就需要听很多次——宝宝的表现清楚地证明了这一点。宝宝在口头表达中会用一个词语称呼众多具有相似特征的东西，但是听到这些东西的不同名称时，他常常能够正确地指出对应的图片，比如，看到所有的4条腿动物他都会说"猫"，但是看着图片他能够正确地指出哪是猫、哪是马、哪是羊。

到1岁的时候，如果一切顺利，宝宝能够理解许多词语，或许还能说出两三个。你会注意到他每个星期都能够理解几个新的词语，因为他听到某些人或物的名字后会四处张望着寻找。他现在更加善于通过听到的话语察觉说话人的情绪了，比如，他能够感觉到他的妈妈对他所做的事情是感到高兴还是生气。

本阶段另一个重要的进步是，宝宝喜欢看印着熟悉物品的图片的书，还喜欢你对他说出图片上的物品的名称。很快，他就能够理解这些名称了——这正是阅读即将开始的重要征兆。

宝宝现在能够理解一些简短的指令了，尤其是在做游戏的时候，比如，"把泰迪熊给妈妈"或者"宝宝趴下"。

此时宝宝在社会交往方面也有重要进展。在这一阶段的初期，宝宝就开始意识到自己是个独立的人；而且在与人互动的过程中，他已经成为一个平等的伙伴。

宝宝经常发起用声音进行的对话或者带动作的语言游戏，比如"拍拍手"。他现在更加清楚地意识到，不同的交流方式可能带来不同的效果，比如，当他扮小丑时，大家会发笑；当他先看大人一下，再指一指某件东西时，大人会把这个东西给他。

到14个月的时候，宝宝的语言能力有了进一步发展，他能够使用四五个词语进行口头表达——通常其中有一个是他最喜欢且说得最频繁的。（我的一个宝宝最喜欢说"起来"，这不仅仅表示他想被人抱起来，通常还表示他希望大人关注他。）有意思的是，成长于不同环境的宝宝现阶段使用这些词语进行口头表达的能力没有太大的差异（尽管以后会有巨大的差异）。这表明，现阶段这方面的发育在很大程度上是由生理因素决定的。

宝宝最先会说的词语通常是他熟悉的东西的名称，比如食物、衣服、身体部位或玩具，接着是与动作有关的词，比如"起来"。在这个阶段，宝宝只能在自己熟悉的环境中说出这些词语，比如他只有在自己家吃饭时才会说"勺子"。

与大人不一样，宝宝使用这些词语进行口头表达的方式很有意思。这些词语不仅仅被用来表达它们本身的含义，还被赋予许多其他的功能，比如，代表完整的句子、表示提问、表示请求得到某物或者得到关注、表示问候、提供信息、提出抗议或者下达指令。比如，"杯子"这个词可以表示"我想喝水"、"那是我的杯子"或者"我的杯子在哪儿"。

宝宝现在十分擅长清楚地表达自己的意思，他会通过语调和手势的配合来表达不同的意思，比如，使用升调能够把一个词变成一个问句。即使是在只能说一个词的阶段，宝宝喜欢谈论的也是他生活的方方面面，尤其是对他最为重要的玩具和人，因为这些对他提供信息、进行交流最有用。随着他的世界不断变大，他会逐渐掌握新的词语。

当不知道某个词语该怎么说时，宝宝会用一个所指的东西与该词语所指的东西看起来相似的词语来代替。比如，他可能知道他家里那只可爱的毛茸茸的动物叫"猫"，于是他会把所有会走路的毛茸茸的4条腿动物都称作"猫"。他还可能将几个词语堆在一起当一个词语使用，比如"爸爸车车"。

宝宝初学的这些词语在一段时间内会零星出现，他在连续几天或者几周使用这些词语进行口头表达之后，会有一段时间不再说它们。所以，父母们很难回答这样的问题："你家宝宝能说多少个词了？"有趣的是，宝宝最先学会的词语通常会消失相当长的时间。没有人知道为什么会这样，但是不用担心，它们会再次出现的。

尽管能够说几个词了，但是宝宝主要的交流手段仍然是一边用手指示，一边发出"啊啊"的声音。他能够咿咿呀呀地发出一长串语调丰富的声音，还能够将真正的词语置于其中。

宝宝变成了一个十足的小小模仿者，他既能够模仿大人说出的词语，也能够模仿动物和交通工具发出的声音。他还喜欢对其他宝宝发出的声音作出回应，经常主动开始与小伙伴做语言游戏，比如玩"小手在哪里"。

动作能力和认知能力发育

在语言能力快速发育的同时，宝宝其他方面的能力也在同步发育。在这一阶段的初期，他通过四处爬行和蹒跚学步来探索世界。他现在能够完全依靠自己的力量从地板上爬起来站着，还能够爬上较矮的台阶。在这个阶段，他有可能迈出人生的第一步。

宝宝对自己以及周围的环境越来越了解。比如，他能够清楚地记住球是往哪个方向滚的，因而能够找到滚到视线之外的球；他会重复能够博大家一笑的节目，因为他记得以前表演这个节目时把大家逗乐了。在这个阶段，他通常非常合作，比如，在大人给他穿衣服时，他会主动伸出胳膊和腿。他现在具备表达多种情感（包括幽默感）的能力，比如，在突然听到一个奇怪的声音后，他会哈哈大笑。

宝宝的动手能力也在快速发展，他掌握了很多种新技能，这有助于他完成探索世界的艰巨任务。满 1 岁后不久，他就能够把一块积木摞在另一块积木上面，而上一个月他还做不到这一点。他可能从本阶段开始倾向于使用一只手，不过很多宝宝开始出现这种倾向的时间更晚一些。他会像大人一样抓握物品，能够用一只手抓住 2 个小方块积木。他仍然喜欢把玩具或者其他物品放进盒子再拿出来，仍然喜欢乱涂乱画。他非常喜欢向窗外看，并且会用手指点他看到的事物。

注意力发育

尽管宝宝的注意力保持的时间总的来说仍然十分短暂，但是现在他有时候能够全神贯注地关注他自己选择的物品或者活动。

"他自己选择的"这个定语极其重要。在这个阶段的初期，宝宝已经能够准确地看向大人所看的方向，但是仍然不能持续关注大人关注的事物。他在关注自己选择的事物时，很难将注意力转移到大人关注的事物上——他不是不配合，而是做不到。

正如我们所看到的，宝宝现在能够将越来越多的词语和它们的意义联系起来。本阶段他会取得的另一个重要进步是，能够将注意力短时间地保持在图片上，并且能够把图片上的物品和它们的名称联系起来。要取得这一进步，大人和宝宝一定要关注同一事物，因为只有这样宝宝才能清楚地知道大人所说的词语指的是什么。

本阶段大人可以通过追随宝宝的视线并且谈论他所关注的事物来实现与他的这种"注意力合作"。大人这样做得越多，就越能有效地引导宝宝的注意力，这对宝宝将来在学校里的学习非常重要。有研究发现，在这个阶段，与他独自做游戏时相比，宝宝与大人做互动游戏时注意力更加集中。

在这个阶段，宝宝开始引导大人的注意力，并且会取得相当大的进展。起初，他会指着一个物品，然后看着大人，表示他对该物品很感兴趣。到了14 个月的时候，他能够一边指着物品，一边看着大人。

听力发育

如果一切顺利，现在宝宝能够在一定程度上集中注意力倾听前景声音，屏蔽背景声音。不过，要做到这一点，背景声音仍然必须很小，干扰因素仍然必须很少。如果环境条件不利，宝宝新掌握的这一重要能力很容易失去——它需要精心培育。

安静的对话环境对有听力障碍的宝宝来说尤为重要，无论其障碍是永久性的，还是暂时性的——由鼻炎导致的暂时性听力障碍在婴幼儿中很常见。

宝宝不断积累关于声音的意义的知识，这对他了解世界有很大的帮助。比如，由于能够辨别与吃饭、洗澡、客人来访、出门等各种事件相关的声音，他对日常生活的节奏和程序有了进一步的了解。

你会注意到，在嘈杂的环境中，宝宝会变得非常安静，也许这时你正希望他兴致勃勃地与人交往。其实，变得安静并不代表宝宝不愿意与人交往，我见到玛丽的时候，她14个月大。由于基因异常，她的一只耳朵听力正常，另一只耳朵却失去了听力。她的父母曾被告知，这不会给她造成任何困难。事实上，情况并非如此。我们只能通过比较传入两只耳朵的声音的差异确定声源的位置，可是玛丽无法做到这一点，这样她就不能在声音和意义之间建立联系，因此声音对她越来越没有意义了。她把所有的精力都放在看和动手上，几乎放弃了听声音，尤其是对说话没有任何兴趣。她家还有3个比她大的孩子，家中经常充斥着噪声，这对她来说更是雪上加霜。

我们采用了"与宝宝对话"这套方法与她交流，把重点放在两件事上：一是训练她的听力，二是帮助她把词语和意义联系起来。做这两件事都需要安静的环境，这对玛丽来说绝对是至关重要的，因为她只有一只耳朵听力正常，任何背景噪声都会让她很难集中注意力去听一个声音。我们让她玩很多发声玩具，和她说话的时候语速很慢、声音洪亮、语调婉转，从而让说话变得简单而又富有吸引力，并且让她感觉到听声音是一件有趣的事情。我们和她谈论她所关注的事物，很快她就能够将词语和意义联系起来了。她的听力和语言理解能力开始快速发育，4个月后就达到了同龄孩子的正常水平。

而只是因为他正忙于倾听和分辨周围的不同声音。

第15个月和第16个月

语言能力和沟通能力发育

宝宝能够理解的词语的数量继续快速增长，他现在能够理解许多日常物品的名称，比如衣服、家具，还知道一些身体部位的名称，比如耳朵、头发——不光是他自己的，还包括洋娃娃的。他开始理解一些名称以外的词语，比如"里面"、"上面"。他还开始理解大人的手势的含义——刚开始，要离他比较近他才能够理解；到这个阶段的后期，离得远点儿他也能够理解了。他还会通过一边发音一边做手势作出回应，表明他已经理解了某个问题，比如，当你问他"你的水在哪里"时，他会指着水说"啊啊"。

宝宝的语言理解能力更强了，能够更好地理解更多的词语。到了这个阶段末，他开始理解组成整体的各个部分的名称，比如，组成房子的"门"和"窗户"，组成衣服的"袖子"和"扣子"。在陌生的环境中，在没有或者只有极少视觉线索的情况下，他开始理解一些非常熟悉的短语，比如"爸爸来了"。

这个阶段的一个重大进步是，宝宝第一次有了能够理解句子的迹象，而不再只是理解单个词语。他现在能够服从包含 2 个重要词语的指令，比如，"去厨房把你的鞋拿来"。

尽管到了 16 个月的时候，宝宝的咿呀学语声全是他的母语中的话语声，但是只有对他非常熟悉的人才能明白他究竟在说什么。我在前面说过的宝宝的"咿呀学语声规范化"过程——宝宝的咿呀学语声与母语中的话语声重合的过程——已经完成。宝宝的语言常常是大人的语言的简缩版，比如，我的女儿这么大的时候把"香蕉"叫做"刀"。大多数家庭都喜欢宝宝的这些"原始话语"，会保留其中的一小部分。比如，在有的家庭中，"姥姥"长期被称为"袄袄"，"舅舅"则长期被称为"豆豆"！

现在，很多语音都进入了宝宝所说的词语之中，这些音有从口腔前部发出的（比如"p"和"b"），有从口腔中部发出的（比如"t"和"d"），也有从口腔后部发出的（比如"g"和"k"）。宝宝还能够鼓圆并紧闭嘴唇发"b"，以及稍稍放松一些发"p"。

到了 16 个月的时候，宝宝会说六七个词语，这些词语会出现在他的咿呀学语声里。他似乎已经完全明白，我们说话的时候说的不是单个词语，而是一长串词语，于是他也尽最大的努力去这样做。他的语言发挥了很大的作用：即使是在这个阶段，他的大部分交流也都是通过口头语言完成的，只不过常常需要借助于肢体语言。他所表达的信息变得越来越完整，越来越清晰了。

在这个阶段末，有的宝宝掌握单个词语的速度有所提高，有的宝宝则可能要到后面的某个阶段才能提高。此时，许多宝宝也会时不时地尝试使用大人常用的感叹词，比如，看到东西掉了的时候，他会学着说"噢——噢"。

宝宝喜欢跟别人（包括大人和孩子）轮流"发言"，不过大多数"对话"

仍然十分短暂，每人仅说一两次。他开始使用有意义的肢体语言，比如，摇晃自己的脑袋表示"不"。此外，他还喜欢自己一个人唱歌。

动作能力和认知能力发育

本阶段宝宝不用支撑就能保持直立姿势，这将他的双手解放出来，使他能够进行更多的探索。如果他还从来没有走过路，那么此时他或许会开始走几步，但是他还不会突然停下来或者拐弯。他走起路来步伐很"宽"——双脚叉开很大的距离以保持稳定，还能够用双手和膝盖爬楼梯。他还会尝试扔球，但是一扔他自己就会摔倒。

宝宝能够自己做更多的事情了：会自己用勺子吃饭，尽管洒得到处都是；会自己脱掉帽子、袜子和鞋。他也逐渐能够控制自己的行为，比如，当他去碰大人不允许他动的东西时，一听到大人说"不许动"，他就会把手收回去。

宝宝的动手能力也在持续发展。他能够把2块积木摞起来，能够松手放下第二块积木。既然现在他能够轻松地放下东西，那么乱扔东西的现象自然就减少了，不过他仍然很喜欢把一个东西扔掉再捡回来。他会把玩具递给大人，在大人的要求下会松手放开它。他能够很轻松地滚球玩，能够把好几块积木放进盒子里。他有时喜欢自己一个人玩，有时喜欢跟大人一起玩。

宝宝对书的兴趣也在增长：他能够翻页，会饶有兴趣地看着图片，有时还会用手拍拍它们。

智力发育和语言能力发育会相互影响，其中一方进步总能带动另一方进步。语言能力发育必须以一定的智力发育为基础，同时它又能够促进智力发育。

宝宝对概念的理解继续加深。比如，他不仅明白"杯子"和"衣服"与他有某种关系，而且还明白它们分别包含许多不同的种类和样式。他首先掌握最宽泛的概念，比如"吃饭用的"，然后掌握更细的下一分类，比如"餐具"、"陶器"，最后掌握更具体的"筷子"、"勺子"和"碗"。掌握这些概念有助于宝宝理解语言的含义。宝宝也开始理解与尺寸和数量有关的概念，比如"一个"和"很多"、"更大"和"更小"。不掌握这些概念,他就无法理解表达这些概念的语言。

注意力发育

现在,宝宝能够对自己感兴趣的事物给予更长时间的关注。当他全神贯注地关注某个事物时,一定不要干扰他或者打断他。不过,大多数时候他的注意力集中的时间仍然非常短暂,而且他仍然完全不能将注意力持续保持在大人选择的注意焦点上。所以,大人一定要关注宝宝关注的事物,并尽可能多地谈论它们。

在这个阶段,宝宝引导大人的注意力的能力也在继续发展。我们已经知道:12 个月的时候,他会先指指东西,然后看看大人;14 个月的时候,他能够一边指东西一边看大人。到了 16 个月,他很可能先看看大人,然后指指东西,以确保他指东西的时候已经获得了大人的关注。

听力发育

宝宝理解周围声音的能力继续快速发展,现在爸爸将钥匙插进锁孔的声音或者邻居家的孩子发出的声音都会让他感到非常兴奋。

本阶段宝宝对语言的兴趣显著提高,他专心致志地听大人说话的时间比以前长了很多。他的面部表情和肢体语言清楚地告诉我们,他觉得新词语很有趣。现在,当有人跟他说话的时候,他的注意力不再那么容易受到干扰了。

宝宝也会兴致勃勃地听他自己发出的声音,现阶段这一点非常重要——他在不断比较自己的声音与他人的声音的过程中,让自己的话语系统与周围的语言系统逐渐趋于一致。

小结

满 16 个月的宝宝应该具备以下能力:

★说6～8个词语。

★饶有兴趣地看图画书。

★使用肢体语言让别人了解他的需要。

★听到熟悉的人或者物品的名字时，会看着这些人或者物品。

应该注意的问题

如果出现以下几种情况，建议你带宝宝去找专业人士咨询。(不过，请记住：不同宝宝的成长速度是各不相同的。)

如果你对宝宝的发育状况有任何疑虑，而你所担心的问题并不在下列问题之中，我也希望你尽快带宝宝去寻求儿科医生等专业人士的建议。

宝宝满16个月时，如果出现以下情况，请务必重视：

★从不和你轮流对着对方发出声音。

★对一些简单的问题毫无反应，比如，当你问他"你的帽子在哪儿"时，他不会朝他的帽子看。

★从不咿咿呀呀地发出各种不同的声音，让人听起来像是在说话。

★对和你一起玩游戏毫无兴趣。

★关注任何东西的时间都不会超过几秒钟。

与宝宝对话

独处每天半小时

你每天和宝宝单独相处的半小时仍然是他学习语言的最佳时机，此外，它对宝宝的情感发育也十分重要：没有什么比大人每天充满关爱的全身心关注更能让宝宝获得自信了。如果你的孩子不止一个，那么你会更加了解孩子对这种关注的渴望是多么强烈。

娜塔莎2岁半的时候被带到我这儿来，因为那时她只能说3个词。她显然很聪明，很快就能创造性地玩我给她的玩具，忙着给泰迪熊准备午饭。然而，当我靠近她时，她却全然不搭理我，还给了我一种强烈的感觉，即我打扰了她玩游戏。她的妈妈告诉我，她总是喜欢自己一个人玩。

我们为娜塔莎和她的妈妈安排了每天半小时的游戏时间，在游戏过程中她的妈妈开始按照"与宝宝对话"这套方法的原则行事，尤其是时刻追随娜塔莎的注意焦点，避免以任何方式引导她去玩。娜塔莎很快就体验到妈妈的存在使她的游戏更加好玩。看到她和妈妈享受到了互动的乐趣，我们觉得非常开心。娜塔莎的语言能力很快就达到并且超过了同龄孩子的正常水平。

就在最近，娜塔莎和她的妈妈带着她的弟弟来见我。她的弟弟才6个月大，我们一见面他就通过自己的面部表情和肢体语言明确地告诉我，他非常想和我进行互动交流，我想不理他都不行，因此我不得不推迟和娜塔莎及她的妈妈的谈话。娜塔莎的妈妈和我一样惊讶：姐弟俩竟然有着如此不同的性格。

和成人一样，婴幼儿的性格（包括互动需求）也存在很大的个体差异。通常，如果家中的大人每天都忙忙碌碌的，那么当宝宝能够长时间一个人玩耍而不寻求大人的关注时，大人就会非常高兴。可是，如果一直这样下去，在宝宝大约2岁的时候不良后果就会显现：他还不会说话。

对话的环境

前面我们介绍过，这个年龄段的宝宝开始掌握一项重要的技能，即集中注意力倾听前景声音，屏蔽背景声音。然而，这项技能还处于萌芽阶段，还不够健全，需要精心培育，否则就会消失。在这个阶段，宝宝只有在安静的环境中才能施展这一本事，因此在你们的游戏时间为他营造一个安静的环境仍然非常重要。

安静的环境仍然极其重要

与以前相比，宝宝这个时期在游戏中用到的物品更多了，这些游戏物品使他有机会同时拓展探索游戏、互动游戏以及假装游戏。要在他经常做游戏的地方给他准备各种玩具，因为在大部分情况下他的注意力仍然非常短暂。

一定要确保这些玩具中有一些能够激发他做各种不同游戏的兴趣。

在对话的时候，你们可以像以前一样坐在地板上，这样你们的脸就会处于同一水平线上。玩具要放在你们俩都够得着的地方，这样你们能够轻松地关注同一个东西。

宝宝现在或许能够在房间里四处走动，若果真如此，一定要允许他这样做。你要跟他保持很近的距离，这样他才能够非常清楚地听见你说的所有话和你发出的所有声音。

本阶段如何与宝宝对话？

我们已经看到，如果条件合适，本阶段宝宝的语言理解能力会大大增强。在这个过程中，我们有大量重要的工作要做——事实上，我们所做的一切至关重要。下面我将介绍如何帮助宝宝提高语言理解能力。

关注宝宝关注的事物

在这个阶段，追随宝宝的注意焦点极其重要。大量研究证明：成人和婴儿的注意焦点越一致，婴儿以后的词汇量就越大，所说的句子就越复杂。有人对以下两种情况作了对比研究：第一，成人试图引导这个年龄段的婴儿将注意力集中在成人所选择的物品和活动上。第二，成人追随婴儿的注意焦点，并且谈论婴儿关注的事物。

研究结果证明，婴儿在第二种情况下更容易理解听到的词语。也就是说，本阶段如果宝宝能够在第二种情况下学习语言，那么他就能够以不可思议的速度将词语和意义联系起来。

为什么要追随宝宝的注意焦点呢？还有一个很好的理由：宝宝尽管年龄很小，却也渴望别人关注他感兴趣的事物。难道我们大人不是这样吗？我们也喜欢我们所爱的人与我们有着共同的兴趣。

如果你一直在采用"与宝宝对话"这套方法和宝宝交流，那么你肯定早已开始追随他的注意焦点了，而且现在这对你来说应该已经是一件轻而易举的事情了，因为你和他拥有共同的游戏经历，知道什么能够让你们俩都觉得重要并产生兴趣。

像以前一样，要经常谈论宝宝感兴趣的事情，避免一味地提问和指挥。 这仍然是最重要的，事实上这也是"与宝宝对话"这套方法中最重要的原则之一。如果你对宝宝提问，他需要费力地寻找答案；如果你指挥他去做什么，

> 提问和指挥会
> 干扰宝宝听声音

他需要决定自己是否愿意服从。总之，这两种情况都会干扰宝宝听声音。相反，谈论宝宝感兴趣的事物可以为他增添乐趣，而不会为他带来交流方面的压力。

实际情况仍然是：你对宝宝的小脑袋在想什么猜得越准，你对他的帮助就越大。如果他对某个东西产生了兴趣，希望知道它的名称，比如，他目不转睛地盯着一张小鸡图片，你就可以说"这是一只小鸡"，或者模仿小鸡发出有趣的声音逗他开心。如果他对一件正在发生的事情产生了兴趣，比如，一堆积木倒塌了或者2辆玩具车相撞了，你就可以说"都倒了"或者发出"咣当当"的声音。知道自己该说什么通常并不难，因为你现在是在和一个相当成熟的沟通者进行互动交流。

我见过很多在日常生活中经常接受各种口头指令的小孩子，每当我试图接近他们想跟他们玩时，他们都故意转过身去背对着我，不管我怎么设法让自己和他们面对面，他们都能巧妙地躲避我。但是，通常不出半个小时，他们就会意识到我在关注他们关注的事物，能够为他们增添乐趣——我会说出物品的名字，还会针对不同的物品发出各种有趣的声音，比如，当他们拿起一辆玩具车时，我会发出"嘀嘀"的声音——这时他们就会转过身来。每当这一时刻来临，我总是感到无比高兴和欣慰。

帮助宝宝享受倾听的过程

一定要确保宝宝的玩具里有发声玩具，这样他可以在安静的环境中享受

倾听的乐趣。

要抓住一切机会让宝宝知道声音是从哪里发出的，当他在屋子里四处走动的时候，你还可以给他演示什么东西会发出什么声音。比如，如果他对窗户玻璃或者百叶窗表现出兴趣，你可以用手指轻轻敲一敲窗户玻璃或者让手指滑过百叶窗，他会觉得非常好玩。

让宝宝在安静的互动环境中听儿歌、手指谣或者动作谣，能够让他感受到倾听的无穷乐趣，所以，当他用期待的目光看着你，希望你开始和他做游戏的时候，你就可以唱这些歌谣给他听。

一定要继续做你们轮流进行的游戏，如"藏猫猫"和"拍拍手"。宝宝仍然对这些游戏情有独钟，它们为他以后掌握真正的交流技巧奠定了基础。

帮助宝宝理解语言

你要像以前一样，对自己说话的声音加以调整和润色，现在这样做不仅可以帮助宝宝专心听你说话，保持注意力，还可以帮助他理解词语。如果你不懂为什么要这样做，就想一想我们努力学习外语的情形。

使用简短的句子

你应该已经开始使用简短的句子帮助宝宝理解词语了，一定要坚持下去。直到这个阶段的后期，他才开始理解含有一个以上重要词语的句子或者短语。我们要根据宝宝的理解能力来和他对话，这一点非常重要。因此现在我们对宝宝说的句子或者短语中应该只包含一个关键词，比如，"这是泰迪熊"，"你的鸭子"，"又一辆车"或者"洋娃娃在这儿"。（本阶段一定要说出物品的名称，而不能用代词代替，比如，不能说"它在那儿"，因为物品的名称正是宝宝现在想学的东西。）如果宝宝关注的是正在发生的事情，你可以将其描述出来，比如，你可以对宝宝说"它*撞*了"或者"他们*摔倒*了"，要稍微重读一下关键词以便宝宝识别。和以前一样，一定要小心，不能扭曲你的艾拉的妈妈经常对她说很长的句子，比如："我们该去商店了，我想知道我们是现在就买面包呢，还是等以后再买。"因此，艾拉的词语理解能力极差就毫不奇怪了——在这个阶段，艾拉只能在长句中认出自己的名字、"爸爸"和"不"。她的妈妈意识到短句的重要性以后，就开始说短句，从此，艾拉学习词语的速度快得惊人。

发音，要保证它听起来很自然。

句子必须符合语法规则

你所说的简短句子必须符合语法规则。比如，不能说"它车"，而要说"它是一辆车"。说完每句话都要停顿一下，给宝宝足够的时间消化和吸收。

有研究显示，在这个阶段，妈妈说的话越简单，宝宝掌握复杂句子的速度就越快。我见过很多妈妈和宝宝非常亲近，每天都和宝宝说很多话，但是说的都是很长的句子。

缓慢、大声、抑扬顿挫地对宝宝说话

这种说话方式仍然非常重要，有助于宝宝专心听你说话。而且，这个年龄段的宝宝仍然最爱听你这样说话——你会发现，当你这样对他说话时，他会全神贯注地倾听。此外，这样说话也给宝宝提供了学习发音的最好机会。

大量重复

想一想：你在学外语的时候，难道不想一遍又一遍地听到同样的词语，以便记住它们吗？你的宝宝也一样。我们已经知道，这个时期的宝宝已经在他的"声音库"里储存了母语中的大部分话语声，可是为什么他还不能够正

宝宝需要通过反复听来掌握词语

确地说出某个词语呢？这主要是因为他还没有记住什么词语该发什么音。而实现这一目标的唯一途径，就是让他反复听同一词语。

在不同的语境里听同一词语对概念的形成也非常重要。比如，宝宝会发现他的帽子总是被称为"帽子"，无论是戴在他的头上、放在地上，还是装在妈妈的包里。

这个阶段最好的重复方式是：把同一个物品的名称放在一系列短句里，而这些短句描述的都是宝宝感兴趣的事情。比如，他捡起一个球玩的时候，你可以说："这是一个球，是你的球，球正在滚。"在日常生活中使用一些小小的表达程式非常有趣，比如，给他脱衣服的时候你可以说"脱袜子，脱鞋，脱手套"。第一次说到某个名称时，要稍微重读一下，以便宝宝能够清楚地辨认。

对宝宝重复他发的音

对宝宝重复他发的音仍然非常有用。我们都知道，在这个阶段，宝宝发出的声音与母语中的话语声已经完全融合，这使得他能够将自己的声音和你的声音进行比较。正如我们所知，这个阶段的宝宝还处于前语言阶段，所以没有任何其他方法能够像重复宝宝发的音一样鼓励宝宝展开"对话"。本阶段重复宝宝发的音可能比以前稍微复杂一些，因为他现在能够发很多音了。如果他发出一长串音，你可以试着模仿最后的两三个音节。他会非常喜欢你这样做，从而可能发更多的音来回应你。

继续针对正在发生的事情发出有趣的声音

一定要继续这样做，比如：小汽车、救护车和飞机经过的时候，模仿它们发出"嘀嘀"、"嘀嘟嘀嘟"和"轰隆隆"的声音；扫地的时候，发出"刷刷"的声音；把宝宝举起来的时候，可以说"飞了、飞了"；上楼的时候，可以说"踢踏、踢踏"。宝宝非常喜欢这些声音，他的表情可以告诉你这一点。即使是在困了或者有点儿不开心的时候，他也愿意听这些声音。让宝宝听这些声音不仅是吸引他的注意力的绝佳手段，而且能够让他感觉到声音听起来是有趣的，

发出有趣的声音，让宝宝知道声音很有趣

并给他提供单独听某个声音的机会。

对宝宝想表达的意思作出回应

宝宝现在可以说一些词语了，不过不要试图用任何方法强迫他说。当他自己准备好了，他自然就会说出来。他说话时感到的压力越小，他说出这些词语的时间就越早。重要的是，不管他以何种方式告诉你他的意思，你都要作出回应。他现在已经能够十分熟练地使用巧妙的肢体语言和丰富的面部表情来表达自己的想法了，因此你不难明白他想要表达的意思。有研究发现，父母是否对不会说话的宝宝的表达意图作出回应，在某种程度上造成了宝宝在语言能力发育方面的个体差异。

把你所说的事物指给宝宝看

在这个阶段，继续使用各种手势可以帮助宝宝破解你的语言密码。你可以再次回想一下你学习外语单词时的情形。宝宝需要了解某句话的所有词中哪一个才代表所指的物品或者事件，所以在说出名称的同时把所说的事物指给他看，是对他的莫大帮助。比如，当他看着鸭子时，你可以一边说"那是一只鸭子"，一边用手指着鸭子，这样他就不太可能误解"鸭子"这个词的意义。反之，如果得不到这种帮助，他就很容易误解词语的意义，言语－语言治疗师经常会见到在名称和物品之间建立错误的联系的孩子。

> 说出物品的名称时把所说的物品指给宝宝看

你也可以用你的面部表情和肢体语言来帮助宝宝理解词语，帮助他理解你的情绪和态度。

本阶段的"禁忌"

这个阶段有一些非常重要的"禁忌"。此时宝宝的运动能力已经很强了，他想去探索和发现各种物品，包括电源插座、灯具和贵重的装饰品。你会发杰瑞的语言表达非常令人费解，他对很多词语的意义都有着错误的理解。比如，他把扣子叫大衣，把叉子叫盘子。杰瑞来自一个大家庭，他的妈妈长期患有抑郁症，结果家里很少有人跟他说话，更没有人跟他单独说话。他在听到某个名称的时候，常常正看着一个非此名称所指的物品，于是便错误地将它们联系在一起。你想象得出他生活在一个多么令他困惑的世界里吗？仅仅误解几个基本概念就足以导致他在以后的所有学习中都充满困惑。经过很长一段时间，我们帮助杰瑞解决了这个问题。他周围的大人除了在"一对一"的半小时游戏时间之内努力在说话时追随他的注意焦点，还尽可能在这半小时之外的其他时间这样做。最终，杰瑞从困惑中走了出来。

现，你轻易就会说出"不要"、"不许碰"、"停下来"或者"把那个放下"之类的话。但是，你最好不要这么做，你尽可能不要说带"否定语气"的话。一直以来，你都在花大量的时间和精力告诉他，倾听声音充满了乐趣，但是，这种带"否定语气"的话语没有人喜欢听。

实际上，在这个阶段你可以用肢体动作来阻止和干扰宝宝，这比语言更加有效。（请不要误认为我是在提倡孩子可以为所欲为，我并没有这个意思，我只是在说如何阻止他。）

> 用肯定的语气和宝宝交流，杜绝否定的语气

在这个阶段，你的宝宝很有可能说出他的第一个字。你一定要抵制住诱惑，不要对他说"给爸爸说一遍"、"给姥姥说一遍"、"给阿姨说一遍"之类的话。正如我们前面所提到的，宝宝对于交流所知甚多，他很清楚这并不是正常的交流，因而你这样做会让他感到十分紧张，从而抑制他的交流能力发育。你可以在他听不见你说话的时候，在电话里和他人分享你的喜悦，但是千万不要当着他的面评论他说了什么、是怎么说的。

> 千万不要当着宝宝的面对他说了什么和是怎么说的作出任何评论

你应该对宝宝所表达的意思作出回应，他会因此而感到非常高兴，尤其是当你对他刚刚会说的词语有所回应的时候，因为他说的这些词语或许只有

你才懂。

我和我的同事都见过很多孩子在开口说话后的半年或者更长时间里又不说话了，原因就是他们的家人总是热衷于评价他们的说话内容和说话方式。

这也是贯穿"与宝宝对话"这套方法的一个重要原则。**我们绝不会要求宝宝说某个词语或者模仿某个词语的发音，这完全没有必要，我们要做的是用最恰当的方式和他说话**。如果我们做到了这一点，他自然就能学会说话。

对宝宝提问的方式

在这个阶段，大人经常会向宝宝提问。大人这样做有两个目的：一是获取信息，比如："你要吃苹果吗？"二是让宝宝回答问题，比如："这是什么？"

第一种问题可以问，第二种问题则不能问。原因是：前者是一种真正的交流，大人并不知道答案，即使是月龄很小的宝宝也清楚这是在和他沟通；后者则不是交流，而是一个小测验，宝宝也明白这一点。如果他知道答案，那么这个问题对他学习知识毫无意义；如果他不知道答案，那么他会感觉很糟糕，这可能严重抑制他的交流。

不要试图通过提问测试孩子

我曾经在我的治疗室接待过一个小男孩，他除了会说"这是什么"以外，别的什么都不会说，由此我们不难知道，他平时一定经常听到这句话。

在这个阶段，我坚决反对问宝宝 "这是什么"之类的问题，除非你真的不知道这个物品是什么而宝宝或许知道。（当宝宝再大一点儿的时候，巧妙的提问能够帮助他思考，能够让他明白该他说话了，但是现在还远远没到那个时候。）

亲子游戏

宝宝在这个阶段仍然忙于探索，希望发现"世界如何运转"。他通过各种不同的游戏来完成这件事情，包括探索游戏、互动游戏以及从本阶段开始的象征游戏和假装游戏，这些游戏通常都是在与他人的互动中完成的。象征游戏技能和假装游戏技能的发展在这个阶段极为重要，是创造性想象力以及相关能力即将开始发展的征兆。

宝宝新掌握的动手能力以及不断提高的身体控制能力，将在很大程度上促进他对世界的探索，他现在随时随地都可以学习。他所有的经历都有助于他继续了解周围的环境，继续理解更多的概念（比如"粗糙"和"光滑"、"大"和"小"），这些对他进行有意义的语言表达非常重要。

在这个阶段，和以前一样，一定要给宝宝独自做游戏和独自解决问题的机会。当然，大人和宝宝一起做游戏也非常重要。宝宝最需要的是一个聪明的游戏伙伴——知道什么时候该参与进来，给予他帮助，什么时候又该撤下去，让他一个人完成他的探索。大人教宝宝做一些力所能及的简单事情，对宝宝发展假装游戏技能大有益处。当然，大人在游戏中适当增加语言输入，对宝宝发展所有的游戏技能都有好处。

探索游戏

本阶段，宝宝日益增强的动手能力使他能够更加灵活地摆弄玩具。以前，他通过摇一摇、敲一敲、咬一咬等方式探索物品的基本性质，比如尺寸、形状和材质。随着智力不断发育，以及手和身体的灵活性不断增强，更多、更复杂的探索方式出现了。宝宝开始对组装和拼插产生兴趣，还喜欢堆叠物品，比如，他会很努力地研究一个简单的拼插玩具。他开始琢磨物品之间的相互关系，仍然喜欢把东西放进盒子再拿出来，还喜欢把玩具扯开再装好。所有这些活动都非常有助于他形成关于尺寸和位置的概念，比如"更大"和"更小"、"里面"和"外面"。

宝宝开始学习使用工具了，比如，玩玩具木锤和玩具木钉。使用工具有助于他理解刚刚形成的因果关系概念，比如，在玩玩具木锤和玩具木钉的过程中，他知道了敲击木钉会让它向下移动。

宝宝现在会玩推拉玩具了，而且非常喜欢玩。玩水也开始成为他的快乐之源，这对语言学习来说简直妙不可言，因为很多有趣的词语，比如"扑通"、"哗哗"、"滴滴答答"和"咕噜咕噜"，都可以在玩水的时候学习。另外，玩水时还可以掌握很多概念，比如"轻"和"重"、"浮"和"沉"、"满"和"空"。

宝宝能够以更加正确的方式看书了。他会翻开书，认真地看着图片，而不像以前那样咬书和撕书。

宝宝对声音的探索仍然很重要。他仍然喜欢玩发声玩具，比如音乐盒、玩具打击乐器以及一捏就响的玩具。不过，一定要注意：有一些玩具，尤其是由电脑程序控制的玩具，发出的声音非常大，会损害宝宝的听力。所以，一定要在给宝宝玩之前好好检查一下玩具。

宝宝还非常渴望探索大人做事情的方式，因为在他看来那是非常神秘的。在这个阶段，他开始希望"帮助"大人干扫地和擦桌子之类的家务活，想了解这些是怎么回事。我曾经问一个女儿正处于这个年龄段的妈妈喜不喜欢女儿给她帮忙，她的回答是："我才不喜欢她给我添乱呢。"这不免让我有些难过。

这个阶段的宝宝喜欢玩大人使用的物品的模型，比如玩具电话，这能够让他提高了解物品用途的能力，也能够让他展示自己的模仿能力。

互动游戏

儿歌、手指谣和歌曲仍然备受宝宝喜爱，尤其是那些曲调简单、熟悉而且歌词内容与他熟悉的人、物品和动作相关的儿歌。他仍然非常喜欢关于身体部位的儿歌，会经常反复地唱，比如《我有一双小小手》。你可以给宝宝听各种歌曲，不过，传统的儿歌因具有节奏感强、韵律优美和多次反复等特点总是深受这个阶段的宝宝欢迎。

你来我往的互动游戏仍然是本阶段游戏非常重要的一部分。宝宝经常会主动开始做这些游戏，还会用肢体语言清楚地表明他想继续玩。互动游戏通常需要玩具或者其他物品的辅助，比如把积木放进盒子里、扔球和套环之类的游戏都是大人和宝宝借助于物品轮流进行的。简单的互动游戏还可以演变成假装游戏，比如在游戏中彼此挥手说"再见"。通常是家长先模仿宝宝的言行，然后逐渐发展成一来一往的游戏。宝宝现在可以自如地和大人轮流做游戏，他会先完成他的那部分，然后等着大人做；当大人让游戏稍有变化的时候，比如，拍拍洋娃娃的背，他也能够成功地模仿这些新动作。

所有这些游戏都伴有语言输入，能够让宝宝很好地认识语言的作用——语言可以用来解决问题、解释动作或者事件的含义，还能够提高他的交往能力。

假装游戏

在这个阶段，简单的假装游戏开始进入宝宝的生活。在这种游戏里，一个物品被当做符号来代表其他物品。

假装游戏对宝宝的智力发育非常重要，是他进行抽象思维并找到创造性解决方案的基础，它能够促使宝宝灵活自如地、创造性地发挥想象力，对生活的方方面面都有帮助。爱因斯坦曾经说过："想象力比知识更重要。"假装游戏和语言反映的是同样的智力潜能，即用符号代表事物的能力。

在假装游戏中，宝宝开始表演简单的日常动作，并很快开始引入玩具当道具，比如，假装用玩具杯子喝水，还喂给洋娃娃和泰迪熊喝。在刚开始玩假装游戏的时候，宝宝处于主动地位，泰迪熊和洋娃娃都是他的动作的被动承受者，比如，他给洋娃娃一个拥抱。但是，渐渐地玩具也可以"主动作为"，比如，泰迪熊可以把杯子还回来。宝宝很喜欢大人成为他的假扮游戏伙伴，比如，他会让妈妈拥抱他的洋娃娃，或者假装给妈妈喂饭。

到了15个月大，宝宝会用一些与实际使用的物品不太相同的物品来做游戏，比如，用盒子充当洋娃娃的床，用小方块积木充当三明治。他还开始把2

玩具箱

下面这些玩具和游戏材料能够满足宝宝本阶段做探索游戏、互动游戏以及假装游戏的需要。在这个阶段，宝宝能够自己玩玩具了，所以许多玩具的玩法都改变了，而且将来还会有所变化。

在为宝宝选择做假装游戏（比如，洋娃娃游戏以及其他能够让宝宝模仿大人行为的游戏）的玩具时，要确保它们能够代表现实生活。能说话的火车和会飞的汽车以后会非常有趣，但是这个阶段正是宝宝了解世界及其运行规则的时候，如果给他的玩具在生活中没有原型，就会让他感到困惑。我记得我在很小的时候听过一个关于火星人的广播剧，直到多年以后我才发现并没有人居住在火星上。

为方便起见，下面我将游戏材料分为探索游戏材料和假装游戏材料两类，但事实上，这样分类完全是人为的，其中的任何玩具都能成为互动游戏的核心。你可能发现，宝宝会用你完全想象不到的方式玩这些玩具。

本阶段宝宝玩的很多玩具你都可以在家里自己做，既经济又实惠。比如盒子和毛巾（可以分别用来充当洋娃娃的床和床上用品）、盖上有洞的盒子或者硬纸管（可以让玩具从上往下滑）以及易拉罐和塑料罐（可以把物品扔进去再倒出来）。纸和各种盒子仍然能给宝宝带来极大的乐趣。此外，在容器里装上米或者豆子等东西，就能制作一些奇妙的发声玩具。

探索游戏

★ 宝宝可以推动的玩具，比如学步车或者婴儿手推车

★ 拖拉玩具，比如带绳子的小鸭子

★ 粗蜡笔　　★ 简单的拼图玩具　　★ 坐着木头人的小船

★ 发声玩具，比如鼓、木琴、沙球或者一捏就响的玩具

★ 简单的玩具邮筒　　★ 玩具木锤和玩具木钉

假装游戏

★ 玩具电话　　★ 带有寝具和衣服的大个子洋娃娃和泰迪熊

★ 简单的玩具火车　　★ 玩具飞机

★ 玩具厨具

★ 玩具家务用具，比如玩具簸箕、玩具刷子或者玩具笤帚

个或者 2 个以上的物品联系起来，比如，把洋娃娃放在床上或者给床铺上床单。

在假装游戏中，大人的参与会使宝宝受益匪浅。他可以和大人一起尝试更多的活动，并且能够将大人教给他的活动与他自己的游戏结合在一起。

亲子阅读

在这个阶段，亲子阅读能够让宝宝获得轻松愉悦的互动体验，这是现阶段图书的一个重要作用。在亲子阅读中，你让宝宝对书有了愉快的体验，为他以后的阅读奠定了良好的基础。一起看书的时候，让他坐在你的腿上，这样你们能够彼此亲密接触。你要让他知道，你对他的兴趣明显甚于对书的兴趣。

最好的读物仍然是那些画着宝宝熟悉的物品的色彩鲜艳的图画书，此外，在他的生活中真实存在的人或者物的照片也是现阶段极好的读物。（从杂志上剪图片制作剪贴簿也非常有趣。）宝宝开始关注图片的细微之处，所以现在的图片内容可以比以前的更加复杂一些。他喜欢不同质感的书，喜欢用手指来回摸；他还喜欢那种一按就发出响声的书，比如，当发现书上的小鸭子真的能够"呱呱"叫的时候，他会非常开心。

请让宝宝来主导整个阅读过程。在这个阶段的中期，宝宝会帮你翻书，还会明确地表达他喜欢哪些图片——他会拍拍它们，并对着它们说话。绝对不要强迫宝宝继续看他不想再看的图片或者书。

"半小时"之外，怎样对宝宝说话？

在其他时间，你可以继续像以前一样，用正常的说话方式给宝宝讲有趣的事情，尤其是在你比较忙但又想和他保持交流的时候。但是要切记：和他说话时，要尽量使用简短的句子。你越是这样做，对他的语言学习就越有利。在这个阶段，如果能够得到全家人的帮助就更好了。

关于宝宝玩电脑的问题

一定不要让宝宝玩电脑游戏。现在，软件开发商现在在把 5 岁以下的宝宝作为潜在的消费对象，甚至已经开始为 9 个月大的宝宝开发电脑软件了。

令人担忧的是，电脑游戏对宝宝的吸引力并不小于电视和录像。宝宝长时间一个人玩电脑，是一件非常可怕的事情。与人互动和了解世界才是这么大的宝宝应该做的事情，以后他会有大量的时间接触电脑。让宝宝晚点儿接触电脑不会给他带来什么损失，而过早让他接触电脑则会让他失去宝贵的游戏和互动时光。

关于看电视或录像的问题

有很多电视节目及录像节目都是专门为小宝宝制作的，它们对这个年龄段的宝宝来说都非常有趣，但是如何正确地利用它们极其重要。

一定要把每天看电视或者录像的时间限制在半小时之内。宝宝需要大量的时间和别人做互动游戏，并通过游戏学习新的知识和技能。在这个阶段，他的学习速度快得惊人，这一重要时期一旦错过，就一去不复返了。电视因其鲜艳的颜色和快速变化的画面对宝宝充满了吸引力，你让他看多长时间，他就会看多长时间。许多宝宝每天看电视的时间甚至超过了 6 个小时，这不仅在很大程度上延误了他们的语言能力发育，更重要的是还延误了他们的互动能力、游戏能力以及理解世界的能力的发育。他们是一群充满困惑、令人遗憾的孩子。

你要和宝宝一起看电视，让看电视也变成互动活动，而且你能够让他看到的东西变得有意义，比如，你们俩一起看儿歌的录像，并且跟着一起唱和跳，这能够让他体味到无穷的乐趣。

电视和录像的内容应该与宝宝所处的现实世界相关。许多为较大孩子制作的节目充满了幻想，里面的很多事情在现实生活中都不可能发生，比如在动画片《托马斯和朋友》中，火车机车会说话。那些已经充分了解世界、明白这些事情纯粹是幻想的孩子，会觉得这些节目非常有趣，但是这个阶段的宝宝看了以后则会感到非常困惑。别忘了，他刚刚才弄明白真实世界里的人、动物和无生命物体能够干些什么。

虽然宝宝已经开始理解语言了，但是不要幻想电视能够帮什么忙。事实上，电视并不能教宝宝说话——他会完全沉浸于亮丽画面的变化之中，而在声音方面一无所获。有一个实验是让生活在荷兰的宝宝长时间看德语电视节目，结果发现他们没从电视节目中学到一丁点儿德语。同样，耳聋父母所生的听力正常的孩子，无法从电视里学会说话，只能从父母那里学会手语。

在你迫切需要休息一会儿的时候，电视可以帮你的忙，但是一定要意识到：你是唯一的受益者。

从 17 个月到 20 个月

关键能力的发育

这是一个充满惊喜的阶段，宝宝逐渐从婴儿成长为充满自信的幼儿，你会看到巨大的成长变化。

1岁5个月的宝宝已经是个能干的小家伙了，他形成了自己的生活规律，而且和你的生活规律逐渐趋于一致。在大多数情况下，他已经能够睡一整夜觉了——这让你们全家人的生活轻松了许多，白天的小睡也减少到1~2次。他的饮食更有规律了，只是晚上睡觉前和早上起来还需要喝奶，另外，他用杯子喝起水来更加熟练了。他不喜欢坐在高高的宝宝椅上了（因为他意识到只有他一个人坐在那种椅子上），而喜欢坐在大人的椅子上，想品尝一下"长大"的滋味。

宝宝在其他方面也有了变化：在生活中，他的独立意识更强了，能够做

> **请注意：** 本书中所介绍的儿童各阶段发展水平都是平均水平。
>
> 不同宝宝的成长速度存在差异，而且某一方面发育迅速通常会导致另一方面的发育暂时落后。所以，即使你的宝宝在某一阶段某方面的能力没有达到本书中的相应水平，你也不用担心和沮丧。更多内容，参见第132页"应该注意的问题"。

一些力所能及的事情，比如，当你们外出散步时，他可能在婴儿车里坐不住，想和你轮流推车。他真是长大了！爬上爬下是他非常喜欢做的事情，沙发、床、茶几……只要是他够得着的，他都想爬上去。从这个时候起，他就开始闯祸、惹麻烦了！

他越来越喜欢和你以及周围的其他人进行互动和交流，语言能力的快速发育也反映了他希望与他人交流的愿望！

这是宝宝的成长全面开花的重要阶段，请享受其中的每一个时刻！

第17个月和第18个月

语言能力和沟通能力发育

宝宝对周围的环境和人有了更深刻的理解：他知道了身边常用物品的用途，以及人们如何使用它们。他理解世界的能力在这个阶段发展非常迅速，与之相伴的是他的词语理解能力的惊人发展——尤其是当你给予他很多帮助的时候。

在刚刚1岁5个月的时候，他知道许多日常物品（比如家具、衣服等）的名称。另一个非常重要的进步是，他能够听懂包含2个关键词语的短句了，比如，"你的*杯子*在*厨房*"，"我们去找泰迪熊，把它给*爸爸*"。你还会发现，你在对他说话的时候，会很自然地重读这些关键词，而你重读的语气让他更容易注意到它们。你需要注意的是：千万不要用过于夸张的语气重读这些词语，否则会破坏句子的整体节奏，让你的话听起来不自然。

现在宝宝能够根据不同的情境，作出恰当的反应：当你们准备出门的时候，他会去拿自己的鞋；当你做饭的时候，他会自己坐在餐桌边。他还能够给物品分类，知道"背心"是衣服的一种，和"衬衣"、"袜子"属于同一类。

宝宝能够对一些简单的问题作出回应，如果你问他"泰迪熊在哪儿"，他就会望着泰迪熊所在的方向。不过，请记住，有些词语现在他只有在熟悉的语境中才能辨认出来，比如，只有当他的碗可能在他的视线范围之内时，他才会去找"碗"。

宝宝到了1岁5个月左右的时候，词汇量迅速增长，通常每天都能够掌握一些新词，特别是关于身体部位、衣服或者动物之类的词语。他能够听懂你说的一些话，能够对你说的简单句子——比如，"想吃苹果吗？"，"猫猫在那儿"，或者"去拿你的鞋"——作出恰当的回应。他除了能够听懂一些物品的名称外，还能够听懂"坐下"、"过来"这样的简单动词。他逐渐开始理解 "你"、"我"之类的代词，这反映出他的自我意识在增强——他逐渐意识到自己是个独立的人。

宝宝的词汇量在不断增长，再加上他不仅能够理解单个字词，还能够理解包含2个关键词语的句子或者短语，他现在能够听懂"去你的房间把外套拿来"、"把你的球拿过来给辉辉"之类的话。他甚至能够拿来2样你要求他拿的物品，比如，当你说"把刷子和勺子拿给我"时，他能够作出正确的回应——不过，这只有在小家伙心情好、想帮你的时候才会发生！

宝宝的进步如此迅速，你自然很想让他在别人面前展示一下，但是当他在别人面前表现得不如在你面前优秀的时候，你不必感到失望，因为这个阶段的宝宝通常能够比较好地理解熟悉的人所说的话，而不太理解陌生人所说的话。这种情况虽然有些令人沮丧，但是在他再大一些以后会有所改变。

宝宝说话的能力也在不断提高。尽管他在1岁4个月的时候还只能发出包含不同音节、语调和重音的咿呀声，最多只能说出六七个真正的词语，但是，他能够说的词语正在逐渐稳步增多。大多数宝宝至少要到1岁8个月大的时候，词汇量才会迅速增加。宝宝的语言表达能力明显落后于他的语言理解能力，不过不要着急，这绝对正常，过一段时间它就会赶上来。

不难理解，宝宝最先掌握的词语通常是他熟悉的人和感兴趣的物品的名字；他喜欢与人交往，于是很快就学会了"你好"和"再见"；另一部分易学的词语是他常常听到的动词，比如"起来"。不过，本阶段他使用词语的范围还仅限于他非常了解的特定语境，比如，"泰迪熊"可能专指他自己的泰迪熊。有趣的是，如果他非常喜欢某个物品，那么不论该物品的名称有多长，他都能记住：我的女儿有一个玩具河马（hippo），她非常喜欢它，能够清楚地叫出它的全称（hippopotamus）——当时她才1岁4个月，还只会说几个非常简单的词语。

尽管宝宝的词汇量会快速增加，但是他会说的词语仍然非常有限，听懂他说的话还是不太容易。有一些词语的使用范围非常狭窄（比如，"猫"或者"瓶"只是指他自己的猫或者瓶子），不过其他词语都会被广泛使用。当不知道某个物品的名称时，他会用一个他觉得与之相关的词语（完全是他自己的感觉）来代替，因此，他可能用"球"指代圆形的东西，包括月亮、轮子，甚至茶叶包。

这些早期的词语还能够表达许多不同的意思，比如，"车"的意思可能是"我想要车"、"那是我的车"或者"我不喜欢车"，因此宝宝会用面部表情和肢体语言使他想要表达的意思变得清晰明了。

宝宝与人对话的技巧也在稳步提高，现在他可以和别人进行2个来回的对话，比如，宝宝说"车"，你接着说"你的车在这儿"，然后他一边推车一边说"嘀嘀"，在撞到什么东西以后等着你说"撞了"。

动作能力和认知能力发育

宝宝语言能力发育中的一个关键因素是，他的智力、运动能力以及手的灵活性使他理解周围世界的能力不断增强。本阶段智力发育方面最重要的进展是宝宝理解的概念急剧增多。最初，他头脑中的概念是笼统而模糊的，比如，4条腿的动物；逐渐地，这些概念不断细化，他知道了鸟、鱼、狗、猫等不同的种类；最终，他形成了动物个体的概念。

你很快就能够看到宝宝在房间里轻松自如地走来走去，随手捡起自己喜欢的物品，拿在手中研究一下。在探索周围世界的过程中，宝宝理解概念的能力也得到了提高，比如，如果不亲自尝试拿起非常重的物品，他就很难理解"重"到底是什么意思。

随着手眼协调能力不断增强，宝宝能够以非常有助于形成概念的方式摆弄各种各样的物品，比如，他能够在盒子里装满积木，然后清空。他现在能够有意识地使用铅笔或者蜡笔点点画画，还会兴致勃勃地欣赏自己的作品。他还喜欢推拉着很大的玩具走来走去，从而能够更好地判断物品的大小和位置。现在，他对自己感兴趣的事情能够做到善始善终了，比如，他会把所有的玩具汽车都停在一个地方，或者把所有的积木都装进一个盒子里。

宝宝的运动能力有了明显的提高，这也有助于他探索周围的世界。现在他不用支撑就能直直地跪着，还能够自己坐到小椅子上，走起路来也更加稳当、更加自信了。他喜欢推着玩具车走，还会把椅子挪到跟前，站在上面去够原本够不着的玩具。如果拉着大人的手，他就可以上台阶了。他还喜欢踢球，不过他踢球的样子就像是走路不小心正好撞上球了。

宝宝对世界的认识，不仅通过身体的发育来实现，还通过和他人的接触不断提高。你会看到他大量模仿大人的举动，他之所以喜欢模仿，一方面是想知道别人这样做会有什么感觉，另一方面是想了解自己和别人有什么异同。他还非常喜欢别人和他一起做游戏，他会通过递给你一个玩具来邀请你参与他的游戏。

注意力发育

让宝宝集中注意力并非一件容易的事，在这个阶段，他的注意力还是会像以前一样频繁转移。不过，对自己非常感兴趣的物品或者事情，他现在能够保持注意力，而且不喜欢被人打扰。

在注意力不是十分集中的时候，宝宝比较容易将注意力转移到你所关注的对象上，但是，如果正在聚精会神地关注某一事物，他就可能连你对他说的话都听不到——除非你所说的是他正在关注的事物。比如，当你说"你的手在哪儿"时，如果宝宝正在琢磨如何将胳膊放进衣服袖子里，他就可能听到你在说什么，可是如果他正在观察花园里的一只猫，他就可能压根儿听不见你在说什么。

听力发育

宝宝现在能够准确地找到来自大多数方向的声音，这使他能够更好地在声音和声源之间建立联系。如果一切正常，宝宝现在能够"扫描"周围所有的声音，从中找出自己想听的声音并给予更持久的关注，同时屏蔽无关的背景声音。当然，宝宝的这种选择性倾听能力尚未发育完全，只有在适宜的环境中才能发挥作用。

感官综合能力（即同时听和看的能力）进一步发展，不过只在以下情况下才能发挥作用：周围环境中没有干扰因素；宝宝听到的和看到的不仅是同一事物，而且是他自己愿意关注的事物。

宝宝更加喜欢听人说话了：有时他会重复他听到的某句话中的最后一个字或者词；在听人说话的时候，他的注意力也不像以前那样容易分散了。

第19个月和第20个月

语言能力和沟通能力发育

宝宝理解词语的能力在前2个月中发展迅速，在这2个月中更是突飞猛进。如果大人为他创造一个良好的语言学习环境，他每天就能认识9个新词！

到了1岁8个月，宝宝的语言能力发育一方面体现为他可以理解更多的词语，另一方面体现为他能够脱离熟悉的环境来理解词语本身的意义，比如，无论是在自己家里，还是在邻居家里，宝宝都能够听懂"饭好了"是什么意思并做出相应的举动。同样，他还能够在看不见某人或者某物时理解其名字，因此，即使奶奶不在家，他也能对"奶奶在哪儿"这句话作出回应。换句话说，他现在真正开始理解人们所说的话了，即使离开熟悉的环境，他也能够理解词语的意义。

宝宝知道"警车"、"衣柜"等名词不仅代表他的玩具，还代表真实的物品，这说明他已经把语言当做一种符号来理解了。他还能够辨认图片中的物品的名称。看图片的时候，他能够将注意力保持近2分钟的时间，还能够在图片中指出你所说的身体部位或者服装。经过一遍又一遍的亲身体验，他掌握了买东西或者洗澡等活动的大致过程，这对他有很大的帮助，比如，洗完澡出来时，他知道接下来应该把身上的水擦干，这时，如果听到有人说"拿毛巾把身上擦一擦"，他就能够比较轻松地猜出这句话中的"毛巾"指的是什么。

根据你说话时的手势、语音、声调、眼神等非言语信息，宝宝就能够理解你所说的新词语的意义，甚至还能够猜出你感兴趣的物品。

像以前一样，宝宝的口头表达能力也在发育，只不过迟于理解能力发育：口头表达能力是随着语言理解能力的提高而提高的。大多数宝宝现在能够咿咿呀呀地说很长时间，发出许多声调和重音各不相同的声音。但是在使用词语进行口头表达方面，不同宝宝之间却存在巨大的个体差异：在这个阶段结束的时候，有的宝宝只会说9个或者10个有意义的词语，而有的宝宝却可以说50个有意义的词语。

1岁8个月左右，一些宝宝到了词语学习的"爆发期"。宝宝掌握的词语当中，大部分仍然是名词、动词或者象声词：名词包括家人的称呼、宠物的名字以及他喜欢的玩具的名称；动词包括"起来"等；象声词包括救护车的鸣笛声等。现在，宝宝开始用语言和你交流了，比如，你让他说"再见"，他会用稚嫩的童声跟你说"再见"，而在刚刚进入这个阶段的时候，他还只能发出"啊啊"的声音或者挥挥手。此时，你可能发现，语言逐渐取代了手势，成为宝宝最重要的沟通工具。1岁8个月时处于词语学习"爆发期"的宝宝能够说出各种不同的词语，包括"喝"之类的动词以及"大"和"小"之类的形容词，还能够用语言回答一些简单的问题，比如，"你想吃苹果吗？"。

　　宝宝使用词语进行口头表达时，常常会出现这样的情况：同一个词语被用来表达不同的意思和目的。比如，宝宝说"爸爸"的时候可能是想表达以下几种意思："爸爸，抱我起来吧"；"爸爸，过来"；"爸爸的车"；"该爸爸了"。不过，随着他的词汇量逐渐增大，这种"过度扩展"的现象会越来越少，比如，宝宝以前用来代指所有4条腿动物的词语，逐渐会被不同动物的名称取代。

　　1岁8个月的时候会说50个词语的宝宝，虽然有时还会用一个词来表达想法，但是已经能够将2个词语组合在一起使用了。这时，你将听到宝宝说第一句话，这是一个让你万分激动的重要阶段。开始的时候，真正被宝宝用来和其他词语组合的是"没"和"要"，比如，"妈妈没"、"要喝"，不过，宝宝最初通常是将2个完全独立的词语组合在一起，比如"我车"，意思是"我想要车"。当然，词语的顺序也不一定正确：我女儿1岁8个月的时候，如果想见我，就会大声地说"妈妈看"。这些早期的双词组合通常能够表达几种不同含义，比如，宝宝说"玛丽帽子"时，可能是想说"我想戴帽子"、"把我的帽子给我"，甚至是"我不喜欢我的帽子"。因此，即使他现在能够说句子了，你也需要费心去理解其中的含义。

　　我在前面曾提到，这个阶段的宝宝非常喜欢模仿。他不仅非常喜欢模仿人的动作和表情，还非常喜欢学人说话。大多数宝宝会模仿大人说由2个词组成的句子，还会继续模仿周围环境中的声音。比如：听见消防车的鸣笛声时，他会跟着"呜呜"叫；看见狗时，他会学着"汪汪"叫。

　　现在，宝宝的发音还不够准确，为宝宝的语言能力感到十分自豪的父母常常发现只有他们才能听懂宝宝的话！为什么会这样呢？主要的原因是宝宝目前还记不住词语的正确发音，另外，有一些音也不容易发，比如"姥"和"枪"。（与发"吧"、"吗"等音比较一下，看看发这些音的难度有多么高。）只有将自己发的音与这些词语的正确发音进行多次比较之后，宝宝才能发出标准、规范的音。

下面是宝宝在早期常会出现的发音错误：

★遇到难发的音时，常常用与之接近但相对易发的音代替，比如，把"姥姥"说成"袄袄"，把"枪"说成"掐"。

★说含有2个字的词语时，有时会将2个不同的声母发成相同的，比如，将"天空"说成"天通"。

★有时候因为没有听清词语中的每个字而造成错误的发音，比如，把"袜子"说成"袜"，因为最后一个音比较轻，容易被忽略。

★混淆相近的音，比如，把"吃"说成"疵"。

★将一个词语中的不同音节发成相近的音，比如，把"开花"说成"咔哈"。

动作能力和认知能力发育

宝宝掌控和探索物品的方式更加复杂了：他能够拧下盖子，把门打开，一次翻几页书；能够用3块积木搭建一座塔或者一列火车；能够在拼插板中插入6根木钉，还能够把圆形和正方形拼图块放到正确的位置；喜欢比较2个相似的物品，比如，将2辆玩具车放在一起；能够扔球——尽管可能扔错方向！

宝宝控制身体的能力进一步增强：他现在走起路来有些像竞走，即前脚落地以后后脚才离地，还能够自如地走走停停。他能够蹲下去捡玩具，还能够爬到大椅子上并自己转过身来坐下。他能够更好地理解自己的身体的大小与空间之间的关系了，比如，他能够判断自己能不能钻进某个盒子里。

在交际方面，宝宝十分热衷于模仿大人的举动，他会学大人的样子，假装看书、倒水或者做他观察到的其他事情。他强烈地渴望了解这些举动的目的，竭尽全力去探索周围的世界。

注意力发育

在1岁5个月到1岁8个月之间，宝宝保持注意力的时间没有多少变化。

他还是会在频繁转移注意力的过程中，短时间地保持注意力，而在他聚精会神地关注某事物时，你很难让他将注意力转移到别的事情上。

1岁半的时候，宝宝在注意力方面的唯一进展就是他能够在远处准确定位你所看的事物，因此他非常喜欢追随你的注意焦点。

听力发育

同注意力发育一样，在 1 岁 5 个月到 1 岁 8 个月之间，宝宝的听力发育也没有什么重要的进展，他可能只是更加喜欢听人说话了——原因之一是，他能够更加轻松地在声音和声源之间建立联系了。

小结

满 1 岁 8 个月的宝宝应该具备以下能力：

★能够模仿消防车、飞机或者动物的声音。

★能够学着说"我们出发"这样的短句。

★能够指出洋娃娃的头发、耳朵和鞋。

★能够使用 10 ~ 50 个词语进行口头表达。

★能够模仿两三个词语组成的句子，还能够模仿他经常听到的声音。

★能够理解一些非名称词语，比如"吃饭"和"睡觉"。

★知道"你"和"我"的所指。

应该注意的问题

如果出现以下几种情况，建议你带宝宝去找专业人士咨询。（不过，请记住：不同宝宝的成长速度是各不相同的。）

如果你对宝宝的发育状况有任何疑虑，而你所担心的问题并不在下列问题之中，我也希望你尽快带宝宝去寻求儿科医生等专业人士的建议。

宝宝满 1 岁 8 个月时，如果出现以下情况，请务必重视：

★不会说任何字或者词语。

★听不懂"你的鞋在厨房"这样的短句。

★根本就不想吸引你的注意力。

★根本就不想有人陪他玩。

★不会四处查看以寻找声源。

与宝宝对话

独处每天半小时

希望你和宝宝都非常喜欢你们每天相互陪伴的半小时。一定要坚持下去！你的坚持不仅能够为宝宝的语言能力发育创造最佳时机，还能够促进他的情感发育。

事实上，世界上没有什么比父母的全身心关注更能让孩子获得自信，得

查理有2个哥哥，兄弟3人年龄差距不大。我第一次见到查理时，他刚刚3岁，因为他那时还只能说两三个词语构成的句子，所以他的妈妈就带他来找我。当时他的妈妈对他已经绝望了，因为他在所有的游戏中都捣乱，甚至包括他最喜欢的玩水游戏。他的妈妈已经不敢让他再玩水了，因为他每玩一次，家里就会发一次水灾。

查理满脸郁闷的样子让我一下子惊呆了：他脸色发白，一脸紧张，几乎从来不笑。和他的妈妈谈话时，我告诉她重要的是给予查理全身心的关注，尽管我知道这对她来说有点儿难。但是，在亲戚和朋友的帮助下，他的妈妈还是坚持每天挤出一点儿时间来单独陪伴查理，而她的陪伴最终取得了意想不到的结果。2周后，当我再次见到查理时，他完全变了个样：他的头高高昂着，面色红润，满脸洋溢着兴奋和自信，语言能力也有了迅速的发展。他的妈妈告诉我，他已经不再调皮捣蛋了。4个月后，查理完全不用他的妈妈担心了！

不到父母关注的孩子常常会花费大量的精力去努力争取父母的关注，而且令人难过的是，有些孩子宁愿为此而做出一些被父母禁止的行为，因为他们实在是太渴望父母的关注了。

每天半小时很重要

对话的环境

我要再次强调，一定要保持安静。

宝宝选择倾听对象并屏蔽噪声的能力还没有发育完全，如果身处嘈杂的环境中，他可能不知道自己该听什么。

在安静的房间里，关掉手机

在与宝宝对话的这半小时里，请关掉房间里的电视、音乐、收音机或者手机，同时告诉家里的其他人：除非着火了，否则不要打扰你们。

宝宝的注意力发育有一个重要条件，就是宝宝所处的环境中不应该有太多的干扰因素，所以家长需要处理好以下矛盾：一方面，因为宝宝保持注意力的时间较短，所以需要给他提供足够多的玩具，以保证他任何时候都有想要关注的对象；另一方面，如果宝宝周围的玩具过多，则可能起到分散其注意力的作用。

我的建议是：为宝宝提供很多玩具，让他可以自己从中选择；确保他有

把玩具摆好，让宝宝一眼就能看到有些什么可以玩

足够宽敞的玩耍空间，并且要把玩具摆好，让他一眼就能看到有些什么可以玩，这样他就不需要把所有的玩具都倒在地板上。

此外，你一定要为宝宝准备一些可以让他做探索游戏和假装游戏的玩具，比如，积木、拼图板、形状分类玩具、洋娃娃、发声玩具以及几本书。

本阶段如何与宝宝对话？

在这个阶段，宝宝理解词语的能力迅速增强，所以你与他对话的方式必须有一些细微但非常重要的改变。宝宝需要参与各种游戏，在游戏中了解物

> 扎拉的妈妈告诉我，她一直用"与宝宝对话"这套方法与扎拉交流，但是最近扎拉的语言进步慢了下来。
>
> 我觉得十分不解，因为扎拉的妈妈说她是严格按照要求与扎拉对话的，于是我决定去她家里看一看。结果，我发现她家隔壁传来了很大的音乐声，扎拉在她和妈妈对话的房间里能够非常清楚地听到。由于这些音乐声的音量还不足以影响大人的听力，所以扎拉的妈妈并没有注意到。
>
> 当扎拉和妈妈搬到另一个房间后，她的语言能力的进步速度再一次明显地提高了。

品和事件的特点；他还需要在你的帮助下理解相关的词语，这样他才能最终使用这些词语进行口头表达。

在这个阶段，你可以给宝宝的语言能力发育提供很多帮助，而且你现在给予宝宝的帮助会使他受益终身。

关注宝宝的注意力集中程度

要对宝宝的注意力发育水平保持高度敏感，这非常关键。这个时期宝宝的注意力经常迅速转移，只有对自己感兴趣的物品和活动，他才能较长时间地保持注意力，不容易受到打扰。意识到了这一点，你就更容易了解自己的宝宝。

不要强迫宝宝关注你选择的事物

不要试图指引宝宝的注意力。如果你想强行转移宝宝的注意力（尤其是当他全神贯注地做一件事情的时候），结果只能让你们双方都感到十分沮丧，因为他肯定不会听你的。你唯一能做的只有等待。记得有一次，我迫不及待地想给我的第二个儿子看一件新玩具，可是那会儿他正把积木放在硬纸管里往下滑，我只好等他做完游戏才给他看，当时我好像等了很久很久，所以我非常了解那种心急如焚的感

> 不要试图指引宝宝的注意力

觉。但是不管怎么样，你都不能强迫这么大的宝宝把注意力转移到你选择的玩具上。

你可以不断地和宝宝说话，即使发现他并没有听你说，也不必着急。你需要记住的是，你说的话与宝宝当时正在关注的事物关系越密切，他听你说话的可能性就越大。

关注宝宝关注的事物

你和宝宝共同关注事物的情况，极大地影响着宝宝的语言学习情况。在大多数情况下，你要让宝宝自己选择注意焦点。当然，在每天的这半小时之外，有时候你也可以用有趣的物品吸引他的注意力，但是在"与宝宝对话"的这半小时中，还是要让他自己做主，让他自己选择想要关注的事物。

很多研究者对父母关注孩子的注意焦点这一问题进行了研究。研究结果显示，注意焦点受到父母关注的孩子，掌握新词语的能力更强。1983 年，美国的一项研究发现，在孩子 12 ~ 18 个月大的时候，母亲对孩子的注意力的关注度与孩子以后的词汇量有着很大的关系。在英国，1993 年对 18 个月大的宝宝所做的类似研究表明：当大人关注宝宝的注意焦点时，宝宝的词语学习能力就会增强。

所以，大人一定要琢磨宝宝正在思考什么，并且对他思考的内容作出回应。他想知道那是什么东西吗？——"那是河马。"他希望你用那个玩具做游戏吗？——"来，让泰迪熊跳起来！"他是不是对正在发生的事情感兴趣呢？——"杯子碎了。"宝宝非常善于用手势和表情与人沟通，所以你不难猜到他正在想什么。你应该追随他的注意焦点，允许他随时将注意力从一个物品上转移到另一个物品上。他频繁转移注意力的状况不会一直持续下去，一定要让他按照自己的成长节奏度过这个阶段，这样他就能更快地做好准备，接受大人的引导。

> 注视宝宝的脸，琢磨他正在想什么，然后给出恰当的说明

纳西姆快 2 岁了，可是他什么话都不会说，他的家人都十分苦恼。我观察了纳西姆和他的爸爸在一起做游戏的情况，我只听见他的爸爸在喋喋不休地对他提问和发出指令："过来，看这里，纳西姆。这是什么颜色？这个应该放在哪里？好的。接下来我们看这个，这里面能放多少块积木？这是什么形状？说，这是三角形。"纳西姆几乎不听爸爸说话，常常转过身去给他爸爸一个后背，他爸爸也变得越来越灰心。

纳西姆的爸爸认为只有不断地对纳西姆提问，他才能学会说话，只有告诉他应该怎么做游戏，他才会知道怎么做。他认为纳西姆不会说话的原因是他能够理解的词语太少了。

我向纳西姆的爸爸示范了如何提高纳西姆的理解能力，此后他便努力改变自己和儿子的互动方式。在整整一个月中，他一直坚持用我告诉他的方法与儿子互动，而纳西姆的快速进步让他相信他做对了。我非常高兴地听到，他和纳西姆都非常喜欢新的交流方式。4 个月以后，纳西姆的语言能力已经超出了同龄宝宝的正常水平。

记住，和宝宝一起玩的时候，不要对他提问，也不要指挥他。你需要做的就是解释或者评论他感兴趣的事物。如果你对宝宝提问，他就可能分散注意力去思考答案，或者考虑要不要回答你的问题；同样，如果你指挥宝宝去做一件事情，他就会琢磨一下要不要照你说的去做。这些都会给他带来压力，但是你对他感兴趣的事物所作的解释和评论却是他所喜欢的，也是他最愿意听、最容易听懂的。我发现大多数爸爸很难做到只为宝宝作解释和评论，而不提问和指挥——他们经常稍不注意就犯这样的错误。不过，只要让爸爸看到宝宝是多么喜欢听他的解释和评论，他就会开始享受这种截然不同的沟通方式。

不要提问，不要指挥

让宝宝继续享受倾听的乐趣

本阶段家长的一项重要工作就是，确保宝宝一直喜欢倾听周围的声音。我们身边到处都有噪声——商店里，饭馆里，大街上——你们的"每天半小时"

可能是宝宝拥有良好倾听环境的唯一机会，所以，请你坚持做前几个月一直在做的活动。

★让宝宝玩发声玩具，比如，乐器或者摇动时能够发出不同声音的瓶子、盒子等。

★为宝宝唱儿歌或者歌曲，这样可以让他感受到倾听声音是充满乐趣的。而且，有研究显示，较早接触大量儿歌的宝宝将来的阅读能力会更强。强烈的节奏和多次的反复，能够帮助宝宝练习发音、学习词语，还有助于他以后学习写作。

★抓住一切机会告诉宝宝声音来自于哪里，比如，当他让你打开盒子的时候，如果他感兴趣的话，你可以给他演示并且告诉他打开盒子的声音是怎么发出的。

★帮助宝宝理解语言。

使用简短的句子

本阶段仍然要对宝宝说简短的句子，这是帮助他理解词语意义的重要方法。比如，如果你对宝宝说"车在桌子上"，他就比较容易找出这句话的关键词；但是，如果你对宝宝说"让我们把所有的汽车都放在运输车上，把桌子当海边，

把汽车运到那里"，他可能完全摸不着头脑。当然，我举的这个例子有点儿过分，但是我的确常常吃惊地听到很多父母对1岁4个月的宝宝说很长、很复杂的句子。

你可以对宝宝说许多新词语，只要你使用简短的句子使句中的关键词及其所指非常明确。现在，宝宝每天可以掌握9个新词语，当你使用一个他可能不理解的新词语时，请将它用于只包含一个关键词的短句中，比如，"这是刺猬"，或者"这个漂亮"。你说的句子在语法上应该是正确的——要说"爸爸去上班了"，而不能说"爸爸班"。

本阶段你和宝宝对话的方式会发生变化，因为宝宝现在可以理解包含2

雷切尔是一个非常漂亮的小姑娘，白皮肤，金发碧眼。在她2岁的时候，她的家人带她来找我。她看起来非常健康，但是她的妈妈却认为她患有某种退化性疾病，因为2个月前她还能够迅速掌握新词语，而近来她的新词语学习却停滞不前了，最近2个星期她仅仅掌握了2个新词语。在目睹了她的妈妈和她交流的情景后，我找到了问题的根源所在——她的妈妈对她说的句子非常长，比如："看，这里有一个小小的、可爱的购物篮，如果我们用这些橡皮泥做很多三明治、蛋糕和水果，去野餐的时候，把它们放在购物篮里再合适不过了！"妈妈说话的时候，雷切尔要么一脸茫然无措的表情，要么干脆就不听。而妈妈之所以会这样说话，是因为刚开始雷切尔的语言理解能力提高得非常快，妈妈认为她"什么都懂了"，于是对她说话就像对大人说话一样，说很长的句子。而在妈妈又开始对她说容易理解的简短句子之后，雷切尔很快就重新获得了快速学习语言的能力。在雷切尔2岁半的时候，我又见到了她，那时她的语言理解能力和表达能力都与3岁的孩子相当。

个关键词的句子了，你可以说很多包含2个关键词的句子，比如"你的鞋在厨房"、"泰迪想吃饭了"、"你的手指很黏"或者"乔尼在公园"。

说简短的句子非常重要，不要着急对宝宝说太长的句子，欲速则不达。我在治疗室见过很多深受长句之害的宝宝，他们刚开始的时候语言发育良好，后来就发育迟缓了。

继续发出有趣的声音

发出有趣的声音能够帮助宝宝集中注意力，享受倾听声音的过程，并让他有机会听到单个的音，而不是像平时那样听到的是语速很快的说话声。在游戏中你可以发出以下声音：

★玩水的时候说"哗啦哗啦"、"咕咕咕咕"或者"滴滴答答"。

★玩玩具汽车的时候说"嘀嘀嘀"、"呼呼呼"或者"嘟嘟嘟"。

★一边玩玩具动物一边学动物叫："咩咩咩"、"哞哞哞"或者"喵喵喵"。

缓慢、大声、抑扬顿挫地对宝宝说话

这依然是宝宝最喜欢的方式，能够帮助他集中注意力听你说话，也能够帮助他记住词语的正确发音。

大量重复

重复对宝宝的语言学习非常重要，要在不同的句子、不同的语境中使用

> 重复能够让宝宝理解词语的意义

同一个词语，这既能够促进宝宝对该词语的全面理解，也能够让他多次听到该词语的发音从而准确地记住。

★在不同的句子或者短语中使用同一个词语，比如"这是一头大象"、"大象很魁梧"、"魁梧的大象"。

★指认五官的游戏仍然行之有效，同时也妙趣横生。这个阶段的宝宝喜欢说"泰迪的鼻子"、"泰迪的耳朵"、"泰迪的眼睛"、"莎莉的鼻子"、"莎莉的耳朵"、"莎莉的眼睛"等重复的句子或者短语。

★在日常生活中，也可以大量重复。比如，当宝宝上床睡觉的时候，可以对他说"脱裤子"、"脱鞋"、"脱袜子"；当宝宝洗澡的时候，可以对他说"洗洗你的小手"、"洗洗你的小脸"、"洗洗你的小脚"。

我第一次在我的治疗室见到马库斯的时候，他快4岁了。只有他的妈妈能够听懂他的话，连幼儿园的老师也听不懂他在说什么。马库斯非常聪明，也喜欢与人交往；他能够听懂别人说的话，也掌握了一定的词语和句子结构。唯一的问题就是他对于词语的发音只有大体的概念，而不知道每个词语的音究竟应该怎么发，所以他说的话总是含混不清。马库斯的妈妈是我见过的说话最快的人，我常常不得不请她重复她的话以听清楚她在说什么。如果马库斯的妈妈能够放慢语速，让马库斯弄清楚字词的准确发音，情况就会好转——这是"与宝宝对话"这套方法中对马库斯来说最重要的部分。我向马库斯的妈妈示范了对宝宝说话的合适语速，一个小时之后，马库斯就开始正确地发音了。

说出物品的名称

宝宝正处于扩充词汇量的阶段，需要一遍又一遍地听你说物品的名称。所以不要对宝宝说代词，一定要说出物品的名称：不要说"我们把它放在那儿"，而要说"我们把书放在桌子上"。

常常有人问我能不能跟宝宝说"肚肚"、"饭饭"这样的儿语，我的回答是完全可以。儿语常常经过小小的修改就出现在儿歌中，因为这类词语更容易吸引宝宝的注意力，宝宝也能够轻松地说出它们，比如，用"嘀嘀"代表车。不用担心，过不了多久，宝宝就能够使用大人的语言了。

> 告诉宝宝物品的名称

对宝宝重复他说的话

我们知道，现在宝宝还记不住所有词语的发音，所以他还不能像大人一样说出词语。他需要一遍又一遍地听词语的正确发音，直到能够完全记住。在这个阶段，用正确的方式对宝宝重复他说的话，在很大程度上能够促进他的语言能力发育。

需要提醒你的是，你千万不要让宝宝感觉你是在纠正他的发音。因此，在说话的时候你应该遵守这么一条"黄金法则"：在重复之前，用"是的"来开头。比如，当宝宝说"果果"时，你就

> 对宝宝重复他说的话，但是不要让他感觉你是在纠正他的错误

说"是的，这是苹果，你想吃个苹果吗？"。现阶段，宝宝会连着说2个词语，不过意思常常含糊不清。针对这一点，你能采取的最有效的方式也是把他说的话用正确的方式重复一遍，并且要说得很自然，就像在和他对话一样。比如，当宝宝说"车、爸爸"时，你就说"是的，那是爸爸的车"。你说话的语气一定不能让他感觉自己说错话了。我和同事在工作中见过很多不愿意说话的孩子，他们的父母总是在他们说话的时候不停地纠正他们的话，结果他们变

安娜今年3岁了，她的妈妈非常喜欢纠正她的发音，希望她说得更加规范和标准。安娜刚开始学说话的时候，妈妈就总是直视着她，缓慢地重复她所说的每一个音节。我记得有一次安娜发现了一只玩具小象，她非常兴奋，希望与妈妈分享这个新发现，于是，她拿起小象说"下"，她的妈妈立即面无表情地看着她，慢慢地说："x—i—ang——象。"安娜顿时失望极了，她扔下玩具，不再和妈妈分享她的任何新发现了。在妈妈改变了对安娜说话的方式以后，她们母女俩的关系得到了全面的改善。

得沉默寡言，越来越不愿意说话了。

说出宝宝想表达的意思

在这个阶段，宝宝还不能完全依靠语言与人沟通，所以，及时说出他想表达的意思非常重要。他需要你告诉他你已经明白了他想表达的意思，所以你要关注的是他想表达的意思，而不是他的表达方式。比如，当他指着天空说"咿咿啊啊"时，他的表情和肢体语言都告诉你他是因为看见了一架飞机

对宝宝想表达的意思作出回应

而兴奋不已，他希望你与他共同分享这份喜悦。这时，你可以做出兴奋的表情，并且兴致勃勃地说："是啊，好大一架飞机啊！"这样，他会觉得你也认为这是一件非常有趣的事情。无论宝宝采用何种沟通方式，你对他的回应越多，他将来的语言能力就越强。

给宝宝演示你所说的意思

将语言与动作结合起来

你可以在做某件事情的时候，通过"动作加语言"的方式告诉宝宝你在做什么，这也是帮助他听懂你的话的重要方式。比如，你可以一边说"我先把茶沏好，再往里面倒牛奶"，一边做相应的动作。

奥马尔是父母经过长时间的等待后迎来的第一个孩子，他生活在一个大家庭里，是所有人的掌上明珠。每次他一说话，就有人高兴地当着他的面把他说的话转述给其他人听。这让他非常害羞，因而变得沉默寡言。他强烈的沟通愿望和害羞的感觉之间产生了极大的冲突。他的家人一找到问题的根源，就开始只在他不在时才彼此交流他说过的话，很快他就又开始兴奋地说个没完了。

本阶段的"禁忌"

不要评价宝宝说话的方式，也不要评价他说话的内容

不要用否定的口吻说话

宝宝在探索环境的时候，可能做出一些危险的动作，比如，爬到高处，或者动你昂贵的装饰品。这个时候，你可以把他抱走，但是不要说"别动"、"不要摸"或者"马上给我放下"这类没人爱听的话，你应该用宝宝喜欢的语气说话。

对宝宝提问的方式

现在，对宝宝提问时应该遵守这样一条"黄金法则"：不要对宝宝提一些你并不需要知道答案的问题，比如"这个是什么？"、"牛怎么叫？"等。如果宝宝已经知道了答案，你的问题对扩充他的知识毫无裨益；如果他不知道答案，你的问题会让他感到尴尬和不舒服。

如果你是一位父亲，并且正在采用"与宝宝对话"这套方法与你的宝宝交流，你可能发现很难不对宝宝提问。根据我的经验，父亲们的确很难做到这一点。我知道很多人能够遵守"与宝宝对话"这套方法中的其他原则，却唯独难以控制自己想通过提问让宝宝说话的欲望。请相信我，如果你能够控制自己，不对宝宝提问，他的语言能力发育会更加迅速！

克里斯多夫2岁半的时候，他的父母惶恐不安地带着他来找我。这个孩子很早就开始说话了，这一度让他的家人非常高兴。但是1岁以后，他的耳朵受到了感染，这严重影响了他的听力，他变得和很多听力受损的孩子一样：开始全神贯注地去观察事物和做事情，但是逐渐失去了说话的兴趣。克里斯多夫还有哥哥姐姐，家里总是十分喧闹，这也给他的交流增加了困难。他的父母发觉他越来越不爱说话以后，就像大多数关心子女的父母一样，开始无休止地问他："这是什么颜色？""牛是怎么叫的？""这个是什么？"克里斯多夫已经知道了这些问题的答案，所以这些问题反而给他增加了压力，他变得更加不爱说话了。这样就形成了一个恶性循环。当这个恶性循环被打破的时候，克里斯多夫的语言能力迅速提高。他5岁那年，当我再次遇见他，得知他在学校里的表现出类拔萃时，我非常高兴！

你还要尽量防止别人向你的宝宝提这类问题，虽然这做起来很困难。"与宝宝对话"这套方法的一个中心原则就是：**它完全建立在输入的基础上，任何时候都没有输出的要求。如果我们能够用正确的方式和宝宝说话，他自己就能够学会如何说话。**

亲子游戏

在这个阶段，宝宝参与探索游戏、互动游戏和假装游戏的能力都迅速提高，这些不同的游戏都能够帮助他理解周围的世界。由于他的学习速度非常快，你一定要给他提供尽可能多的玩具，创造尽可能多的游戏场景——记住：宝宝有时喜欢自己一个人玩，有时喜欢大人陪他一起玩，所以你必须对他在特定时刻的需求十分敏感。如果他想让你陪他玩，他会明确地让你知道。

探索游戏

随着宝宝的身体控制能力、手的灵活性以及手眼协调能力快速发展，他对周围的世界有了许多新的认识：他能够更加准确地将物品彼此联系起来，比如，仔细地给洋娃娃的床铺好床单；还能够将一件物品的不同部件组合在一起，比如，将一个简单的七巧板拼图拼起来。搭积木的时候，他知道如何使之保持平衡——他明白哪块积木太大了或者太小了，还知道转动积木可能有帮助。

宝宝能够正确地玩各种玩具，他知道鼓是用来敲的，玩具车可以推着跑。在游戏中，他表现得更加有耐心了，也更加灵巧了：他能够用积木搭建一座不易倒塌的小塔。宝宝喜欢将物品归类，还喜欢把盒子装得满满的再清空。非常有意思的是，我发现这些将2个物品联系在一起的活动恰好出现在宝宝开始将2个词语联系在一起的时候。

现在，宝宝开始喜欢玩橡皮泥了。虽然这时他还不能用橡皮泥捏出什么东西，但是他喜欢把橡皮泥拿在手里拍一拍、拉一拉、拧一拧。同样，他也开始喜欢坐在沙坑里，尤其是周围有其他小朋友的时候，不过，他现在还不会玩沙子。

宝宝依然非常喜欢用彩笔或者蜡笔涂涂画画，他已经能够仿画竖直的线

玩具箱

以下是这个阶段宝宝可能需要的一些游戏材料，不过请记住：宝宝善于用自己的方式玩各种物品，当他用一种出乎你意料的方式玩某个玩具时，请不要沮丧。

假装游戏

这个时期的宝宝能够象征性地使用物品——比如，推着一个盒子向前走，假装那是一辆车——形象逼真的玩具能够鼓励他做更多的假装游戏。

★ 盘子和假的食物　★ 玩具吸尘器　★ 小洋娃娃

★ 洋娃娃的推车、寝具以及浴盆和毛巾

探索游戏

★ 能够在水里漂起来或者沉下去的物品，以及更多能够用来玩水的器皿

★ 非常简单的七巧板

★ 能够拧来拧去的玩具

★ 儿童木插板，以及不同高度的木钉

★ 橡皮泥

了。玩水对他来说也仍然充满乐趣，他会把水弄得到处都是。任何发声玩具都能够逗他开心，他还喜欢向你展示他刚学会的新游戏。现在正是和宝宝一起尽情游戏的大好时光！

互动游戏

互动性很强的儿歌和语言游戏在宝宝的游戏中仍然占据重要地位，但是他以前喜欢反复做他熟悉、可预测的游戏，现在却喜欢有变化有差异的游戏。如果你在游戏过程中故意出错，他会觉得非常滑稽有趣。他俨然成为一个平等的游戏伙伴，甚至经常处于主导地位。他越来越喜欢能够互换角色的游戏，比如"捉迷藏"或者"你追我跑"。

所有这些游戏都有助于你和宝宝关注同一事物，其中你和宝宝轮流模仿对方的语言、表情或动作，或者用泰迪熊或其他毛绒玩具来模仿动作的游戏尤其有益。

假装游戏

相对于互动游戏而言，宝宝现在更喜欢玩假装游戏了。他喜欢模仿你和其他大人的行为举止，尽管他所掌握的只是一些简单的动作，比如，推着墩布向前走，假装用抹布擦桌子。无论男宝宝还是女宝宝都喜欢玩小洋娃娃或者玩具动物，会给它们喂饭、洗澡，还会推着它们假装外出散步。此外，宝宝越来越频繁地邀请别人参与他的假装游戏。

这一时期，宝宝自始至终都非常喜欢模仿。每个小机灵鬼都会这样做！看到有人模仿你读书、写字、做饭，真是有趣极了！

亲子阅读

到了这个阶段，宝宝已经非常喜欢在你们一起看书的时候把书打开、合上，或者帮你翻书了。

和以前一样，亲子阅读应该是充满乐趣的亲子互动时间，是你和宝宝能够彼此亲近的时刻。要让宝宝成为亲子阅读的主导者，他想翻书就让他翻，他愿意看多长时间，就让他看多长时间。（记住：要告诉宝宝图片上是什么，而不是对他提问！）

宝宝会喜欢他以前看过的许多书，尤其是质感很特别的书、能够发出声音的书和具有有趣特征的书（比如立体书）。

你为宝宝选书的时候要记住以下几点：

★书的内容应该和宝宝的日常生活经历相关。

★宝宝喜欢简单、颜色鲜艳且包含许多细节的图片，现在给宝宝看的图片应该展现小孩子做宝宝熟悉的事情的情景，而不只是展示物品。

★简单介绍日常活动（比如买东西、去公园）的小故事会让宝宝受益良多，讲故事的时候最好只使用包含 2 个重要词语的句子，这最符合宝宝现在的理解水平——比如："狗狗在叫。狗狗想吃饭。狗狗的饭在这儿。"

★宝宝非常喜欢看重复的内容。

"半小时"之外，怎样对宝宝说话？

★一定要多和宝宝说话！告诉他正在发生的事情。

★带宝宝参加各种活动，比如，拜访朋友、去公园或者去购物。

★给宝宝洗澡的时候对他说身体部位的名称，给他穿衣服的时候对他说衣服的名称。

★如果条件允许，尽可能采用你在每天的这半小时中所用的方式与宝宝说话。

关于看电视录像的问题

同前面几个月一样，宝宝看电视和录像应该遵守以下原则。

★宝宝每天看电视和录像的时间不能超过 30 分钟。在这一重要发育阶段，

3岁的比利让他的父母和老师非常担心：他不愿意和任何人（甚至包括他的妈妈）交流；他的语言能力发育迟缓；他做起游戏来杂乱无章。他不知道应该怎么玩玩具，只知道把所有的玩具摆成一排或者围成一个圈。后来我发现，原来他从1岁起，每天都看6个多小时的电视，这使他错过了至今为止所有应该掌握游戏技巧以及学习与人交流的重要机会。我们调整了比利的生活习惯，最主要的就是禁止他看电视，同时还采用了"与宝宝对话"这套方法与他交流，保证他获得足够的生活体验。不过，尽管他获得了稳定的发展，在4岁半的时候达到了同龄儿童的正常发育水平，也上了幼儿园，但是我认为他并没有完全发挥自己的潜能，直到现在我还是非常担心他在以后的社会生活中会遇到困难。

他有很多重要的事情要做（做游戏，体验生活，以及与人互动——这是最重要的），而做这一切所获得的经验和乐趣都是他无法从电视中获取的。

★如果你很想让宝宝观看某个电视节目或者录像，那么请不要让他独自观看。你一定要陪着他一起看，这样看电视也能够成为你们的亲子互动活动。

★一定要记住，宝宝才刚刚开始了解他所生活的世界、物品的用途以及人们做事情的目的。比如，他可能还不知道火车不会说话，因而看到电视里的火车会说话时他会信以为真，这会给他带来许多困惑。

宝宝非常喜欢幼儿节目，有的宝宝可能一天看上好几个小时，我见过很多这样的宝宝，他们在后来的发育中遇到了非常大的麻烦。

从 21 个月到 24 个月

关键能力的发育

现在，在大多数情况下宝宝都能配合你的安排，他喜欢运用自己掌握的新技巧，这让你的生活轻松了许多，比如：你给他穿衣服和脱衣服的时候他能够主动配合你；他洗手的时候不怎么需要你帮忙；他还能够自己用勺子吃饭，并且不会把饭洒得到处都是。在你很忙的时候，他能够自己玩上半个小时，这会令你感到十分高兴和轻松。宝宝也喜欢给你帮忙，比如，他可以帮你取个东西或者把东西放回去。不过，这个阶段的宝宝还远远不能完全独立。如果你离开他，他会感到非常焦虑，急切地希望得到你的关注。上床睡觉的时候，他会突然要吃东西或者要喝水，其实他只是不想让你离开。值得一提的是，当宝宝感到疲惫或者身体不舒服的时候，他刚刚表现出来的这些独立性就会完全消失，他又会变得比较黏人。

请注意： 本书中所介绍的儿童各阶段发展水平都是平均水平。

不同宝宝的成长速度存在差异，而且某一方面发育迅速通常会导致另一方面的发育暂时落后。所以，即使你的宝宝在某一阶段某方面的能力没有达到本书中的相应水平，你也不用担心和沮丧。更多内容，参见第 158 页"应该注意的问题"。

随着自我意识不断增强，宝宝有时候会和你处于"战争"状态。他可能不吃饭或者不穿某件衣服，并且可能坚持一段时间，这就需要你在和他交流的时候使用一些技巧。

宝宝仍然喜欢户外活动，尤其喜欢在散步的过程中停下脚步，和你聊聊天，看看周围的景色。现在他会非常高兴地牵着你的手，但是你也要小心他突然跑开。

第21个月和第22个月

语言能力和沟通能力发育

在这2个月里，宝宝的语言理解能力和表达能力会呈现飞跃式发展，同时也会出现比较明显的个体差异。这么大的宝宝已经具备了良好的交谈技能，与他聊天是一件充满乐趣的事情。大人会越来越强烈地感觉到他现在已经成长为一个平等的伙伴了，他会像个大人一样，和你在交谈中你说一句我说一句，轮流开腔，还能够在对话进行得不顺畅的时候通过提供或者要求更多的信息使双方的意思变得明确。比如，当你说"我们一会儿去看马丽"时，他可能说"马丽家？"。他现在已经能够加入别人的谈话，他的加入常常让人无法拒绝。

宝宝的语言理解能力进一步快速发展，正如我们之前所说，语言理解能力的提高得益于宝宝理解日常事件的能力的提高。以前，他只能理解这些事件的大致轮廓，而现在，他能够理解更多的细节了。比如，现在他不仅知道他应该在一天之中的什么时候穿衣服，还知道在穿衣服的时候应该先穿什么后穿什么。同样，他还知道逛超市买东西应该付账，以及要把买的东西用袋子装起来。这些常识使宝宝能够非常轻松地理解一些与之相关的新词语的意义，比如，在他熟悉的环境中，他非常容易理解一件新衣服的名称，以及"钱"这个词的意义。同样的道理，只要宝宝理解了肥皂的用途及其光滑和能溶于水的特性，那么他就能够轻松地理解"肥皂粉"的意义。

本阶段一个极其重要的进步是，宝宝能够更好地理解语言的使用方式了，比如，在什么情况下应该说打招呼的话，在什么情况下需要更清楚地表达自己的意思。

宝宝现在还知道对方是否了解某个情况，这对于开始谈话和使谈话持续下去都非常重要。比如，他知道如果他说哥哥的名字，家里人就会知道他说的是谁，但是如果他谈论的是医生或者他刚刚认识的人，他可能就需要费一番口舌进行解释了。在这个方面，甚至连成人也会遇到类似的问题。有一次，我打电话想问一下我打算拜访的一个家庭的具体地址，电话接通后，我问："您能告诉我您在哪儿吗？"可是，电话那头的人回答道："我正站在电话机旁边！"

宝宝能够理解的词语以前所未有的速度增加着，他几乎每天都能够认识几个新词语。到1岁11个月的时候，他几乎能够听懂家中所有与他有关的物品的名称。他还能够更好地理解包含2个重要词语的句子，会欣然接受这样的命令："去柜子那儿把你的帽子拿过来！"有时候，他也能够理解包含3个简单指令的句子，比如："打开柜子，把球拿出来，给爸爸！"他还能够找到你没有直接说出名称的物品，比如"锅旁边的东西"，或者你用代词指称的物品，比如"把那个给他"。

在这个时期，宝宝能够用来进行口头表达的词语也迅速增多。不过，和之前一样，他在理解词语进行口头表达和使用词语方面仍然存在很大的差距。我也提到过，宝宝每天都能够理解几个新词语，但是他能够用于口头表达的词语在数量上并不能与之齐头并进。他在刚刚进入这一阶段的时候，就可以理解至少200个词语了，但是只能说出其中的10～50个。能够说出50个词语的宝宝已经能够把词语连起来使用，说出含有2个关键词语的句子了。

大多数宝宝会说的词语越来越多，每周都可以说一些新词语，有的宝宝即使暂时还不能做到这一点，很快也能追上来。在这2个月中，宝宝能够用于口头表达的词语会持续增多。此外，他所掌握的新词语的类型也更丰富了，包括更多的动词，以及"胖"、"瘦"之类的形容词。掌握不同类型的词语使宝宝能够说出更多的短句，有意思的是，他早期所说的句子在形式上大体一致，一般都是名词与关键动词的组合，比如"妈妈来了"、"泰迪睡觉"或者"爸爸再见"。他还常常重读一些词语以确保别人能够听懂他的意思，比如，"爸爸*不见了*"。

由于会说的词语和掌握的词语类型越来越多，宝宝使用语言进行口头表达的方式得到了相当大的拓展——不过，存在显著的个体差异。宝宝开始尝试告诉别人他见过的或者做过的有意思的事情。当然，他还不能完全用语言描述出来，他会一边用语言描述，一边做手势，遇到不会说的词语就咿咿呀呀。有时候，特别是当他非常兴奋的时候，你很难听清楚他到底在说什么。

宝宝现在也开始提问了，比如，"哪儿？"。我的一个朋友说，他的外孙女问的第一个问题就是"去哪儿？"。

宝宝现在也开始说否定句了，比如"不喝"，意思是"我不喝水"。

宝宝在语言能力发育方面的另一个重大进步是，他知道有些词语能够代表一类物品（比如"动物"、"衣服"），而且能够在口头表达中这样使用这些词语。

尽管宝宝现在已经掌握了很多词语，但是他仍然会发出咿咿呀呀的声音——当不知道用什么词语表达某个意思的时候，他就会用这种声音来代替。

动作能力和认知能力发育

随着运动能力和探索环境的能力不断增强，宝宝获得了越来越多的生活体验，这对他掌握语言也非常有益。他可以更好地控制自己的身体了，这使他能够全心全意地去做事情或者学习，而不用像以前那样在伸手够球或者拿球的时候还要琢磨怎样才能办到。

在运动能力方面，宝宝能够自如地跑，还能够倒着走；他能够自己蹲下来，在前倾身体去拣东西的时候也不会失去平衡；他扔球的时候也不会摔跤了，还能把球往他想踢的方向踢；他能够扶着扶手上楼，还能骑在小车或者其他能骑的玩具上，用脚蹬地使小车或者玩具向前走。

宝宝的手眼协调能力和手指的灵活性快速发展，这使他能够探索更多他感兴趣的物品。他也为自己的这些新本领感到万分喜悦：他能够用拇指和2根其他手指握着铅笔涂鸦；他能够熟练地一页一页地翻书了；他的视力和大人的视力一样好了；他能够将鞋带穿过较大的洞了；在大人给他演示之后，他能够将几何图形放到3孔拼板的正确位置；他还能够用7块积木搭建一座小塔。此外，本阶段他第一次有了数字的概念，对"一个"和"很多"有了模糊的认识，知道它们是不同的。

宝宝喜欢别人教他玩玩具，他会拉着大人给他示范，然后模仿大人的样子玩，比如，看了大人的示范以后，他会拉着玩具火车向前走。

宝宝虽然还不懂如何与其他宝宝一起做游戏，却非常喜欢和小伙伴们在一起。他和其他宝宝基本上都是各玩各的，不懂得如何分享，如果别的宝宝拿了他的玩具，他会强烈反抗。

这个时期，宝宝可能开始玩一些小小的角色扮演游戏了，比如，装成妈妈写信，或者扮成爸爸买东西。

注意力发育

你可能发现，这个阶段的宝宝经常将注意力高度集中在他自己正在做或者正在看的事情上。虽然他的注意力仍然完全是单通道的（他的注意焦点吸引了他所有的注意力），但是你会发现，如果用有趣的方式向他描述正在发生的事情，他是可以听到的（这也可以增加他的乐趣）。比如，当你给他穿毛衣，毛衣拉起来后蒙住了他的脸时，你可以逗他说："咦，乔尼到哪儿去了？"这能够吸引他的注意力，还能够让他很开心。如果你说"过来，穿好衣服咱们出去"，他可能都不正眼看你一下。为什么会有如此不同的反应呢？大人们有时疑惑不解。其实，原因在于，在前面的情境中，宝宝正在思考的、正在做的和正感兴趣的是同一件事情，而在后面的情境中则不是！

听力发育

如果你一直坚持来用"与宝宝对话"这套方法与宝宝交流，宝宝大概已经能够从周围的所有声音中选择他想听的声音，而且在他愿意听的时候还能够继续注意听。但是，要做到这一点，前景声音与背景声音之间仍然必须存在较大的差异，因为宝宝的注意力仍然容易受到干扰。"听自己想听的声音"是一种非常重要的能力：这种选择性倾听能力与宝宝自己的选择——而不是他人的选择——相关联。

宝宝已经能够理解日常生活中的大多数声音，比如扫地的声音、开门的声音以及家里人说话的声音。

第23个月和第24个月

语言能力和沟通能力发育

从1岁8个月左右开始，宝宝与人的交流更频繁了，交流的方式也更多了。在这个时期，宝宝的语言能力获得了有趣而又重要的发展——他开始用语言来表达自己的感受，而不再只是哭闹了。他可能明确地告诉你"乔尼生气了"，还开始以别人的称呼或者名字开头发起对话，比如，在说话之前先大声喊"妈妈"以引起你的注意。更重要的是，他能够非常流畅地利用自己的咿呀声、已掌握的词语以及身体动作来告诉别人发生在他身上的事情。他的话语中第一次出现了问句，比如，"爸爸哪儿？"。

宝宝能够更加迅速地将更多的词语和它们的意义联系起来，这一能力的提高得益于以下几个因素。

首先，宝宝日益增强的理解能力让他更加清楚"世界如何运转"，他越来越了解自己的日常活动的过程和意义，这使他对平时听到的语言有了更好的理解。比如，当他和你一起外出购物时，他对食物从进入手推车到出现在餐桌上的整个过程可能已经有了非常清楚的了解，所以听到"这些鸡蛋可以做早饭"的时候，他能够轻松地猜出"鸡蛋"是什么意思。

其次，宝宝能够给词语分类。这么大的宝宝能够理解听到的新词语并给它们分类，比如，分成"身体部位"和"服装"。

再次，宝宝现在听到名称就能够认出更多的玩具、人和动物，并且知道了词语不仅可以代表某个真实事物，也可以代表该事物所代表的其他事物。

最后，宝宝理解语言表达方式的能力提高了，比如，他知道什么时候应该打招呼，什么时候应该说明情况。同时，他还掌握了谈话的规则。这些对他理解新词语的意义都很有帮助，比如，当在经常听人说"再见"的场合听到"告辞"时，他能够较为轻松地猜到他听到的这个新词是"再见"的另一种表达方式。

宝宝对生活以及语言表达方式的理解使他能够更好、更快地理解新词语，这实在是太了不起了，毕竟他来到这个世界上才 2 年时间。

满 2 周岁的时候，宝宝通常能够理解复杂的长句，还能够理解隐含在其中的意思和原因。比如，他能够理解"等妈妈回家了，我们就玩捉迷藏"这句话（妈妈回家的时候他会记起这件事），也能够理解爸爸为什么要说"我要关窗户，要不雨就飘进房间里来了"。

尽管远远落后于语言理解能力，宝宝的语言表达能力也取得了很大的进步。他能够说的词语在迅速增多——2 岁的时候，他能够说 200 多个词语（甚至更多）。现在，他还能够说更多不同词性的词语了，包括更多的动词（比如"游泳"和"玩"）、形容词（比如"大"和"小"）、副词（比如"很"）以及部分代词。掌握各种词性的词语使宝宝能够说出更多短语或者句子，比如"乔伊坏"、"走快点儿"、"妈妈跳"。他现在也有了语法概念。在提到他自己的时候，他会直接使用自己的名字以保证别人不会混淆，比如，他会说"这是乔尼的饼干"。在这个阶段，大多数宝宝说得最多的还是名称。

宝宝开始说"不"或者"不要"这样的否定词了，并且第一次用否定词进行否认，比如他可能用"不摔"表示"我没有摔碎瓶子"。他还拓展了问句，比如，他会问"爸爸去哪儿了？"。

有时，宝宝会跟着大人说由 3 个词语组成的句子。2 岁的时候，他能够自己将词语组织在一起，比如，他会说"乔尼要喝水"。他现在不仅能够说词语，还能够运用语法知识。

本阶段宝宝说的短语或者句子常常不是完整的，但是通常足以将他的想法表达清楚。

宝宝语言能力发育的另一个里程碑是：如果有人教过他，他现在能够完整地说出自己的名字。

"咿呀学语声的规范化"过程已经完成了，宝宝不会再发出不属于母语中的话语声的声音了。但是他的发音和大人的发音还是有一些不一样的地方。遇到难发的音时，他会用简单的音代替，比如，把"姥姥"说成"袄袄"；他还会省略一些音节，比如，把"飞机"说成"机"；非重读音节也会被省略，比如，把"饺子"说成"饺"。不过很有意思的是，如果别人这样说，他立刻就能听出来——比如，当你用他的方式误发了一个音时，他立刻会露出滑稽的表情，甚至会试着纠正你，不过，他还是用他的发音来纠正你。

宝宝的语言表达能力提高了，他变得非常健谈。他特别希望加入大人的谈话，如果你不理他，他会非常执著地向你表达想和你说话的愿望。他会对你又拉又拽，还会冲你嚷嚷。在与人对话时，宝宝会及时重复表达自己的意思，必要的时候还会做手势，以使别人最大限度地听懂他的话。

语言能力的发育同智力的发育是分不开的。在这个阶段，宝宝最重要的进步仍然是继续理解概念和类别，这使他能够正确使用与概念相关的词语，比如"粗糙"和"光滑"、"宽"和"窄"，同时也能够使用指代整个类别的词语，比如"动物"和"衣服"。

动作能力和认知能力发育

在这个阶段，宝宝的运动能力有很大的进步，这些进步都有益于他对世界的探索。他能够爬到椅子上去欣赏窗外的风景，能够两只脚踩在同一级台阶上爬楼梯；他能够拉着玩具倒着走，从地板上捡起玩具的时候也不会摔倒；他能够把球扔过自己的头顶，还能够骑小自行车。杰出的儿科医生格塞尔曾经用一句绝妙的话来描述 2 岁的孩子："他用肌肉思考。"格塞尔医生的话形象地反映了本阶段宝宝的身体活动和智力活动相互依赖、相互促进的关系——"他在说的时候做，在做的时候说"。

宝宝的动手能力也在快速发展：他能够自如地捡起很小的物品（比如曲别针和线），能够用 3 块积木搭一辆小火车，也能够一页一页地翻书。手眼协调能力的提高让他能够将简单的拼图块放入拼图板里，无论拼图板是正着放的，还是斜着放的。

日常生活技能的完善，让宝宝变得更加独立了。满 2 岁的时候，他能够自己脱衣服，不需要大人帮什么忙就能够自己洗手，能够自己用勺子吃饭，并且不会洒得到处都是。

到了 2 岁的时候，正如格塞尔所说，宝宝有了较为深入和复杂的情感生活，也能够更加敏锐地体察他人的情感。他希望事物都保持原样，毕竟他才刚刚熟悉每天的生活规律，所以任何改变都要缓慢地、不知不觉地进行。

注意力发育

宝宝这 2 个月的注意力发育没有太大的变化。你可能感到奇怪：为什么当宝宝沉浸在他喜欢做的事情中时，那么难转移他的注意力呢？不用担心，到了下一个发育阶段，他就会将注意力转移到你指引的方向。但是，在他做好准备之前，请不要试图指引他的注意力。尽管这个时候他可能愿意按照你说的去做，但是如果你尊重他的发育规律，到了适当的时候，他会做得更好。

听力发育

现在，周围的大多数声音对宝宝来说都是有意义的，他能够轻松地找到声源。倾听给了他很多快乐，他不仅喜欢听说话的声音和歌声，也喜欢玩发声玩具。不过你需要注意，如果有太多的噪声，宝宝就很难听到他想听的声音，比如，你可能发现在超市这样嘈杂的环境中对他说话时，他根本就听不见你在说什么。

小结

满 2 岁的宝宝应该具备以下能力：

★能够理解复杂的长句。

★能够说大约 50 个词语。

★能够说由 2 个词语组成的句子，有时候也能够说由 3 个词语组成的句子。

★能够正确使用代词，不过有时候也会混淆。

应该注意的问题

如果出现以下几种情况，建议你带宝宝去找专业人士咨询。（不过，请记住：不同宝宝的成长速度是各不相同的。）

如果你对宝宝的发育状况有任何疑虑，而你所担心的问题并不在下列问题之中，我也希望你尽快带宝宝去寻求儿科医生等专业人士的建议。

宝宝满 2 岁时，如果出现以下情况，请务必重视：

★听不懂日常用品的名称，比如，家具或者厨房用品的名称。

★不能将 2 个词语连着说出来。

★不能将注意力集中在他喜欢的事情和活动上。

★不愿意参与你的活动。

★从来不玩假装游戏。

与宝宝对话

独处每天半小时

我希望你和宝宝都非常享受每天的这半小时，不要放弃这个习惯。只要坚持采用"与宝宝对话"这套方法与宝宝交流，你就会在为他创造最佳语言学习环境的同时，也给他情感上的安全感，并且帮助他树立贯穿其一生的自信心。

宝宝正在发展他的游戏技能，你对他的肯定和表扬能够增强他的自信，让他有信心去面对难度更高的挑战，而不会在困难面前畏缩不前。这一点非常重要。

> 1岁8个月的肖恩还不会说一个字，于是，他的爸爸把他带到了我的治疗室。由于某种原因，他的爸爸不仅认为没有必要和他说话，还觉得他应该自己单独待着探索事物。肖恩在和爸爸一起玩耍的时候，看见了一个拧得很紧的玩具，他的小手很难把它拧开，他试了一次又一次，但是都没有成功。几分钟后，他又气又急地哭了，我实在无法袖手旁观了，走上前去轻轻拧开了那个玩具，肖恩露出了一脸灿烂的笑容，后来，他通过玩这个玩具学到了很多知识。
>
> 我还记得一个叫安东尼娅的小姑娘，她的妈妈根本不能忍受自己的女儿遇到一丁点儿困难和挫折，总是在安东尼娅意识到困难之前，就已经解决了所有的问题，而且她总是把自己的想法强加给女儿。我清楚地记得有一次安东尼娅玩拼图游戏的情景，她一拿起一个拼图块，她的妈妈就告诉她应该放到什么位置。安东尼娅因此而产生的挫败感与肖恩因为爸爸毫不理睬而产生的失落感不相上下。在这两位父母掌握了与孩子互动的方法，能够从孩子的角度出发，在游戏中给予孩子适当的帮助以后，他们的孩子都取得了很大的进步。

对话的环境

像以前一样，房间里要保持安静，你要确保周围没有较大的噪声，也不会有人来打扰你们。宝宝仍然需要在这样的环境中体验倾听——此时，它是一件既轻松又有趣的事情。

和之前一样，要给宝宝提供足够的玩具，让他在做探索游戏和假装游戏时有足够的素材。最好把这些玩具放在固定的地方，这样他能够轻松地拿到自己想要的玩具。而且，要保证这些玩具是完好无损的，这么小的宝宝无法容忍发声玩具不能发声，或者拼图游戏中缺少一个拼图块。

保证玩具都是完好无损的

要合理地安排玩具，给宝宝留出一些空间，让他可以自由玩耍。到处都是玩具和图片的地板或者墙面，虽然很有吸引力，却会过分刺激宝宝，让他难以集中注意力。

本阶段如何与宝宝对话？

关注宝宝关注的事物

你和宝宝分享共同的兴趣和注意焦点，仍然非常重要，现在你应该已经能够习惯性地关注宝宝正在关注的事物，这对你和宝宝共同关注某件事物大有好处。

现在，宝宝经常能够通过语言或者其他方式清楚地告诉你他感兴趣的事物，你不用像以前那样去猜测他的意思了。比如，当他指着猫，微笑着说"猫猫"时，你可以不费吹灰之力就知道他对什么感兴趣。即使你没领会他的意思，他也会马上让你明白。比如，当你听到他说"泰迪喝"时，你就给泰迪熊一杯水，而事实上他是想让你把泰迪熊的杯子给他，这个时候他会很快用清楚的手势告诉你他真实的想法。

随着宝宝的知识迅速扩充以及语言能力不断提高，他在这个阶段发生了一个非常重要的变化：在他的认识中不再只有"此时此地"，他开始喜欢一遍又一遍地向你讲述已经发生的有趣的事情。他的这种能力似乎是突然间冒出来的。我的女儿在1岁9个月的时候第一次去动物园，这次经历让她非常开心，她几乎见到每个人都会说"长颈鹿妈妈……长颈鹿宝宝……小鸟你好"。一定要和宝宝一起谈论这些事情，不用担心你们谈论的不是正在发生的事情，因为其实你这样做也是在追随宝宝的兴趣。你可以补充他的话，帮他多回忆一些已经发生的事情。比如，当宝宝说起他在公园里看到几个小朋友在玩时，他可能使用长短不一的句子，还会夹杂一些你还听不懂的话，比如"乔尼撞球，所有跌倒"，这时你可以说："是的，乔尼撞到了球上，他摔倒了，他的妈妈把他抱起来了，后来，我们都回家吃点心了。"

有时候，宝宝还会想着不远的将来会发生的事情，比如，他可能说"汤姆去公园，看兔兔"，这时你可以告诉他在公园里可能看到的景物，比如花、秋千和滑梯。这些对话能够帮助宝宝学习如何用语言表达过去的和将来的事情，也能够让他理解更加复杂的指令，比如，"如果下雨，就不去公园了"——他也会跟着你学习此类句子。

这个时候，恰当地使用问句能够帮助宝宝回忆过去发生的事情，或者思考即将发生的事情。"我们今天在公园会看到什么呢？"这样的问题可能让宝宝回忆起之前去公园的情景。如果他没有回答，你一定要自己回答这个问题。

宝宝到了2岁的时候，你会发现你们之间的谈话几乎有一半与过去和未来的事情有关，这对宝宝的语言学习非常有帮助。

这个时候你还会说起与情绪有关的话题，这是宝宝语言能力发育的另一个起点。比如，"马丽拿到球了，乔尼很生气"这句话可能让你和宝宝开始一次有趣的谈话。

随着你和宝宝的共同经历和对话日渐增多，他开始知道一些你希望你的对话伙伴知道的事情。比如，他知道他和你都喜欢敲玩具鼓，所以他相信他当莎拉第一次与我见面的时候，她一进门就说："它大了，大了，大了，破了！"过了好久我才知道，她是在说她和别的小朋友在公园里吹气球，一直吹到气球炸了。她没有意识到，我当时不在现场，所以我并不知道她是在说气球的事。

说"咚咚"时你就会笑。但是如果对一个没有玩过玩具鼓的人说"咚咚"，就需要作更多的解释了。大人对宝宝关注的事物关注得越多，宝宝对其他人的情况就了解得越快，知道他们在想什么，或者对什么感兴趣，这对他与人交流非常重要。你们每天的这半小时是多么重要啊！我在治疗室见过很多孩子，他们一点儿都不了解别人在想什么，对什么感兴趣，所以，他们和别人交流起来就非常困难。

你应该知道宝宝什么时候将对话又转回了"此时此地"这一点十分重要。这时，无论你多么喜欢之前的对话内容，都不要强迫他继续原来的话题。在这个阶段，宝宝的思维会飞快地从一件事情上转到另一件事情上。

在注意力发育方面，这个阶段是一个过渡期。宝宝仍然会将注意力从一件事情上很快转移到另一件事情上。和以前一样，你要让宝宝明白，这样做完全是可以的。同样，和以前一样，无论他的注意焦点变化得多么快，你都要及时谈论它。

不过，在其他情况下，很可能是在大多数时候，宝宝能够长时间地将注意力集中在自己感兴趣的事情上。同样，你需要尽可能谈论他正在想的事情，比如，"好大的一辆车啊！它正在上坡，上呀，上呀……终于上去了……现在又下来了！"在宝宝的注意力十分集中的时候，只有谈论他关注的事物，才能让他听到你说的话，这可能也是他学习语言的最佳方式。

和以前一样，不要指挥宝宝做事。我们知道，现在宝宝在做某件事情的时候，可以听到与之相关的指令，比如，他在穿衣服的时候，可以听到你问他"你的手呢？"。在日常生活中，你指挥宝宝没有关系，但是在每天的这半小时中，还是不要给他下命令，要谈论他感兴趣的事，这是他最容易听到也最爱听的话。你的话可以给他正在进行的活动增添乐趣，而不会干扰他。（当然，在他想涂鸦的时候，你可以说"把架子上的蜡笔拿来！"，这种指令是根据他的兴趣而发出的，所以没有问题。）

绝对不要指挥宝宝

不要强迫宝宝转移他的注意力，现阶段这样做仍然很容易阻碍他的注意力发育。他很快就能够根据大人的要求转移注意力了，你要等他自然发展到这个阶段。如果宝宝正专注于一件事情，你却要求他注意另外一件事情，让他快速地转变注意焦点，你其实是在"分裂"他的注意力。如果你经常这么做，宝宝的注意力就会非常分散，难以集中。

1986 年，英国有研究者对成人和儿童共同关注事物的影响进行了研究，他们指出：成人比儿童更善于转换注意焦点。在加拿大也有相关的有趣研究，研究结果显示：妈妈在游戏中给孩子的指令越多，孩子的语言水平就越低，而让孩子自主做游戏的妈妈，则会培养出语言水平较高的孩子。

现在，你应该非常了解宝宝的兴趣，那么你就可以根据他的兴趣，多说一些新词语。不用担心你说的词语太长或者太复杂，只要你是在正确的场景中说的，宝宝就能够从中找到乐趣。当玩具飞机掉下来的时候，我对一个 2 岁的孩子说："大灾难啊！"他开心地笑了，还学我说这个词。

多说一些新词语

> 我在治疗室见过很多注意力非常不集中的孩子，最大的有七八岁，他们半小时之内就能玩好几箱玩具，但是一无所获。我最近在保育所看见了一个叫黛娜的小女孩。保育所的阿姨说，黛娜只能偶尔听从他们的引导，大多数情况下，她根本听不进大人的话，让大人很无奈。我走进房间的时候，看到这个阿姨正扶着黛娜的脑袋，竭尽全力想让她数数。但是，只要她一碰黛娜的头，黛娜的视线就立刻转向另一个方向。我真不知道黛娜和阿姨两个人谁会更难过。

让宝宝继续享受倾听的乐趣

让宝宝听新的声音，感受倾听的乐趣

让宝宝继续享受倾听的乐趣，前提条件是要确保有安静的环境。当然，最重要的还是要创造条件，让宝宝觉得听声音是轻松、有趣的。给宝宝准备一两个新的发声玩具（比如装着干豆子的易拉罐或者音乐玩具），以鼓励他来玩发声玩具。

宝宝仍然非常喜欢儿歌和歌曲，所以有机会的时候，要给他唱唱儿歌，哼哼歌曲——伴随音乐跳舞也非常有趣。

如果你能够用不同的声音为宝宝念书的话，书本身也会成为一个不错的玩具，比如，你可以为书中的不同人物配上各种不同的声音。

让宝宝注意听他的活动中的声音也很有趣，比如，让他听玩水时"咕嘟咕嘟"的声音，或者摔打橡皮泥时发出的声音。

继续使用简短的句子

在宝宝整整 2 岁的时候，你可能发现他已经能够听懂你说的很多话了，所以你可能自然而然地对他说一些非常长的句子。在平时，你这样做是可以的，不过在"与宝宝对话"的这半小时中，你还是要说简短的句子——句子中的重要词语不要超过 3 个，这有助于宝宝的语言发育。

> 2 岁半的苏珊做过好几次听力测试，因为她说话的时候常常省略非重读音节。这种情况的确会发生在听力受损的孩子身上，但是检查结果证明苏珊听力正常，大家都不知道她为什么会出现这种语言问题。当我听到她妈妈说话，尤其是发现他们家非常吵闹的时候，我就弄清楚了问题的根源。苏珊的妈妈经常说非常长的句子，而且她说话的声音又很小，苏珊即使非常努力地去听妈妈说话，也没有办法注意到所有词语的发音。她的妈妈意识到问题的所在之后，改变了自己说话的方式，于是苏珊的语言能力迅速提高，几个月后就达到了同龄孩子的正常水平。

试着说重要词语不超过3个的句子，比如，"乔尼一会儿去公园"。如果你的句子超过了这个限度，宝宝就可能需要更长的时间去弄清楚每个词的发音；而且，如果他要费力地理解你的意思，就很难注意到每个词的发音。

在"与宝宝对话"的半小时中，不要说重要词语超过3个的句子

与和成人说话相比，和宝宝说话时语速要慢一点儿，声音要大一点儿，语调要丰富一点儿。这种说话方式是宝宝最喜欢的，更容易让宝宝注意到词语的发音。

在句子和句子之间要停顿一下，让宝宝有足够的时间消化和吸收你刚刚说的话。

一定要说物品的名称，而不要用代词代替。或许你认为宝宝已经认识这些物品了，你可能是对的，但是说出物品的名称并没有什么坏处。如果宝宝不确定某个名称的发音或者他根本不知道这个名称，你把它说出能够让他更好地掌握这个词。

帕特里克因为说话不清楚而被他的妈妈带来见我。他们家有8个孩子，他的妈妈要努力给所有的孩子足够的关注，所以，她说话的语速非常快，句子之间从来没有停顿。于是，我们让她每天挤出时间来单独和帕特里克待在一起，对他说简短的句子，并且在句子之间有所停顿。很快，帕特里克的语言能力就得到了迅速的发展。

补充宝宝说的话

在这个阶段，帮助宝宝发展语言能力最有效的方法，就是对他所说的话进行适当的补充和完善。比如：如果宝宝说"妈妈班班"，你就说"是的，妈妈要去上班了"；如果宝宝说"要喝"，你就说"你想喝水吗？给你水"；如果他说"泰迪掉"，你就说"是的，泰迪熊掉到地上了"；如果他说"爸爸买"，你就说"是的，爸爸去买东西了"。

毫不奇怪的是，如果大人能够适当地完善宝宝说的话，宝宝就能够更快地说出更长的句子。你的重复和补充能够帮助宝宝理解语法结构，并能够让你和他都将注意力集中在一件事物上。（不过你千万要注意，不要让宝宝觉得你是在纠正他的错误，所以你一定要遵守我们说过的那条"黄金法则"，即你要先说"是的"。）

> 补充宝宝说的话，但是不要让他感觉你是在纠正他的错误

如果宝宝说的某些词语令人费解，那么你可以把这些词语用在一系列短句或短语中，让宝宝更加清楚地听到它们的发音。我的一个孩子在这个阶段常常把"饼干"说成"笔哥"，好几次在他说"笔哥"的时候人家都不知道他在说什么，于是，我就把"饼干"这个词用在下列短句或短语中："好吃的饼干"，"用饼干做茶点"，"我喜欢饼干"等等。很快，他就注意到了这个词的正确发音。同样，这样做的时候一定要小心，不要让宝宝觉得你是在纠正他的错误。

给宝宝演示你说话的意思

和宝宝说话的时候，配以适当的手势或者其他身体动作，可以更有效地表达你的意思，尤其是当你说到一个新词语的时候。你可以给宝宝演示你究竟在说什么，比如，在说"转呀转"的时候，你可以拿一个玩具让它转圈；在说"我们打开抽屉，把铅笔放进去"的时候，做出相应的动作。

> 将语言和动作结合起来

继续发出有趣的声音

发出有趣的声音有很多作用，请继续在做游戏的同时发出有趣的声音，这能够帮助宝宝听到单个的音，比如，扫地时发出的"刷刷刷"，流水发出的"汩汩汩"。

最重要的是，这些声音向宝宝传递着一条很重要的信息：倾听声音是一

种乐趣。在这个阶段，尤其应该做的是，将有趣的声音融入图画书中，这能够让宝宝初步认识到声音和图片之间有某种联系，另一方面，这对他以后将听到的声音写成文字也很有帮助。

针对图画书中的物品发出有趣的声音

继续大量重复

和以前一样，重复对这个阶段的宝宝的语言学习仍然非常重要。我们知道，宝宝只有在多次听到某个词语之后，才能记住它的标准发音，最终把它说出来。

现在，宝宝正处于语言理解能力突飞猛进的阶段，他在不同语境中听到某个词语的次数越多，他对这个词的理解就越全面。比如，如果一个宝宝只有在看见自己家的狗时，才能听见"狗"这个词，而另一个宝宝能在其他场合听到别的狗也被叫做"狗"，那么第一个宝宝就需要更长的时间去理解"狗"这个词其实代表了很多具有相同特征的 4 条腿动物。

在不同的语境中反复使用某一个词语，也有助于宝宝形成完整的概念，

很长时间以来，马克患有一种严重的疾病，他因此而失去了很多玩游戏和学习语言的机会。我去学校看马克时，了解到他和老师之间曾经有过这样的对话：

马克：我想见A老师（另一位老师）。

老师：A老师很忙。

马克：我想见B老师（另一位老师）。

老师：B老师很忙。

马克：我想见忙。

很显然，马克没有在其他语境中听到过"忙"这个词，他不知道这个词的含义，也不知道这个词的词性，于是，他把"忙"当做名字来使用。只有当马克在各种不同的语境中听到"忙"这个词是如何使用的，他才能完全理解它的含义，比如，"马克忙着搭积木"，"爸爸忙着做饭"，或者"妈妈忙着写东西"。

比如"狗正在吃"、"他在追那只狗"、"狗太热了"、"狗很友好"等能够帮助宝宝理解狗是一种什么样的动物。

如果宝宝只能在有限的语境中听到一些词语,那么他往往很难完全理解这些词语的意义。

当你觉得自己正在说一个宝宝还没听过的词语时,重复这个词语显得尤其重要。

在这个阶段,你要多多重复你所说的词语,这不仅非常有趣,还能很快扩大宝宝的词汇量。你用这些词语造的句子越多,宝宝理解这些词语的速度就越快。比如,你可以说:"泰迪想要可乐,可乐来了,这是泰迪的可乐。"

> 重复有助于宝宝学习新词语

完整地说出宝宝想要表达的意思

在这个阶段,虽然在很多情况下你能够理解宝宝在说什么,但是他还不能用语言完整地表达自己的意思,还会在说话的时候用到很多手势和咿咿呀呀的声音。

这时,你要做的是,把宝宝想表达的意思用完整的话语告诉他,这将非常有助于他的语言发育。比如,当他看着窗外,开心地摇着胳膊,大喊"鸟,鸟,鸟"时,你可以说"是啊,有好多鸟儿,它们都在飞呢,它们在一起飞!"。

本阶段的"禁忌"

无论你多么想让宝宝学你说话或者模仿你发出的声音,你都不要这样做,也不要让其他人这样做。"与宝宝对话"这套方案的一个重要原则就是,我们只关注自己说话的方式,不要求宝宝去做什么。如果宝宝说错了一个词,说出的句子很乱,或者漏掉了一个音节,他所需要做的就是将正确的词语或者句子继续听上很多遍。如果你给他指出哪个地方错了,他反而不能从中受益。

仍然十分重要的一点是,不要评论宝宝说话的方式和内容,因为这不是正常的交流，这么做只能让他觉得很尴尬。要和以前一样，无论他说得如何，都要对他说的话作出回应。

对宝宝提问的方式

正如我们在前面看到的，针对已经发生或将要发生的事情对宝宝提一些问题，能够促进他的语言能力发育。但是，我们希望宝宝能够专心听你说话，而不是努力去寻找问题的答案。所以，请确保这类问题在你们的对话中只占很小的比重。如果宝宝没有马上作出准备回答的表示，你就要自己回答这些问题。

和以前一样，不要通过提问来"测试"宝宝，如果你不确定是否应该问宝宝某个问题，那么就先问问自己是否知道这个问题的答案。如果你知道答案，那么就不要问宝宝了。因为宝宝会感觉到这不是正常的对话，如果他不知道答案，你的问题就会给他平添许多压力。

亲子游戏

探索游戏

宝宝现在对探索真正入迷了，他充满了热情，想要了解这个世界。他喜欢研究各种不同的物品，从而了解它们的特性。玩水游戏仍然会带给他很多快乐，他对水的喜爱还将持续很长一段时间。他喜欢把水从一个容器倒入另一个容器，想了解什么东西能够漂浮着，什么东西沉得快，什么东西沉得慢。正如我们之前所说，游戏是帮助宝宝形成概念的极好的工具，比如，宝宝能够在游戏中理解"快"、"慢"、"近点儿"、"远点儿"、"第一"、"最后"等概念，从而能够更好地学习与这些概念对应的词语。如果没有或者只有很少的游戏经验，宝宝在伙伴中就会处于劣势。

宝宝这 2 个月仍然非常喜欢玩橡皮泥，在快 2 岁时，他能够进行一些基本的操作，比如，用模型或者小擀面杖玩橡皮泥。他现在拿着粗蜡笔或者铅笔在纸上写写画画的时间更长了，笔迹也更重了。

宝宝也喜欢玩沙子了。他不再像以前那样只是坐在沙子上了，而是喜欢把沙子装到小卡车或者推车上。

宝宝现在也非常喜欢投掷游戏，他能够和几个人一起轮流玩。

随着动手能力不断提高和注意力保持的时间不断延长，宝宝开始喜欢玩那些要求手的精细动作的游戏。他喜欢把大珠子穿到粗线上，而不再是穿到棍子上；他喜欢玩简单的七巧板游戏，而不仅仅是把特定形状的拼图块放在拼图板上。宝宝还喜欢能够套在一起的玩具，比如俄罗斯套娃。

配对和分类游戏仍然让宝宝觉得很有趣，比如颜色配对游戏等。

宝宝还喜欢积木和拼插玩具，最好是大的和容易拼插的。不过，宝宝还不会用它们去建什么东西，现阶段他的兴趣在于了解这些材料，以及探索它们怎么能够组合在一起。

宝宝现在能够理解较为复杂的因果关系，他喜欢弹出式玩具，这种玩具让他的行为能够制造令人惊叹的效果。

互动游戏和假装游戏

现在，宝宝最喜欢的活动是在日常生活中给大人"帮忙"，然后在他的游戏中重现大人的这些活动，他的目的是发现大人的行为背后的意义。在你干活的时候，你会注意到，宝宝会非常专注地观察你的一举一动，然后，他会在游戏中模仿他观察到的行为。不过，他通常只能记住一个动作，比如，把西红柿倒进锅里。宝宝会和他的泰迪熊、洋娃娃来做这样的游戏，也喜欢和大人一起做。

宝宝能够恰当地使用各种物品和材料，这表明他已经掌握了丰富的关于"世界如何运转"的知识。比如，他现在能够把洋娃娃的枕头和床单放在合适的位置，也能够在桌子上正确地摆放碗筷。他喜欢仿照日常用品制作的玩具，比如玩具熨斗和玩具熨衣板。

宝宝还喜欢玩各种物品、人和动物的模型，比如，有动物的农场或者动物园、玩具车和玩具车库，尤其喜欢简单的娃娃屋。宝宝在用这些玩具做游戏的时候，玩法会越来越复杂，所以这些玩具他会玩上很长一段时间。

大人在宝宝的所有游戏中都会扮演重要的角色。在动手游戏和探索游戏中，宝宝喜欢大人给他演示玩具的玩法，不过在按照大人教他的方法玩的时候，

玩具箱

你可以为宝宝添置下列玩具，它们可以用来做探索游戏和想象游戏。不过，和之前一样，宝宝可能用完全出乎你意料的方法玩它们。

探索游戏

★ 玩水的玩具，比如可以捏的瓶子或者形状各异的容器

★ 玩橡皮泥用的小擀面杖或者塑料刀

★ 能够在沙子里玩的小卡车或者小推车

★ 大珠子和粗绳子

★ 俄罗斯套娃或者其他套在一起的玩具

★ 用于颜色配对游戏的材料

★ 大块积木和大块插片

★ 新的发声玩具，比如更多乐器或者能够发出新的有趣声音的装满东西的容器

★ 弹出式玩具，比如玩偶匣

互动游戏和假装游戏

★ 购物袋　　★ 玩具熨斗和玩具熨衣板

★ 玩具碗和洗碗布

★ 带有动物的动物园模型

★ 带有动物的农场模型

★ 车和车库模型

★ 娃娃屋和家具

他会希望大人给他独立玩游戏的机会。在宝宝已经掌握了玩具的基本玩法以后，大人就可以抓住时机给他演示一种新的玩法，大人的这种帮助会让宝宝受益良多。比如，在宝宝学会怎么穿珠以后，大人可以告诉他还能用不同颜色的珠子摆出不同的图案，这对宝宝来说是一种非常有意思的新玩法。

宝宝也非常喜欢和大人一起做假装游戏。轮流扮演角色会使游戏——比如，给泰迪熊或者洋娃娃喂饭的游戏，或者轮流扮演售货员和顾客的游戏——充满乐趣。在假装游戏和想象游戏中，大人可以给宝宝提一些建议（比如，如何将家具摆在洋娃娃的家里），或者帮宝宝准备游戏所需要的东西。

儿歌和歌曲仍然深受宝宝欢迎，他的这一兴趣还将持续很长一段时间。这个阶段的宝宝喜欢可以做很多动作的儿歌，比如《摇啊摇，摇到外婆桥》或者《你拍一，我拍一》。宝宝尤其喜欢歌词中有他熟悉的人或者物品，还能够伴着熟悉的旋律哼唱。

宝宝有时候喜欢独自一个人做游戏，不过，他仍然希望爸爸妈妈在身边，如果你离开他，他很可能哭闹。再次提醒各位父母，一定要对宝宝什么时候希望你和他一起玩游戏，希望你和他玩多长时间，以及什么时候希望他自己一个人做游戏保持高度敏感。

这个时候，宝宝还不能真正地与其他小宝宝合作做游戏，他们可能在一起各玩各的假装游戏，仅有的互动可能是偶尔去抢别人的玩具。

亲子阅读

你在这个阶段要做的一件非常重要的事情就是，养成每天和宝宝一起阅读的习惯。亲子阅读可以成为你每天"与宝宝对话"这半小时中的一项活动，也可以在宝宝睡觉前或者其他任何方便的时间进行。

从这个阶段开始，亲子阅读变得尤为重要，其重要性无论怎么强调都不过分。我们可以从父母和孩子入学前的亲子阅读情况，推测出孩子以后是否会具有良好的阅读能力。亲子阅读并不是教宝宝掌握阅读技巧的早期阅读教学——事实上，过早地教宝宝阅读对他有很大的负面影响。亲子阅读最重要的目的是让宝宝在一个愉悦的互动环境中，去体会书籍带来的快乐。

我们的跟踪调查结果表明，有些孩子的语言表达能力非常棒，阅读能力却只能达到平均水平。我们认为之所以会这样，是因为这些孩子在入学之前几乎没有和大人一起进行亲子阅读的经历。令人难过的是，现在有很多孩子都是如此，有的孩子甚至到了上学的年龄都不知道怎么打开书本，不知道书上的文字是从左向右看的，也不知道看完一页之后就该去看下一页。

宝宝喜欢能够让你在他看的时候发出很多有趣的声音（比如，模仿书中的动物或者车辆发出的有趣的声音）的书，这些书能够帮助他初步认识到声音可以在书中被表现出来。这是一个关键的认识，可以帮助宝宝形成将声音转化为文字的重要能力。发出有趣的声音还能够帮助宝宝了解每个字或者词的发音，这对他以后的阅读有着极其重要的作用。

儿歌书也是很好的选择。学习儿歌，了解韵律，也能够为宝宝以后的阅读打下基础。事实上，押韵能力差是许多阅读不好的人的共同表现。

随着语言理解能力不断提高以及注意力保持的时间不断延长，宝宝开始能够听一些简单的故事。在选择故事的时候，一定要注意故事的内容应该反映客观现实。现阶段还不能让宝宝接触虚幻的故事，因为他正处于了解世界和巩固认识的阶段，虚幻的故事容易让他混淆现实和幻想。和以前一样，你最好选择和宝宝的生活经验密切相关的故事，这样能够帮助他将词语和意义联系起来，此外，故事中熟悉的活动和场景还能够强化他对世界的认识。宝宝如果已经熟悉事件的基本过程，就能非常轻松地理解这个过程中出现的任何一个新词语的意义。有趣的是，当宝宝说到自己熟悉的事情时，他的语言表达通常会更加准确。

和之前一样，宝宝非常喜欢重复地听故事。

宝宝还非常喜欢你根据照片编一些关于他的小故事，当他在家里找到照片中的物品时，他会觉得无比开心。

"半小时"之外，怎样对宝宝说话？

★使宝宝保持有规律的日常生活。

★多和宝宝说话，谈论他每天的生活和经历。

★每天和宝宝一起阅读。

★任何时候，只要你向他介绍正在发生的事情，就让他也参与到谈话中来。

关于看电视或录像的问题

这个阶段的宝宝在看电视和录像方面仍然必须遵守以下原则。

★宝宝每天看电视和录像的时间不能超过半小时。

★你要和宝宝一起看电视和录像，这样能够让看电视和录像也成为你们的互动活动，你可以帮助宝宝将他所看到的内容与他的生活经验联系起来。

★务必保证宝宝看到的内容是这个世界的真实反映，而不是一些根本不存在的事情，这一点前面也曾提到。宝宝的生活经验十分有限，他还不能理解虚幻的事物，所以还不适宜看这类节目。

如果电视和录像讲述的是小孩子或者动物在宝宝熟悉的场景中的活动，宝宝会觉得非常开心。如同看书一样，重复是很好的学习方式，宝宝会非常喜欢看系列剧——同一群人说着相似的话，做着相似的事。

从 2 岁到 2 岁半

关键能力的发育

到了 2 岁，宝宝真的从一个婴儿成长为一个小孩子了！他对世界和人的兴趣变得更加浓厚，会满怀热情地尝试各种活动，而他的这些行为会给家人带来很多开心时刻。比如，有一次我的一个儿子为了探索种植的奥秘，居然在花园里"种"满了积木。

你会发现，此时宝宝在情感上还是非常依赖你。他在睡觉前总是有很多事情要做，其实他只是希望你能够多陪他一会儿。我女儿在这么大的时候，总是在她睡觉之前让我给她读 3 本书，念 3 首儿歌。

在这个阶段，你需要时刻看住宝宝，因为他探索世界的好奇心非常强，而他对周围环境的认识还很浅显，所以常常会发生一些意外事故。他还会做出一些让大人难以接受的行为，比如，用画笔在墙上、地板上和家具上留下

请注意：本书中所介绍的儿童各阶段发展水平都是平均水平。

不同宝宝的成长速度存在差异，而且某一方面发育迅速通常会导致另一方面的发育暂时落后。所以，即使你的宝宝在某一阶段某方面的能力没有达到本书中的相应水平，你也不用担心和沮丧。更多内容，参见第 183 页"应该注意的问题"。

他的"大作"。

宝宝现在更加坚持自己的想法了，当大人没有满足他的愿望时，他可能大发雷霆。如果他在超市里发脾气，又哭又闹，你会感到非常尴尬，而且他自己也可能被自己的情绪给吓着，这时你的态度一定要果断，你要用温柔但是非常坚定的声音告诉他什么事情可以做，什么事情不可以做。在和宝宝一起做游戏的时候，你也需要运用一定的技巧妥善处理问题。比如，当他决定自己完成拼图时，你要巧妙地、适当地给他一些指点，这样小家伙就不会因为失败而灰心丧气。

从2岁到2岁3个月

语言能力和沟通能力发育

到了这个阶段，宝宝已经能够理解一些比较长、比较复杂的句子。宝宝的语言理解能力得到了提高是因为他加深了对日常活动发展过程的认识，以及能够更好地给词语分类。比如，宝宝知道很多词语都属于"衣服"这一类别，这样在穿衣服的时候他就能够非常轻松地理解"马甲"这样的新词语。另外，他玩球的经历，以及他对物体运动速度的认识（不同物体的运动速度不同），让他能够在适当的语境中轻松地理解"缓慢"的意义。总之，宝宝在日常生活中的各种经历都是非常好的学习机会。

宝宝开始对整体中的各个小部分非常感兴趣，他能够理解的类别越来越小了，比如，属于身体部位类的"眉毛"和"膝盖"，以及属于衣服类的"领子"和"扣子"。

宝宝能够理解的概念也越来越多，这能够帮助他轻松地学习与之相关的词语，比如，他现在能够理解"更大"、"更小"以及"一个"、"许多"这样的词语。

他也能够理解更多的动词了，能够正确地指出上面印着小孩子们正在做各种事情的图片。

宝宝的语言表达能力在这2个月中会有很大的进步。刚满2岁的宝宝一般可以说大约200个词语，这个数字将会快速增长，有的宝宝每天能够学习10个新词。在本阶段的初期，宝宝说的主要是由2个词组成的句子，偶尔也会连着说3个词。由2个词语组成的句子通常包括一个人或者物品的名称和一个动词，比如，"宝宝睡觉"。

你会发现，宝宝还会对自己说话。他会一边玩一边不停地说他在干什么，如果你仔细听一听，就会发现他的这些话并不是专门说给谁听的，而像是在练习把词语连在一起用。这正如格塞尔所说，"他在说的时候做，在做的时候说"。

尽管宝宝已经理解了对话的大部分规则，比如，怎样开始对话，怎样保持对话，以及怎样扫除对话中的障碍，但是，当他真正与人说话的时候，他的语言还是缺乏条理，比较混乱，这种情况在不是"一对一"的交流中更为明显，所以，在和宝宝对话的过程中，大人还是需要完成大部分工作。宝宝在说发生在他自己身上的有趣的事情时，语言最为流畅，但是这个阶段的宝宝还常常用现在时去描述过去的事情。比如，当宝宝说"去公园"时，他可能是在说"昨天去过公园了"。宝宝还会用简短的句子请求别人的帮助，比如，他会说"洗手"，或者像我女儿那样经常说"手黏"。

宝宝能够说更多的由3个词语组成的句子了，这种句子有很多种构成方式：第一种是对他已经说了很久的双词句进行扩充，比如，他以前说"詹妮车"，现在说"詹妮大车"；第二种是将他已经会说的双词短语组合在一起，比如，他以前说"妈妈洗"和"洗头发"，现在说"妈妈洗头发"；第三种是将单个的词语组合在一起，比如，"我要吃饭"，"泰迪打球"。现在，小家伙的语言仍然是"电报体"，短小而精干，不过，在接下来的几个月中，这种语言会出现得越来越少，词语的顺序也会越来越正确。

宝宝越来越爱问问题了。现在，他会问"那是什么"了，这是他语言能力发育的一个新起点。他还越来越多地问"妈妈呢"、"干什么"之类的问题，以获取信息和吸引别人的注意力。如果大人没听懂他在说什么，他会比划着把自己的意思表达清楚。

和以前一样，宝宝的语言能力发育与其他方面的发育密切相关。

动作能力和认知能力发育

宝宝现在能够自由地走来走去，甚至还能够踮着脚走路了。跪着的时候，他可以不用手扶就站起来。他能够灵巧地爬到运动器械上面，还能够站在凳子上拿东西，甚至能够单脚站立。他的身体控制能力大大地增强了，这使他能够更加专注于正在发生的事情，而以前他还需要抽出一部分精力去控制身体、保持平衡。

宝宝的自我意识更强了，他还能够体会别人的感受。他会通过独立做事来证明自己长大了，比如，他会尽量不要大人帮助，自己洗手。（不过有的时候，尤其是觉得疲惫或者生病的时候，他依然很黏人！）

宝宝与同龄小伙伴的互动还是很少，即使有一些互动，时间也很短暂。不过，他开始表现出合作的倾向了——他偶尔会把自己的玩具给小伙伴玩。

注意力发育

在这个阶段，宝宝的注意力发育将有重要的进步。他第一次能够将注意力集中在大人所指引他看的事物上，不过这种情况还只是发生在某些特定的环境中。大部分时间宝宝仍然会专注于自己感兴趣的事物，但是当他的注意力不那么集中的时候，他可以在你的指引下转移注意力。宝宝的注意力现在仍然是单通道的，因此他在全神贯注地做某件事情的时候听不到你说话；他听你说话的时候，必须停下手里的事情，只有在听完你的话之后，他才能接着做事。

现阶段，宝宝的注意力仍然非常容易分散，非常容易受到外来的声音或我第一次见到莫里斯的时候，他4岁，是一个帅气的小男孩，个头比同龄孩子高一些，可是语言发育却比较迟缓。

莫里斯在几分钟的时间之内就玩遍了2个盒子里的玩具，他的妈妈试图告诉他应该怎么玩那些玩具，可是他一点儿都不听。后来，他看上了一辆玩具火车，就推着火车在轨道上一圈一圈地转啊转，就是不听妈妈说话。他的妈妈告诉我他总是这样，她已经用遍了各种办法，可是都没有用。

幸运的是，只要适当地改变宝宝所处的环境，他的注意力就能快速发育。莫里斯的妈妈在认识到这一点以后，认真了解了莫里斯当时的注意力发育水平，然后便开始与他在安静的环境里进行"一对一"的对话——在对话的过程中，他们谈论的都是莫里斯关注的事物。莫里斯的注意力发育有了很大的进步，3周以后，当我再次见到他时，他已经能够停下手头的事情听他妈妈说话了，也能够听懂他妈妈说的大部分话了。

者其他事情的干扰。

如果你不能为宝宝提供一个良好的成长环境，宝宝的注意力发育就不能达到正常水平，甚至在更大一些的年龄也达不到。这会导致他无法长时间集中注意力，也无法在他人的引导下转移注意力，这种状况很容易持续到小学阶段甚至小学以后的阶段，严重影响他的学习。

听力发育

如果你一直在坚持采用"与宝宝对话"这套方法和宝宝交流，他的选择性倾听能力应该已经发育得很好了：在比较安静的环境中，他能够轻松地听到自己想听的声音，屏蔽无关的声音。

关于声音的来源和声音的意义，宝宝了解得越来越多了。本阶段的一个进步是：当听到一种从未听过的声音时，他会问你这声音是怎么来的。如果他不喜欢听某个声音，他也会让你知道。

从2岁4个月到2岁半

语言能力和沟通能力发育

现在，宝宝能够理解更多动词的意义了。如果给他看上面印着小孩子正在做各种活动的图片，你说出一个动词，他就能正确地指出相应的图片。

宝宝理解问题的能力也增强了，如果你问他某个物品在哪儿，他要么看向那个物品，要么小跑过去把它拿过来。

他现在知道的类别更多了，比如食物类、餐具类以及家庭成员的称呼。他知道"奶奶"和"妹妹"都属于家庭成员，这样，当遇到新词语（比如"叔叔"）时，他就容易理解了。

宝宝还能够根据物品的用途正确地给物品分类，比如，哪些是"吃的东西"，哪些是"穿的东西"，这表明他对世界的认识加深了。

宝宝对概念的认识也更加深刻和准确了，这能够帮助他理解更多的相关词语，比如，与颜色和大小相关的词语。在数词方面，宝宝在 2 岁半的时候可以理解"2"，甚至"3"的概念。

本阶段宝宝最大的进步是可以在没有任何提示的情况下理解语言，比如，他能够理解一天中的时间，或者其他人的活动。现在，他真正地理解语言了，比如，你一说要出去买东西，他就马上跑去穿鞋，而以前你必须拿出购物袋，他才知道你要干什么。

在语言表达方面，宝宝同样取得了非常重要的进步。他能够在更加广泛的环境中使用语言了——他能够熟练地提出问题、回答问题，还能够表达自己的感受。现在，他还会用语言来宣告自己的独立：以前，当大人想帮他洗手的时候，他还只会推开大人的手表示拒绝，而现在，他会坚定地宣布"我来"。宝宝在语言表达方面的另一个重要进步是：他现在像大人一样，在遇到自己不知道的词语时会问一句"这是什么"，所以他现在问这个问题的时候，很可能是指一个词语，而不是一个实际的物品。

现在，宝宝话语中的词序也和大人的越来越接近了，他似乎越来越注意大人怎样将词语组合在一起使用。

现阶段宝宝会提出更多的问题，而且能够更加清楚地表达自己的意思了。现在，他会问"在哪儿"这类问题，也会问用"是"或者"不是"来回答的一般疑问句，比如，"苏珊的帽子？"。

宝宝谈论过去已经发生和未来即将发生的事情的能力在稳步提高。

不过，尽管宝宝的语言表达能力有了很大的飞跃，但是他毕竟才刚刚开始用语言交流，要想成为一个说话流利、交流顺畅的沟通者，还有很长的路要走。他的语言表达在你们每天的这半小时中可能比较流利，这是因为你为他创造了一个能够轻松运用他所掌握的交流技能的环境。而在其他大多数情况下，他还需要很多帮助。也许，很多时候无论别人说的是什么，他都毫无反应。出现这种状况的主要原因是：宝宝的注意力现在仍然是单通道的，一般情况下他并不能够总是和大人关注同一事物。这给他平添了许多困难。

在上个阶段中，我们曾提到宝宝会用一些音代替另外一些音，比如，用容易发的音代替难发的音（比如，用"袄袄"代替"姥姥"），这种情况在这个阶段的许多宝宝身上还会出现。

动作能力和认知能力发育

语言能力发育方面的进步离不开其他方面的进步。本阶段，宝宝的身体控制能力进一步提高：他能够双脚跳，也能够在他的婴儿运动器械上爬上爬下，钻进钻出；他终于会踢球了，虽然力气很小，身体也不是很稳；他还会蹬童车了，这是一个极其重要的兴趣，会伴随他的一生；在推着玩具向前走的时候，他也有了很好的方向感和操控能力。

宝宝的手眼协调能力发展迅速：他能够正确无误地完成简单的拼图，能够用8块积木搭建一座小塔，还能够在用积木搭成的火车上加一个烟囱，或者用3块积木搭建一座小桥。宝宝使用起铅笔来更加熟练了，还会学着画"十"字。他能够匹配几种基本的颜色，还能够按照大小给物品分类。

本阶段，宝宝的社会交往能力进一步发展。他现在可以和别人一起玩耍，有了一定的合作意识。如果他不愿意做某件事情，你还可以和他商量商量，交涉一番，比如，当你告诉他"吃完午饭再吃饼干，现在不能吃"时，他有可能听你的话——这表明他现在所思考的事情不再局限于此时此地了。宝宝现在愿意帮你收拾东西，还会尝试自己穿衣服，尽管有时候还分不清衣服的前后。他现在基本上能够自己洗手、擦手，不用大人帮什么忙，甚至还能够自己上洗手间。

注意力发育

宝宝现在比较容易将注意力转移到你想让他看的事物上，不过这种情况常常发生在他不是十分关注他自己的事情的时候。你必须小心翼翼地引导他的注意力，对他的反应要十分敏感。如果你过多地引导他的注意力，过多地让他关注你为他选择的事物，你和他都不会开心，因为他追随大人的注意焦点的能力还很有限。

你应该在确实有必要的时候才引导宝宝的注意力，以下是几条必须遵守的重要原则：

★当你想让宝宝停下手里的事情去做别的事情（比如，上桌吃饭）的时候，你需要提醒他很多次。让他突然改变自己的活动内容非常难，这正是2岁的宝宝经常大发脾气的重要原因之一。

★只有当宝宝的注意力集中在你身上，而且他不怎么忙的时候，你才能够引导他的注意力。

★你引导宝宝注意力的行为，应该能够为他的活动增添乐趣。比如，你在用勺子把饭喂到他嘴里的时候，可以对他说"飞机来了！"。

★你最好是在做某件事情之前的那一刻给宝宝相应的指令，这样能够帮助他集中注意力，比如，你先对他说"下面我们要穿裤子了"，然后再给他穿。

有趣的是，宝宝现在也会向自己发出一些指令了，比如，你可能听见他在玩积木的时候自言自语道："这个放在这儿，那个放在上面。"

听力发育

现在，宝宝能够在比较安静的环境中轻松地倾听声音了。任何时候，只要你发现宝宝的听力没有以前好了，就一定要带他去做听力检测。

学龄前宝宝常会出现耳朵、鼻子或者喉咙发炎的情况，如果经常出现这些问题，宝宝的听力就会受到轻度损伤，阻碍听力的发育。当然，即使是那些以前从没有出现过类似问题的宝宝也不能掉以轻心。这类听力损伤恶化的速度很快，可能一天比一天严重，也可能几个小时之后就恶化，而恶化的结果是：宝宝听声音变得困难，他听不清楚别人的话，于是只用眼睛去看和用手去摸，而放弃去听了。

小结

满2岁半的宝宝应该具备以下能力：

★能够说出200个词语，甚至更多。

★能自言自语地说正在发生的事情。

★会问含有"什么"、"哪儿"等疑问词的问题。

★能够把3个词连着说出来。

★能够用"我"来指称自己。

应该注意的问题

如果出现以下几种情况，建议你带宝宝去找专业人士咨询。(不过，请记住：不同宝宝的成长速度是各不相同的。)

如果你对宝宝的发育状况有任何疑虑，而你所担心的问题并不在下列问题之中，我也希望你尽快带宝宝去寻求儿科医生等专业人士的建议。

宝宝满 2 岁半时，如果出现以下情况，请务必重视：

★ 能够用于口头表达的词语没有增加。

★ 只能说单个词语，不能将 2 个词语连在一起说。

★ 你经常听不懂他在说什么。

★ 不希望你和他一起玩。

★ 不会做假装游戏或者想象游戏。

★ 很难明白你在说什么，只能理解非常简单的话。

★ 在大多数情况下，注意力保持的时间非常短暂。

与宝宝对话

独处每天半小时

一定要坚持每天与宝宝对话半小时，不要半途而废。我非常希望你和宝宝都很享受每天的这半小时时光。如果你坚持采用"与宝宝对话"这套方法与宝宝交流，那么你在为宝宝创造最佳语言学习环境的同时，也促进了他的游戏能力、注意力和情感的发育。

"与宝宝对话"这套方法不仅为宝宝提供了也许是最好的环境来帮助他理解语言，更重要的是，还对他的情商发展有极大的促进作用。美国和英国有许多这方面的研究，结果都证明：在语言发育迟滞的孩子当中，有相当大的一部分都存在情感问题。这个结果并不令人感到意外，因为我们不难想象当一个人听不懂别人的话，他说的话别人也听不懂时，他该多么苦闷！

我们常常把 2 岁这个阶段称为"麻烦的 2 岁"，在这个阶段，宝宝的语言能力发育和情感发育之间的联系尤为重要。2 岁的宝宝开始有了独立意识，他会通过挣扎着拒绝做你让他做的事情来宣告他的独立。这时你应该耐心地向他解释他为什么不能做某件事情，要跟他好好协商，这样就可以避免许多不愉快的事情发生。（除非是万不得已，否则最好不要直接对宝宝说"不"。）显然，和语言理解能力较高的宝宝进行这样的沟通会比较容易，而和语言理解能力较差的宝宝进行这样的沟通会比较困难，他会觉得大人总是在蛮横无理地阻止他做他想做的事情，强迫他做他不愿意做的事情。这样一来，他就容易出现行为问题。

> 向宝宝解释他为什么能够或者不能做某事

宝宝的语言理解能力和表达能力也影响着他与其他人的社会交往。美国的一项有趣的研究显示，儿童的人缘可以根据他的语言理解能力来预测。

我们在前面曾提到，大人充满关爱的全身心关注能够让宝宝觉得自己受到了肯定，这样他的自信心就会自然而然地建立起来，而得不到大人关注的宝宝会用尽各种办法（比如调皮捣蛋）来获得大人的关注。我见过很多孩子，家长开始采用"与宝宝对话"这套方法和他们交流以后，他们的情绪就平和了许多，即使他们还没有获得足够的语言输入来增强理解能力。

此外，你还可以做很多事情来丰富宝宝的游戏种类并提高他的游戏技能。在这个阶段，大人可以很有策略地向宝宝提出一些关于如何做游戏的建议，帮助他更好地发挥想象力和创造力，从而丰富他的游戏种类。如果大人对宝

丹尼已经 4 岁了，但是语言能力却只相当于 2 岁宝宝的水平，于是被他的妈妈带来找我。丹尼的妈妈说他不会交朋友，这一点让她非常难过。她曾经邀请别的小朋友来家里玩，也曾经带着他和别的小朋友一起出去玩，但每次都是以打架和哭泣告终，闹个不欢而散。在他的妈妈每天用"与宝宝对话"这套方法和他交流后，丹尼的语言能力迅速赶上了同龄孩子。他的妈妈注意到，儿子开始和小朋友沟通了——讨论他们玩什么，怎么玩，而不像以前那样用打架的方式来解决。于是，丹尼很快就有了好人缘，受到了大家的欢迎。6 个月后，我再次见到丹尼时，他的语言能力和社会交往能力都达到了正常水平。

当我第一次见到3岁的特迪时，他给我的感觉是：他总是剑拔弩张的，好像随时要爆发一样。他的动作很不稳当，看起来协调性很差。他和他的妈妈处于一种恶性循环之中：为了得到妈妈的关注，他会做出越来越过分的行为；而当他的行为越来越过分时，妈妈会感到非常难过，对他的关注会越来越少。当特迪意识到妈妈每天都会和他一起玩一段时间的时候，他的行为发生了变化。几天以后，他的调皮行为逐渐减少了。

曼迪是一个漂亮的黑发小姑娘，我看得出她有很多玩具，因为当我给她玩具的时候，她大概知道这些玩具是怎么回事，但是她的玩法极其有限。比如，我给她娃娃屋以后，她把娃娃的家具只是随便找个地方一放，把娃娃也是随手推到一边。在这整个过程中，她并不是真正地在做游戏。

吉姆从小到大被很多不同的保姆照看过，但是没有一个保姆真正地陪他玩过。他第一次来我的治疗室时，无精打采地摆弄着玩具，一点儿兴致都没有，也不想大人陪他玩。在他的妈妈采用"与宝宝对话"这套方法与他交流2周以后，当我再次见到他时，让我开心的是，他发生了天翻地覆的变化。他好几次把玩具递给妈妈，用期待的眼神看着她，兴奋地接受她给出的建议。母子二人开始真正享受到共同做游戏的乐趣。

宝的游戏表现出很大的兴趣，而且给他演示怎么去玩，宝宝从中获得的益处就更大。

2岁到2岁半这个阶段的宝宝中，需要接受语言治疗的人数最多。我常常看到很多孩子非常孤单，没有人陪他们做游戏，每当此时我总是很难过。比起那些有大人陪着做游戏的孩子，这些孩子的成长经历和快乐体验少了很多。

在每天的这半小时中，妈妈和宝宝拥有了很多共同的经历，这些经历也能够成为很好的对话主题。这些对话促进了宝宝的语言发育，也提高了他理解世界的能力。

正如我们前面所提到的，此时宝宝的注意力发育到了一个新的阶段。大人意识到这一点并知道如何提供帮助对宝宝来说非常重要，而"与宝宝对话"的环境就是大人给宝宝提供帮助的最佳环境。（相反，大人不了解宝宝的注意力发育水平，常常让大人和宝宝都感到非常沮丧。比如，如果你不知道宝宝的注意力还是单通道的，在他忙着做他自己的事情时还期望他回答你的问题，那么当他不回答你时你就会认为他不听话。）

对话的环境

要确保你们的对话场所是安静的，而且也不会有人来打扰你们。

要保证玩具都完好无损，将它们放在固定的地方，这样宝宝就知道它们在哪儿，不用分散注意力去找它们。

确保环境安静

在地板或者桌子上留出一块空处，让宝宝有足够的空间玩耍，有些假装游戏可能需要比较大的空间。现在，宝宝可能希望游戏场地保持原样，第二天他好接着玩。

本阶段如何与宝宝对话？

继续关注宝宝关注的事物

在与宝宝对话的整个过程中，你都要努力和宝宝关注同一事物，这一点非常重要。不过，现在你们共同关注事物的方式，以及共同关注的事物都会发生变化。随着宝宝逐渐长大，他说话的内容不再只是正在发生的事情，还包括很多他曾经做过的事情或者正打算做的事情。这样一来，大人就会用到更加复杂的句子，宝宝也会理解更加复杂的句子。比如，大人会说"我们去公园的时候……"或者"我们去买东西的时候，看见……"。

与宝宝就已经发生的事情进行交流，可以帮助他理清事件的发展过程。

如果宝宝没有机会和你交流已经发生的事情，他就可能在游戏中表现得茫然失措，不清楚那些活动的意义和目的。在他的眼里，世界是令人困惑的。

> 2岁的安德里娅来我的治疗室的前一天去饭馆吃了饭，这次经历让她非常兴奋。她想把这个过程表演出来，可问题是她不记得这个过程中每件事情发生的次序了：她一进饭店，就给服务员（我！）付账，然后给了我一些面包卷。整个表演过程杂乱无章，很显然，在去饭店之前和从饭店回来以后，都没有人告诉过她去饭店吃饭是怎么回事。

一定要注意：谈论过去的或者将来的事情时，要由宝宝自己开头，而不是由你先提起；当他不想再说这件事情的时候，就不要继续下去了。一定要让宝宝完全掌控你们的谈话过程。

你与宝宝谈话的内容更加广泛了，你可以对他讲述你们的活动，描述你的感受，或者说一说为什么要做某件事情。

追随宝宝的注意焦点，同时大量引入新词语

一定要在对话中使用很多新词语，以扩大宝宝的词汇量。只要你说的话与他目前所关注的事物有关，他就能够轻松地理解这些新词语。和以前一样，你可以通过使用手势或者说一些与正在发生的事情相关的话来让宝宝明白你的意思。比如，积木塔倒下来的时候，你可以说："积木倒塌了，积木倒塌了！"

关注宝宝的注意焦点，对宝宝以后的交流和学习都非常关键。一位英国研究者所做的一项有趣的研究讨论了通过这个阶段大人和宝宝共同关注事物的能力预测宝宝四五岁时理解他人的想法和感受的情况，发现这刚好是一个"思想交汇"的过程。

帮助宝宝提高游戏技能

宝宝一定非常想和你一起做游戏，因为你们在一起的时光充满了快乐！

在你们一起玩游戏的时候，请像以前一样继续随时给宝宝解释他正在关注的事情，这是他学习语言的最好时机。

我们也知道，宝宝的注意力发育到了一个新阶段，现在他有时候能够将注意力转移到你想让他关注的事物上了。但是，你最好不要在"与宝宝对话"的过程中指引他的注意力，因为大人关注他感兴趣的事物这一学习环境对他来说仍然是最好的。我见过很多家长，一发现宝宝能够听从他们的指示了，就开始不停地给宝宝下各种指令。

在你们做游戏的时候，你可以给宝宝提一些的建议，帮助他改进他的假装游戏。比如：在你们玩"看医生"的游戏时，你可以告诉他医生会给病人开处方单；你假装自己是售货员时，可以给他演示怎么称东西。

你还可以告诉宝宝各种玩具的不同玩法，这对他也非常有帮助。比如，在宝宝能够熟练地搭建一座塔以后，你可以告诉他如何搭建一座双子塔。

在给宝宝展示了一种新玩法以后，你最好从游戏中撤出来，让他一个人去琢磨、去尝试。如果他需要你和他一起玩，他会告诉你的。

如果你一直是一个对他很有帮助的游戏伙伴，宝宝就会主动向你寻求建议。现在，你对宝宝的注意力应该很敏感了，不会在他专注于一件事情时提出你的建议。请记住：你的建议仅仅是建议，不是指挥和命令。如果他对你的建议没什么兴趣，你就不要坚持。

> 提出建议，帮助宝宝提高游戏技能

许多研究也显示，家长不应该在孩子的游戏中发号施令。在加拿大就曾进行过这样一项研究：第一组的妈妈高度干预孩子的游戏，第二组的妈妈让孩子自己做主玩游戏，结果显示第一组孩子的语言水平明显低于第二组孩子。

4岁的奈哲尔被家人带到我这里来是因为他说话非常不清楚。他走到玩具箱前想玩玩具，可是我一说话他就用双手捂住了耳朵。观察了他与他的爸爸妈妈做游戏的情形之后，我找到了问题的症结。他的爸爸妈妈给他下了很多指令（比如，"过来，看这里"，"现在该玩拼图了"，"把这个做完"，"现在来搭积木"），全家人都因此而非常不开心。

让宝宝继续享受倾听的乐趣

应该让宝宝觉得倾听是既简单又充满乐趣的活动，这一点很重要。

宝宝仍然非常喜欢歌词重复的儿歌，比如《王老先生有块地》和《十个印第安男孩》。我们说过，宝宝对节奏的感知和对声音如何组合在一起形成话语的认识，能够帮助他提高阅读能力。宝宝非常喜欢他自己的故事被大人用熟悉的调子编成儿歌。

打喷嚏和咳嗽的声音对宝宝来说也很有趣，你可以假装发出这些声音来逗他玩。

在对话的方式方面，你还可以做很大的改进，让宝宝更加喜欢听你说话。

我希望你用自然的声音与宝宝对话，你的声音应该是生动的、抑扬顿挫的。与对大人说话时相比，你对宝宝说话时语速要慢一点儿，声音要大一点儿。宝宝喜欢听这样的声音，这样说出来的话也更容易听懂。同样，在句子之间要停顿一下，这样宝宝听你说话会更加轻松。

> 帮助宝宝继续享受倾听的乐趣

同样，宝宝正在关注的物品发出的声音也能够吸引他的注意力，比如，你打开或者关上玩具盒的声音。

宝宝仍然非常喜欢听你模仿环境中的各种事物发出有趣的声音，所以请继续这样做下去。

完整地说出宝宝想要表达的意思

宝宝现在有很多事情要用语言表达出来，但是他还没有掌握足够多的词语。

和以前一样，如果宝宝说错了某个词，你可以把这个词放在一系列短句中反复地说给他听，帮他改正，比如，"是的，那是一只大猩猩，大猩猩很大，一只很大的大猩猩！"。

如果宝宝说的话不清晰或者不完整，你可以把他想说的话完整地说出来。比如，当宝宝说"爸爸班"时，你可以说"是的，爸爸去上班了"。这种重复能够有效地帮助宝宝提高说话的能力，所以要尽可能这样去帮助他。

同以前一样，你在重复宝宝的意思时，一定要让他感觉你是在进行自然的对话，而不是在纠正他的错误——"黄金法则"就是你要先说"是的"。有时你也可能听不懂宝宝在说什么，这时你一定要让宝宝感觉这是你的原因造成的，而不是他的错。我没听懂宝宝说的话时，常常会说："对不起，我没有听见。"如果需要，我会鼓励他用比划的方式或者其他方式告诉我他是什么意思。

重复宝宝的意思时，请先说"是的"

继续使用简短的句子

在"与宝宝对话"的半小时中，你对宝宝说话时最好还是使用简短的句子；在其他时间里，你可以对宝宝说一些比较长的句子。

现在，宝宝的理解能力增强了，如果一切顺利，在这半小时之外你可以和宝宝随便交流。但是，宝宝说的主要还是只由2个词语或者3个词语组成的简短句子，像"电报体"一样，而且他的许多发音还不成熟。因此，这个阶段他说的话还不容易听懂，不熟悉他的人要想听懂就更难了。

不要说太长的句子

要想帮助宝宝尽快解决说话不清楚的问题，在与他对话的时候就一定要

我最近在我的治疗室见到了一个非常聪明的小姑娘，她叫玛丽。她的词汇量和语言组织能力都不错，但是发音含糊不清，我很难听懂她在说什么。玛丽的妈妈因为自己能够听懂女儿的话，所以并没有意识到别人很难听懂，她对女儿说的句子都很长。很明显，玛丽的注意力都集中在理解句子的含义上了。

当妈妈改用简短的、容易理解的句子和女儿说话以后，玛丽的发音很快就清楚多了。

使用简短的句子，尤其是在用到新词语的时候。在和宝宝的交流中，要尽量说重要词语不超过 3 个的句子，比如，"泰迪从椅子上掉下来了"，"泰迪在你的椅子上"，"不要再掉下来了"。

继续重复

在这个阶段，重复说过的话对宝宝的语言学习仍然非常重要，尤其是当你觉得自己说的某个词语宝宝可能没有听过的时候。你可以在一连串短句中反复使用这个词，这样能够使宝宝迅速理解这个词的含义。比如，你可以这样说："我在切土豆，我要把土豆切成片，这是切好的土豆片。"

补充宝宝说的话

我们已经认识到，当宝宝所说的词语或者句子不是很清楚的时候，我们将他想表达的意思用完整的句子表达出来能够让他清楚地知道这句话到底应该怎么说，从而促进他的语言发育。

现在，请你继续这样做。

现在，像前一阶段你所做的那样，在其他时间将宝宝说的话补充完整，

适当扩展宝宝说的话

增加一些信息，能够很有效地促进他的语言能力发育。比如，当宝宝说"妈妈买"时，你可以说"是啊，妈妈去买东西了"或者"妈妈买了双新鞋"。

这是宝宝最容易理解的回答，能够帮助他掌握更多关于语法和词义的信息，从而能够提高他的语言理解能力。

请记住补充宝宝的话时应该遵守的"黄金法则"：一定要先说"是的"——不要让宝宝觉得你是在纠正他的错误。

本阶段的"禁忌"

和以前一样，在宝宝说话的时候，你一定不要去纠正他的发音，或者要

求他学你说话或模仿你发出的声音。我希望你已经明白，大人的主要任务就是用最恰当的方式和宝宝对话，宝宝自己会去学习和掌握语言。我们没有必要强迫宝宝学我们说话或者模仿我们发出的声音，相反，如果你这样做了，反而会阻碍他的语言能力发育，你一定不想让宝宝觉得你不喜欢他说话的方式，对吧？

对宝宝提问的方式

除了我们在"从 20 个月到 24 个月"中提到的可以帮助宝宝回忆过去的问题，现在你还可以向宝宝提出一些新问题，比如，"这个好玩，对吗？"。宝宝听到你问这样的问题，就会明白你要开始和他说话了。另外，你还可以向宝宝提出一些能够帮助他回忆事件的发展过程的问题，比如，你可以问宝宝："大天鹅的后面是什么，你记得吗？"经你这么一问，宝宝就能够回想起来大天鹅后面跟着小天鹅。不过，你一定要控制提这种问题的次数，而且，如果宝宝没有回答你，你就要自己作出回答。

坚决不要只为了让宝宝回答问题而对他提出问题，这种提问并不是正常的交流，宝宝对这一点非常清楚。

同样，要尽量少用"否定语气"说话。现在你只需要让宝宝远离他不该接触的东西，以后你会有足够的时间给他解释为什么不让他做这些事情，而为什么有些事情无论他是否喜欢都必须去做。

尤为重要的一点是，尽量不要对宝宝说"不"——我们大人也不愿意听这个词。如果你能够控制住自己，不对宝宝说"不"，你会发现他对你发脾气的次数也会减少。

亲子游戏

在这个阶段，宝宝的探索游戏和假装游戏已经十分成熟了，假装游戏已经发展成为一种想象游戏。宝宝现在非常喜欢你和他一起做游戏，也喜欢你提出建议帮助他做更多不同的游戏。（不过，有一点非常重要：你一定要敏感地觉察宝宝什么时候想"做他自己的事情"）。

探索游戏

到了这个阶段，宝宝开始尽情地去探索各种玩具和游戏材料，研究它们的玩法。身体控制能力和手眼协调能力的发展，使他的游戏技能得到了飞跃式的发展。

宝宝现在仍然喜欢他以前感兴趣的一些游戏，不过现在他的游戏方法更加灵活、更加复杂了。

他现在可以用脚踢、用手接较大的球了，但是他可能觉得盒子更容易踢。在这个阶段的初期，许多宝宝学会骑童车了，这让他们兴奋不已。

宝宝现在能够娴熟地用 8 块积木搭建一座小塔了，他会小心翼翼地将一块积木放在另一块积木上面。他能够更加熟练地使用蜡笔或者铅笔了，还能够学着画水平的线了；他还喜欢用别的工具来画画，比如粉笔和水彩笔。他现在穿珠的手法也更加娴熟了，还第一次开始摆弄剪刀了——如果你教他怎么使用剪刀，他就能够学会用它来剪纸，而且非常喜欢这么做。玩一些工具类玩具时，他的速度也更快了，比如，他能够更快地把玩具拧在一起或者用木锤把木钉子敲进去。与以前相比，他玩这类玩具的时间也更长了。

这个阶段的宝宝非常喜欢配对游戏和分类游戏。在这些游戏中，他对不同的尺寸、形状和颜色进行比较，从而掌握了大量关于材料的知识，也建立了许多概念，比如，"空的"和"满的"、"硬的"和"软的"等。宝宝不仅喜欢对不同的物品进行比较，还喜欢把图片上的物品和实物进行匹配。

这个阶段的大多数宝宝都非常喜欢拼图游戏，能够更长时间地玩这类游戏。

假装游戏

本阶段，宝宝自始至终都非常喜欢做假装游戏。他会兴致勃勃地扮成大人做一些日常生活中的举动，比如，干家务劳动。这反映了他非常想理解大人都在做些什么，以及做这些事情有什么意义。他首先会长时间专心地观察你在做什么，同时记住并模仿这些举动，然后非常开心地把它们添加到他的游戏中。（你可能注意到，刚满2岁的宝宝经常会错误地完成一些活动，我记得有个小女孩在我的治疗室里玩游戏摆餐具的时候，就将餐巾纸摆在椅子上了！）

宝宝做假装游戏的能力进步了许多：以前，他只会简单地使用物品，比如，梳头发或者喝水；而现在，他不仅能够记住简单的动作，还能够记住事件发展的整个过程。比如，他可能坐下来，假装戴上眼镜，再拿起一份报纸；玩水的时候，他可能完全重现洗碗的整个过程——拿起盘子和勺子，先用水洗干净，再擦干，最后都收起来；他还可能先给洋娃娃戴上帽子，把它放进推车里，然后假装推着它出去散步。这些假装活动的意义在于，这些事情都是宝宝在日常生活中没有真正做过的，通过模仿大人的举动，他能够更加清楚地了解自己和别人的差异。

另外一个进步是泰迪熊和洋娃娃在游戏中的作用发生了变化。以前，泰迪熊和洋娃娃在宝宝的游戏中是被动的参与者，而现在它们也能够主动地参与游戏了。比如，泰迪熊可以给宝宝一杯水了，洋娃娃可以跳起来接球了。这些变化都是随着宝宝的想象力的发展而出现的。

宝宝非常喜欢大人和他一起做假装游戏，也喜欢大人给他演示很多动作，这样他可以添加更多的东西到他的游戏中，让游戏内容更加丰富。比如，你可以告诉宝宝洋娃娃洗澡后需要喝水，或者建议他在把洋娃娃放到床上，盖上被子以后，亲它一下。

想象游戏

在真正的想象游戏中，宝宝不仅会重现他在日常生活中见到的活动，还会用新的方式将它们创造性地组合在一起，编出一个新的故事。如果有一个能够理解宝宝的大人，对他的这种创造性活动给予积极的回应，并适当地参与其中，他就能够更好地发挥他的想象力。

宝宝自我意识的发展，以及对他人情感的体察，使他能够把自己想象成另外一个人，并且表演在他的想象中发生的事情。宝宝最喜欢扮演的是妈妈、爸爸或者他平时经常观察的其他人，每当这个时候，泰迪熊或者洋娃娃就成了他自己，比如，当他假装自己是妈妈的时候，他可能拿起购物袋，把泰迪熊当做他自己放到推车里，假装去买东西。做想象游戏的过程可以帮助宝宝体会成为他所扮演的人以及做他们所做的事情会是什么样的感受。

宝宝还非常喜欢在做游戏时互换角色，比如，他喜欢和玩伴轮流扮演售货员和顾客的角色。同样，他也希望通过这些游戏去理解这些活动的意义，以及做这些事情时的感受。

模型玩具也会成为想象游戏中的一部分，比如，宝宝会用娃娃屋和玩具家具或者玩具动物和农场模型去拓展他的游戏。此外，他还可能假装喂图片里的娃娃吃饭。到了 2 岁半，宝宝能够在游戏中想象出一些人物了，比如，假装商店里有顾客，或者假装动物园里有人在参观。

宝宝按照自己的想象用玩具创造一个新的世界可是煞费了一番苦心的，所

玩具箱

宝宝可以使用下面这些玩具做探索游戏和想象游戏，不过，和以前一样，宝宝玩这些玩具的方法可能出乎你的意料。

探索游戏

★ 大小不同、颜色各异的纸　　★ 画笔　　★ 粉笔

★ 儿童安全剪刀　　★ 儿童车　　★ 游戏卡片

★ 更多拼图玩具　　★ 更多盒子

假装游戏

★ 玩具收银机和玩具钱币　　★ 玩具厨具

★ 更多与家务活有关的玩具

以他希望晚上你不要收拾这些模型，而是让它们保持原样，这样他第二天可以接着玩！

亲子阅读

请继续坚持每天和宝宝一起阅读，没有什么比这更能促进宝宝的阅读水平了。

请不要试图教 2 岁的宝宝读书。和以前一样，重要的是你把宝宝领入书籍这个神奇的世界，同时你们拥有了亲子阅读的美好时光。宝宝会在亲子阅读中掌握许多重要信息，比如，书是从左向右看的，文字和图片是有联系的，最重要的是，他知道了阅读充满乐趣。

宝宝喜欢听那些描述他熟悉的日常生活事件的故事，这些故事可以引发你和宝宝对过去的和未来的事件的交流，在交流中，你会用到更加丰富的语言，从而给宝宝创造学习语言的好机会。

宝宝现在可以听稍微长一点儿的故事了，他尤其喜欢配有色彩鲜艳、画面逼真的图片的故事。此外，他还喜欢听包含许多细节的故事。对他来说，既有有趣的故事，又有极富吸引力的插图的书才是最好看的书。

那些在好几本书中反复出现的人物最受宝宝喜爱，它们很快就会成为他的老朋友。宝宝喜欢谈论这些人物的感受、做事的动机以及他们的各种活动。

宝宝还非常喜欢听关于他自己的故事，非常喜欢一边看影集，一边听你讲这些照片所记载的故事。

宝宝依然非常喜欢儿歌书，这些书对他仍然很有帮助。我们已经知道，念儿歌可以为宝宝以后的阅读打下非常重要的基础。念儿歌的时候，你的嗓音一定要悦耳，节奏感一定要强。

故事书中的大部分语句最好只包含 3 个重要词语，比如，"奶奶弄丢了她的帽子"，或者"他吹灭了蜡烛"。

宝宝非常喜欢了解"大"和"小"、"多"和"少"之类的概念，所以他也非常喜欢涉及这些概念的书。

"半小时"之外，怎样对宝宝说话？

★在日常生活中多和宝宝说话。

★给宝宝解释为什么有些事情他不能做，而有些事情他必须做。

★清楚地告诉宝宝你们正在谈论什么话题，帮助他加入你们的谈话。

关于看电视或录像的问题

本阶段，在宝宝看电视和录像的问题上仍然要遵守以前的原则。

★宝宝每天看电视和录像的时间不能超过半小时。

★你要和宝宝一起看电视，这样你们可以一起讨论所看的内容。

★一定要注意：不能让宝宝混淆真实的世界和虚构的内容。所以，不要让他看含有虚幻内容的节目，比如，涉及会飞的火车和会说话的动物的节目。宝宝还需要很长一段时间去了解真实的世界。

★选择电视节目和录像的标准和选择书的标准一样。宝宝喜欢看熟悉的人物做他也做过的事情，还喜欢反复看到熟悉的人物做熟悉的事情。

★儿歌节目和音乐节目对宝宝有很大的吸引力，幽默剧和小闹剧也深受他欢迎。

★同样，和看书一样，宝宝喜欢节目里介绍他很感兴趣的概念，比如与大小和数字有关的内容。

★宝宝还喜欢看电视和录像中的小故事——和听你讲书中的故事时一样，他喜欢悦耳的嗓音和生动的表演。

从 2 岁半到 3 岁

关键能力的发育

2 岁半的宝宝非常招人喜欢！在大多数情况下，他都十分乖巧可爱，能够配合大人。但是有时候，如果他的要求没有得到满足，他也会大发雷霆，而这时大人往往很难让他平静下来。

他变得更加独立了，不再要求你每时每刻去关注他。他能够熟练地吃饭，能够玩较长的时间，也能够做更多的游戏了。不过，有时候他也很难取悦，你会发现你费了九牛二虎之力为他准备的游戏，他只玩了几分钟时间就不感兴趣了，你只好把那些东西又收起来。

宝宝现在还没有危险意识，所以你仍然需要时刻看住他，尤其是当他在楼梯口或者水池边等危险地带活动时。

宝宝非常喜欢户外活动，现在他在户外待的时间更长了，去的地方也更

> **请注意：本书中所介绍的儿童各阶段发展水平都是平均水平。**
>
> 不同宝宝的成长速度存在差异，而且某一方面发育迅速通常会导致另一方面的发育暂时落后。所以，即使你的宝宝在某一阶段某方面的能力没有达到本书中的相应水平，你也不用担心和沮丧。更多内容，参见第 206 页"应该注意的问题"。

远了，而且开始喜欢父母和小朋友们一起玩。

你会发现，现在宝宝在情感上仍然非常依赖你，会对自己的兄弟姐妹产生较强的嫉妒心。

从2岁半到2岁9个月

语言能力和沟通能力发育

在这个阶段，宝宝能够理解的词语继续快速增加，所以，他能够听懂更加复杂的句子了。他不仅能够理解所有常见物品的名称和表示动作的词语，还能够理解一些常见的形容词，比如"厚"、"薄"、"高"、"矮"等。宝宝也能够理解表示方位的词语了，如果你告诉他某个东西在另一个东西的"里面"或者"上面"，他能够准确看向那个东西所在的位置。词语理解能力的提高使宝宝不需要环境线索，只依靠听到的词语就能够理解复杂的长句，比如，他不需要亲眼看见爸爸的借书证，就知道他和爸爸要去图书馆了。

在一个句子当中，宝宝还是只能接收2个重要词语所传达的信息。比如，你让他去另一个房间里拿杯子和勺子，他可能只给你拿来杯子或者勺子。

宝宝在理解他人所了解的信息方面有了重要的进步，他对别人知道什么和不知道什么了解得更多了，这非常有助于他与家人之外的更多人进行交流。比如，他清楚送奶的人知道他喜欢牛奶和橘子汁，邮递员知道他会定期收到姥姥的明信片，但是送奶的人就不知道他会定期收到姥姥的明信片，邮递员也不知道他喜欢牛奶和橘子汁。

宝宝的语言表达能力也在迅速发展，他说的话不再像"电报语言"那样简洁了，开始出现连词等辅助性词语。他还开辟了使用语言的新领域，比如，他会发挥自己的想象力，编一些"火车出了山洞，然后上山了，又下来了"之类的小故事。

宝宝能够解释自己的涂鸦作品了，比如，他画的缠绕在一起的线条实际上是火车轨道。他还能够告诉别人他的姓名，如果有人问他"你是男孩还是女孩？"，他也能够给出正确的答案。

与别人对话的时候，如果对方没有听懂他的话，宝宝不仅会重复他刚才说过的话，还会改变自己的表达方式，帮助对方理解自己的想法。

到了这个阶段的末期，宝宝开始问父母许多"为什么"。他开始意识到这几个字拥有神奇的力量，不仅能够让他获得更多信息，还能够让对话继续深入下去。所以，他问"为什么"的次数会急剧上升！

动作能力和认知能力发育

宝宝的身体控制能力进一步提高，他现在不仅能够双脚跳起，还能够从最下面一级台阶上跳到地面上来。他能够更加自如地骑三轮童车了，踢起球来也更加有劲了，还能够跟着音乐踏步了，这些活动都让他感到非常开心。

手眼协调能力和控制手的能力的提高，促进了宝宝做探索游戏和动手游戏的能力的发展。他现在能够将三角形和正方形这样的几何图形进行配对，还能够将一张纸进行对折。此外，他还能够发现图片中不易引人注意的细节，并喜欢把它们指给大人看。

宝宝的日常生活自理能力更强了，他能够做更多的事情了。他能够自己穿上或者脱掉一些简单的衣服，有时候甚至能够自己解开或者扣上纽扣。

到这个阶段结束的时候，宝宝有时候可以和其他小朋友一起玩耍了，比如，一起踢球，互相追着跑。

注意力发育

与上个阶段相比，宝宝的注意力没有太大的变化。他仍然时不时地专注于自己感兴趣的事物，而这种时候他根本就听不见大人所说的话。同上个阶段一样，宝宝在有些情况下可以转移注意力去听大人对他说的话，然后回头再继续做自己的事情；但是你一定要记住：绝对不要在宝宝全神贯注地沉浸在他自己的事情中时强行转移他的注意力！宝宝现在还是只能将注意力集中在一件事情上，他还需要很长一段时间才能具备我们大人习以为常的能力——同时做和思考几件不同的事情。

宝宝的注意力仍然很容易分散，即使是在他停下自己正在做的事情，专门听你说话的时候，如果发生了别的事情（比如，突然一声响或者有人进屋了），他的心思就又跑了。

同上个阶段一样，如果你想说的话与他正在关注的事物没什么关系，那么请你一定选好和他说话的时机。如果可能，等他把注意力转移到你身上时再和他说话。

当活动即将发生变化的时候，你要提醒他，比如，"我们几分钟后去买菜"。如果你要给他下指令，那么最好是在事情就要发生时告诉他，比如，你先说"穿上衣服"，紧接着就把衣服递给他。

听力发育

现在，在安静的环境中，宝宝已经能够轻松自如地听声音了。但是，在嘈杂的环境中，他的听力与大人相比还是比较弱，所以，在这种情况下，如果宝宝不能及时回应你，请不要感到奇怪。

从2岁10个月到3岁

语言能力和沟通能力发育

3岁的时候，宝宝理解词语的能力有了重要的变化。他能够熟练理解许多动词、形容词以及介词，还能够通过动作辨别人，比如，如果你问他"谁在睡觉"，他能够给出正确的答案。他还能够理解不同的问句，能够区分"为什么"和"怎么做"之类的问题。

在一个句子中，宝宝能够消化和吸收的词语也增加了，这是一个非常重要的进步。3岁的时候，宝宝能够理解的包含3个重要词语的句子越来越多了，比如，"把*较大的*球*给爸爸*"。

　　本阶段宝宝的另一个重要进步是，他开始理解话语中间接表达的含义了——一个重要的智力进步。比如，3岁的时候他知道"一下就好"的意思是说，他需要等待，但是不会等太长的时间。

　　宝宝已经掌握了许多关于人、动物和玩具的信息，不仅知道其颜色、外形、大小等，还知道其作用、彼此之间的联系，以及和他的联系。在这个前提下，那些以他的日常生活为题材的小故事对他就具有极其丰富的意义，因此，他现在会以更大的兴趣去听这些故事。

　　对别人掌握的信息，宝宝也认识得更加清楚了，明白别人知道什么，不知道什么。比如，对陌生人，宝宝可能介绍说："那是我的娃娃，他叫乔伊。"但是对家里人，他就不会说这些话。

　　宝宝开始真正地去听你对他所提出的问题作出的回答了，尤其是你对"为什么"的回答。有趣的是，他会在你给出答案之后，继续问"为什么"，这种现象有可能持续一段时间。

　　在语言表达方面，宝宝同样取得了非常重要的进步。3岁的宝宝可以说包含三四个甚至更多重要词语的句子了，比如，"妈妈去买上班穿的裤子了"，或者"爸爸一会儿开车去超市"。

　　宝宝甚至能够将2个句子连在一起说，这也是语言表达方面的一个大进步。他会使用"然后"、"因为"之类的连词了，比如，他可能说"我们去了公园，然后我滑滑梯了"，或者"爸爸生气了，因为我把果汁洒到桌子上了"。

　　宝宝说的话不再像"电报语言"了，他能够使用更多的词语、更丰富的句型较为清晰地表达自己的意思。

　　语言表达上的进步，让宝宝能够自如地运用语言讲述他的有趣经历，描述他看到的图片中的许多细节。他开始讲一些小故事了，不过，这些故事可能只有两三句话，比如，"小汽车在路上开，有一辆拖拉机，它们撞了"。

　　宝宝的交流能力在这个阶段有了很大的提高。刚开始的时候，他还不能和别人进行连贯的对话，他的许多话甚至并不是说给对方听的，这时大人就需要做大量工作使对话持续下去。到了3岁的时候，情况就不同了。宝宝能够主动发起对话，还能够在对话中保持"一问一答"，甚至能够处理对话过程中受到的干扰，比如，他会等妈妈接完电话，回来后再接着把话说完。

　　在与人对话时，宝宝能够理解对方说话的意图，能够明白对方是向他提出了一个问题，还是让他把他所说的意思解释清楚。

　　在宝宝3岁的时候，语言已经真正成为他的思维工具；在他以后的生活中，语言也将一直发挥这一作用。

　　在没有人和他说话的时候，宝宝会自言自语，似乎在练习如何用语言将自己的想法表达出来。在这个阶段的初期，他只会用语言描述他正在做什么；而到了3岁的时候，他就能够用语言来解释概念、表达想法了，比如，他可能说："这些大，它们是乔尼的；这些小，它们是娃娃的。"

　　现在，宝宝能够用语言说明自己的问题，也能够用语言表达自己的情绪和需求了。比如，他能够说"我不会做"、"我把球弄丢了"，或者"我害怕"。在他不愿意做某事或者进行反抗的时候，我们常常会听到他说"我不要"、"不想做"。

　　语言还可以帮助宝宝思考他的行为是否正确，以及别人是如何看待这些行为的。他非常希望得到别人的肯定，常常会问"对吗？"、"是这样吗？"之类的问题。

　　3岁的时候，宝宝认识到了提问对获取信息来说具有巨大的价值，所以他会不断提出各种问题，有时候还真让大人绞尽脑汁、难以应付。他对这个精彩的世界有着无穷的兴趣，而现在他找到了了解这个世界的钥匙！他有时会提出一连串问题，这会让你感觉他是在和你做游戏，但实际上他提出这些问题的初衷真的是很想把它们弄明白。

　　宝宝还开始以幽默的方式使用语言了，他可能喜欢给你说一些小笑话，比如："鸡为什么要过马路啊？""因为它要去对面啊！"

动作能力和认知能力发育

宝宝的身体控制能力进一步提高，走和跑都更加自如了，这使他可以在身体控制方面少花一些精力，从而集中更多的注意力去与人交流。

现在宝宝够两只脚轮换着上楼梯了，不用再将两只脚同时踩在一级台阶上。他能够把球扔过头顶，也能够伸开双臂去接球，还能够非常用力地踢球，这些都让他倍感开心。

骑三轮童车的时候，他不仅能够直着向前骑，还能够绕过拐角。他对自己的身体和周围环境的关系有了更深的理解，比如，他知道自己能够钻到多大的空间里去，也知道如何经过障碍物——他会猫着腰从栏杆下钻过去，也会从矮栅栏上爬过去。

宝宝的双手更加灵活了，用笔画画的时候他能够用拇指、食指和中指握住靠近笔尖的位置。他第一次试着画人了，他会先画一个圆圈，再画2条线代表腿。现在，他能够画圆，能够匹配6种颜色，并且能够说出一种颜色的名称。凭着死记硬背的本事，他现在可以数到5了。

宝宝现在能够照着样子用积木搭桥，还能够用9块或10块积木搭建一座塔。他能够将一张纸对折2次，用起剪刀来也更加灵活了。此外，他还能够熟练地盖上或者打开容器的盖子。

本阶段另一个有趣的进步是，宝宝会将不同的玩具组合在一起玩了。比如，他可以用小汽车和积木一起玩，用积木给小车修条路或者盖一个车库，还会在玩具火车里放一个司机，或者在玩具卡车里放一个箱子。

宝宝的生活自理能力也变强了：他能够在吃饭之前帮大人摆碗筷；能够从壶里倒水，而且不会撒出来，还能直接用杯子喝水；能够自己洗手，并把手擦干；能够更加熟练地穿衣服了，不过，他还是会把鞋穿反。

现在，尽管宝宝对其他小朋友及其活动更感兴趣了，但是大多数情况下他还是自己做自己的游戏。不过，他和其他小朋友一起游戏的时间比以前多了，开始意识到轮流做游戏的原则，比如，他开始在轮到自己的时候才去荡秋千、滑滑梯或者踢球。

宝宝能够自己玩一小会儿了，但是大人仍然需要在他自己玩的时候不断关注他，让他知道身边有人在陪伴他。他喜欢大人和他一起做想象游戏。

注意力发育

这3个月，宝宝的注意力没有太大的变化。

听力发育

宝宝能够理解的声音越来越多，他现在会问大人他所听到的是什么声音。

小结

满3岁的宝宝应该具备以下能力：

★能够饶有兴趣地听故事。

★能够听懂包含3个重要词语的指令，比如，"把盒子里的汽车给爸爸"。

★能够自言自语地说一大段话描述正在发生的事情。

★能够参与谈论过去的事情的对话。

★能够说出自己的全名。

应该注意的问题

如果出现以下几种情况，建议你带宝宝去找专业人士咨询。（不过，请记住：不同宝宝的成长速度是各不相同的。）

如果你对宝宝的发育状况有任何疑虑，而你所担心的问题并不在下列问题之中，我也希望你尽快带宝宝去寻求儿科医生等专业人士的建议。

宝宝满3岁时，如果出现以下情况，请务必重视：

★经常听不懂你在说什么。

★常常不知道别人知道什么，不知道什么，比如，和陌生人谈话时，一上来就会谈论"比利"，意识不到陌生人并不知道比利是他的弟弟。

★常常说一些让人摸不着头脑的话。

★只能说由两三个词语组成的句子。

★从来不问问题。

★对故事没有兴趣。

★对和其他小朋友一起玩没有兴趣。

★除了家里人，其他人很难听懂他的话。

★在大多数情况下，注意力保持的时间非常短暂。

与宝宝对话

独处每天半小时

请一定坚持每天与宝宝对话半小时。我们在前面说过，这对宝宝各方面的发育都有着不可估量的作用。宝宝仍然需要你去关注他的注意力水平，你可以做许多事情来促进他的发育。每天在固定的时间里陪伴他，和他玩耍，就是你给予他的最好礼物。你对宝宝全身心的关注，还能够极大地帮助他的

盖尔3岁时，他的家人带着他来找我，他们很担心，因为盖尔的小伙伴们都听不懂他说的话。盖尔有3个特别爱说话的姐妹，平时他很少有机会单独和大人在一起，很少和别人进行长时间的对话，因此他不懂得怎样和别人说话，也不知道在说话的时候应该等别人说完了再说。他常常打断别人的谈话，也不听别人对他的回答，这些都令人很生气。

我们建议他的妈妈每天和他进行"一对一"的交流，3个月后，盖尔在和小伙伴们一起玩的时候就没有障碍了。

情感健康发育，你可以协助和支持他的探索活动，鼓励和表扬他，增强他的信心。同样，每天的这半小时还让你有机会和他谈论你们的日常生活，你可以提醒他应该做什么，不能做什么，并把其中的原因解释清楚，这是防止他发脾气的最好方法。

现在，宝宝正处于这么一个阶段：他会故意做一些不应该做的事情来试探你，比如，你让他去做什么，他就是不去做，或者告诉你他不会做，而事实上他能够做得非常好。这种时候如果你不得不给小家伙一点儿颜色看看，那么你一定要批评他的行为，而不是批评他本人。比如，你最好说"这件事做得太笨了"，而不要说"你是一个笨孩子"。

只要宝宝有兴趣，你就可以利用每天的这半个小时回答他那些无穷无尽的问题，而在忙碌的日常生活中，你很难做到这一点。宝宝能够从他和你的一问一答中学到很多知识，同时，他也能够找到机会练习自己的说话技巧，这对他来说非常重要。

每天的这半小时极其重要的另一个原因是，这个时候宝宝可能又有了弟弟或者妹妹，每天单独和你待在一起的半小时可以缓解他对新生宝宝产生的嫉妒情绪以及被人取代的郁闷。半小时的陪伴会让他觉得他还是受人疼爱的，所以你要想办法坚持每天与他对话半小时，这对他的情感发育非常重要。如果有必要，你可以让亲戚朋友每天帮你照顾新生宝宝半个小时，让你有时间和宝宝单独进行对话。另外，请记住，与两个宝宝同时对话不能让宝宝获得最佳的语言交流效果，因为大人需要追随每个宝宝的注意焦点。

请不要低估有同胞弟妹对宝宝以后的生活的巨大好处。就语言能力发育而言，宝宝、父母和同胞弟妹之间的谈话是最好的三方交谈场景，父母可以非常轻松地帮助宝宝加入这样的"三方会谈"之中，使他同时和两个人进行交流——这是一项非常重要的技能，因为宝宝最终要学会的是如何在非"一对一"场景中与他人进行有效的沟通。

注意：不要把每天半小时的游戏时间变成教学时间。由于宝宝开始对颜色、数字、形状等概念产生兴趣，父母们就很容易产生教他学习的想法，认为现在教他这些知识能够让他以后在小伙伴中占优势。请你不要把宝贵的亲子时间浪费在这上面。你只需要在你和宝宝说话的时候自然而然地提到这些概念，比如，当你们玩小汽车的时候，告诉他"蓝色的车和黄色的车"；在搭积木的时候，对他说"把这个长积木放在那个短积木的旁边"。在你的话语中增加一些新词语，比如"庞大"、"弱小"等，也会非常有趣。在告诉宝宝这些概念的时候，请遵循以下"黄金法则"：一定要追随宝宝的注意焦点。这样，这些概念对他来说既有意义又有趣，不费吹灰之力就能掌握。而如果你根据自己的安排开展"教学"活动，效果就会大打折扣，还会让你和宝宝都觉得很吃力。

3岁的托比语言发育迟缓，他的妈妈带着他来找我。托比最常说的话是"我不会"，他的妈妈认为只有教孩子学东西，孩子才能很快就学会。在托比只有5个月的时候，他的妈妈就每天花好几个小时教他说话；在他满1岁以前，他的妈妈已经教了他许多关于字母、颜色、数字和形状的知识。托比逐渐成长为一个具有攻击性、脾气很不好的小男孩，他在许多方面的发育都处于迟缓状态。我们告诉他的妈妈要追随他的注意焦点，谈论他所关注的事物，而不要教他知识。很快托比的行为就有了改善，两三个月后他的语言能力就已经达到了同龄孩子的正常水平。

当我第一次看见汤姆的时候，他快3岁了。他的叔叔有学习障碍，他的爸爸和妈妈非常紧张，为了不让汤姆像叔叔一样，他们抓紧一切时间教汤姆数数、背字母。和托比一样，汤姆根本就不知道这些字母和数字是什么意思。由于所有的时间都用在了学习上，他失去了很多玩游戏和与人交流的机会，这导致他只会本能地说一两句话。而且，由于几乎听不懂别人说的话，他常常只能重复别人发出的声音。他保持注意力的时间非常短暂，也不会做假装游戏。幸运的是，当父母不再教他，而是开始关注他感兴趣的事物时，他也取得了非常大的进步。

我见过很多孩子，他们能够说出很多种颜色和形状，能够把字母表倒背如流，却不知道他们说的是什么或者这些东西有什么用，这说明他们的父母在教他们这些概念的时候完全忽略了正常的交流。

自然的对话情境（而不是教学的环境）还能够帮助宝宝了解不同的人知道什么信息，懂得在对话之初应该说些什么才能顺利和他们进行沟通。比如，你可以和宝宝谈论一下你将如何告诉不同的人你家买了新电视，这会让宝宝明白这些人还不了解这个情况；你们也可以互相交流一下你们各自是怎样向姥姥描述你们一起游泳的那个下午的，这可以提醒他姥姥已经知道什么信息了，还不知道什么信息。如果想和他人顺畅地进行交流，我们所有的人都必须非常清楚地知道对方知道什么和不知道什么。

自然情境中的对话也能够帮助宝宝清楚地理解我们使用语言进行口头表达的方式，比如，如何使用语言发表评论、提问以及要求别人作出解释。在自然的对话情境中，这些方式都会用到，所以宝宝很容易就能掌握。

你也可以让宝宝参与家里的活动，比如打扫屋子、洗衣服，这也是你和他一起度过的美好时光，尤其是当家里添了小宝宝，你变得更忙了的时候。记住，要确保你和他是单独待在一个安静的房间里。

当宝宝遇到父母离异或者失去家人这类痛苦的事情时，每天的这半小时就显得更为重要。宝宝有机会说出他的感受，向你提出他的问题；而你则有机会让他明白，发生这样的事情完全不是他的错——孩子遇到这样的事情后，常常会产生这样的心理。

对话的环境

和上个阶段一样，要为宝宝准备许多不同种类的玩具和游戏材料，帮助他做探索游戏和想象游戏。要保证玩具完好无损，并放在宝宝熟悉的地方。宝宝可能把不同的玩具组合在一起玩，比如，用积木为他的小汽车修一条长长的路，或者在火车里放一个玩具娃娃。你在给他准备玩具的时候，一定要我的儿子3岁的时候，和他的朋友保罗用整整一个下午的时间搭建了一个农场，他们为农场修了围墙，为动物们盖了房子。他们对自己的作品非常满意，不幸的是，保罗的爸爸非常注重家里的整洁，坚决不让孩子们把搭好的玩具摆在屋子里，要他们搭好之后立刻拆掉。那个下午，我去接儿子的时候，两个孩子都泪水涟涟的。

记住这些。

要确保地板或者桌子上有足够大的地方供宝宝玩耍。如果可能，当天的游戏结束后不要收拾他的玩具，比如，让他搭好的车道或者跑道原样摆在那里，这样第二天他可以接着玩。

本阶段如何与宝宝对话？

继续关注宝宝关注的事物

尽管现在宝宝在一定的环境中能够听你的指挥，将注意力转移到你指引的方向，但是在每天和他互动的半小时里，你还是要继续跟随他的注意焦点，关注他感兴趣的事物。你会发现，你会和他谈论很多最近发生在他身上的趣事，以及你最近打算做的事情。不过，要和以前一样，让宝宝决定你们花多长时间谈论一个话题。无论你们说的是过去的事情，还是现在的事情，这些谈话都能够促进宝宝的语言能力发育，所以不用担心，请让孩子做主。

> 继续关注宝宝所关注的事物

如果宝宝的注意力已经转移了，你就不要继续说下去了，而应该和他聊下一个话题，无论他接着说的是过去的事情，将来的事情，还是正在发生的事情。（如果宝宝说的是正在发生的事情，那么就像以前一样，把正在发生的事情解释给他听。）

玛利亚的妈妈会花很多时间和玛利亚玩，但是她总是要把一个游戏彻底做完并把游戏场地收拾干净以后，才开始做下一个游戏。有一天，我看到她们在玩"请客"游戏，妈妈介绍完客人以后，玛利亚就不想接着玩这个游戏了，于是她向画画的地方走过去，可是她的妈妈坚持让她坐下来继续玩"请客"游戏。然而，很显然，玛利亚已经一点儿都不想玩这个游戏了，她根本听不进妈妈说的话，眼睛一个劲儿地往画画的地方看。在玛利亚的妈妈意识到这个问题，开始让玛利亚自己决定做什么游戏以后，她们俩的游戏变得充满了乐趣。

3岁的路西遇到的问题刚好与玛利亚遇到的问题相反，他的父母总是一起和她玩，他们想趁路西的弟弟睡觉的时候，让路西在有限的时间里做很多不同的游戏。可怜的路西很少有时间做完一个游戏，更别说有时间欣赏自己努力的结果了。

现在尽管宝宝各方面的能力都增强了，但是他的注意力仍然是单通道的。在你们做游戏的时候，他每次只能思考一件事情，你却会有许多与"此时此地"无关的想法。很多父母都意识不到这一点，常常抱怨孩子的注意力有问题。

这个阶段，你与宝宝的交流已经变得顺畅多了，宝宝的交流能力增强了许多，你们的对话也变得更加深入了，不仅会谈论他和其他人做过的事情，还会谈论这么做的原因，以及他们的感受和心情。

要用丰富的语言和宝宝交流，你可以尽可能多地使用新词语，不用担心宝宝接受不了。只要这些新词语与宝宝感兴趣的或者关注的事物有关，他就能够迅速理解。和以前一样，如果你觉得某个词语宝宝还没有听过，就应该

使用很多新词语

重复使用几次以帮助他理解。你可以让这个词在一连串不同的短句中反复出现，比如："那是一只鸵鸟。看！鸵鸟在跑呢！好大一只鸵鸟啊！"

你还可以使用各种各样的句型结构，现在你不用简化句子结构——只要是结构正确的句子，你都可以说。宝宝现在能够很快掌握新的语法结构——只要这些语法结构是用来谈论他正在关注的事物的，他就能迅速掌握。

帮助宝宝丰富他的游戏

经常和宝宝一起做游戏，对他有莫大的帮助。在这个阶段，宝宝的各种游戏，比如探索和假装游戏，都会有很大的发展，大人正确的帮助会让宝宝受益良多。

在探索游戏方面，最基本的就是要为宝宝提供许多合适的游戏材料，比如，各种绘画材料（例如蜡笔、粉笔和各种颜色和尺寸的纸），以及各种适合玩水、沙子和橡皮泥的玩具（包括大小和形状各不相同的容器和橡皮泥模子等）。另外，宝宝也非常喜欢你给他演示用这些玩具可以做哪些有趣的事情，比如，用白色的蜡笔在黑色的纸上写字，或者让他把手或脚放在纸上，然后用笔勾勒出其形状，他会觉得这些都非常好玩。当然，你要善于选择提出这些建议的时机，而最佳时机就是宝宝看着你，寻求你的帮助时——放心，他肯定有需要你的帮助的时候。宝宝会尝试去做难度更大的事情，比如折纸、剪纸和用积木搭建更复杂的结构，这个时候，如果你能够很有策略地给他一些帮助，他会非常高兴。和以前一样，你的建议是帮助宝宝提高技能的最好方式。比如，在他能够比较熟练地使用剪刀之后，你可以给他演示如何把纸折起来再剪，从而剪出有趣的形状。还是和以前一样，在给宝宝演示完一个新的游戏方法后，你最好离开，让他一个人去尝试。如果他需要你和他一起玩，他会立刻让你知道的。

在想象游戏中，你同样能够给予宝宝很多帮助。同样，你要为宝宝提供丰富的游戏材料，比如，可以给洋娃娃穿的衣服，或者你以前穿过的衣服和鞋子，这些都能够为宝宝的游戏增加乐趣。宝宝会非常希望你和他一起做角色扮演的游戏，你可以扮演宝宝在生活中遇到的各种人物，比如医生、理发师、售货员等。做游戏的过程能够让宝宝更加了解这些人物，加深对他们的认识。宝宝还喜欢和你互换角色进行表演。和以前一样，你仍然要在适当的时候给他提出建议，比如，告诉他理发师怎样打扫地板上的碎发，医生怎样给病人听诊等。（当然，如果宝宝对你的建议不太感兴趣，你一定不要坚持说下去。）

当宝宝用模型玩具（比如汽车、厨房玩具）做想象游戏时，你也可以提出类似的建议帮助他扩展游戏内容，比如，告诉他汽车坏了，需要修理一下。（注意：你建议宝宝做的事情应该在他的生活经验范围之内，这样你的建议对他才有意义。）

当宝宝同时用 2 个或者 2 个以上的玩具做游戏时，比如用积木为小汽车铺路，你可以建议他再设置一个红绿灯或者增加一个十字路口，这样能够使游戏更加有趣。

到了 3 岁，宝宝可能在游戏中加入假想的人物，如果你能够和他一起想象，他会非常高兴。你可以帮助宝宝丰富这些人物的个性和他们做的事情，如果宝宝有一个假想的朋友，你对他的这个朋友的行为感兴趣会令他非常高兴。

帮助宝宝拓展他的游戏

让宝宝继续享受倾听的乐趣

让宝宝能够感受到倾听的乐趣，尤其是听话语声的乐趣，这一点仍然非常重要。我们一直在唱的那些歌词大量重复的儿歌和动作谣，对此有很大的帮助，比如《王老先生有块地》和《如果感到幸福你就拍拍手》。宝宝也非常喜欢歌曲，比如《摇篮曲》。此外，你还可以像以前一样，用假装咳嗽和打喷嚏来逗他笑，或者做出夸张的吃惊或害怕的表情。

与和大人说话时相比，和宝宝说话时语速要慢一点儿，声音要大一点儿，语调要丰富一点儿，这是宝宝最喜欢的方式。另外，要继续发出有趣的声音，比如，在玩汽车的时候发出"嘀嘀"、"嘟嘟"的声音，宝宝在很长一段时间内都会觉得这些声音很有意思。

不要对宝宝说太长的句子

正如我们所知道的，宝宝已经能够理解大量的词语和句子结构了。但是，你仍然不要在一句话中传递太多的信息，和 3 岁的宝宝说话时，要把句子中的重要词语限制在 3 个以内，比如，"姥姥要坐公共汽车去超市"。在"与宝宝对话"的半小时之中，你要尽量按照这个标准限制句子的长度，这能够帮助宝宝尽快提高语言理解能力。

另一方面，限制你所说的句子的长度还可以帮助宝宝注意句子中的每一个细节，从而使他的语言表达更加准确。

不要说太长的句子

完整地说出宝宝想要表达的意思

正如我们之前所讨论过的，宝宝刚开始学说话时，词语的发音和句子的结构都有不规范之处。当你注意到宝宝有些句子说得不规范的时候，可以采用一个有效的方法帮助他，即你用正确的、规范的语言对他重复他想表达的意思。比如，当宝宝说"我们公园了"时，你可以对他说"是的，我们去公园了，我们是早上去的"。

一定要记住这样做时要遵循的"黄金法则"：你在重复他的意思时应该很自然，就像在进行正常的对话一样，不要让他感觉你是在纠正他的错误，而要想做到这一点，你就要用"是的"来开始你的话。

重复宝宝的意思时要自然

宝宝现在可能还不能准确地发出一些词语的音。其实，在宝宝 7 岁之前，我们不能要求他所有的发音都准确无误。

和以前一样，如果宝宝在说到某个词语时发音不准确，你可以将这个词语放在一系列短句中清楚地对宝宝说出来，比如，当宝宝说"一个大烟出"时，你可以说"是的，很大的烟囱，一个非常大的烟囱，烟囱都快顶到天了"。这样的句子有助于宝宝注意到这个词语的正确发音，从而自然而然地纠正自己的错误发音。

清楚地将他的意思表达出来

同样地，请你一定要遵守黄金法则：先说"是的"。

补充宝宝说的话

在上一阶段中我们已经看到，对宝宝说的话进行补充和扩展对他会有多么大的帮助。现在请继续这样做，比如，当宝宝说"小丑的帽子好玩"时，你可以说"是啊，很好玩，帽子顶上有一根绳子，绳子还摇来摇去的，大家都被逗笑了"。你会发现。这样的补充有时候能够引起有趣的对话。

本阶段的"禁忌"

不要纠正宝宝的话

不要纠正宝宝的话，并且要求别人也不要这么做。我们在前面说过，宝宝的发音之所以还不标准，主要是因为他还注意不到每个词语的准确发音，舌头和嘴唇的协调性也还不足以让他发出更复杂的音。在这种情况下，纠正宝宝的发音并不能让他发得更准确一些，反而会让他觉得我们不喜欢他说话的方式——这并不是我们所希望的。所以，正如我们之前所说，最有效的方式就是让宝宝清楚地听到词语的正确发音。

我们在治疗室接诊过数百个发音不清的孩子，但是我们从未让他们意识到他们存在这样的问题——孩子们都认为他们是来享受快乐的游戏时光的。实际上，我们采用的方法就是在和孩子的自然交谈中，帮助他们注意到所有不同的发音，意识到什么词应该发什么音，这正是他们所需要的。我们唯一的问题是：每次课程结束时，孩子们说什么也不愿意离开！

不要试图去教孩子

和宝宝在一起的时候，你应该让他自己做主选择你们要做的事情，这样他就能轻松、自然地掌握词语、句子、概念以及社会交往原则。

如果你专门教宝宝一些词语和概念，这些内容对他就缺乏乐趣和意义，他学起来就不会快。我见过很多这样的孩子，由于父母总是刻意去教他们，他们对颜色、形状和数字等概念的理解反而模糊不清，因为父母的焦虑让他们觉得学习是一件困难的事情。我还见过很多2岁时就认识所有颜色的孩子，他们之所以能够这么早就掌握这些知识，是因为他们的父母让他们自主选择活动，并注意到他们对颜色感兴趣，于是在活动中自然地说出这些颜色的名称，让他们在快乐的游戏中认识了所有的颜色。

对宝宝提问的方式

现在，你会越来越频繁地向宝宝提出问题，帮助他回忆他经历的一些事情的过程。比如，你会问他："你还记得那天你从椅子上起来的时候，医生做什么了吗？"听你这么一问，他就有可能想起那天看病的情形。不过，一定要记住：提问的次数不要过多，如果宝宝不回答你的问题，你就要自己作出回答。比如，如果你提出问题后，宝宝沉默不语，那么你就要说："他把你的外套递给了你，外套上面还贴了一张标签。"

和以前一样，一定不要只是为了让宝宝回答问题而提问，这一点非常重要。

你可以问一些你不知道答案的问题，比如，"你是喝牛奶还是喝果汁？"。你还可以通过问一些问题来帮助宝宝理清思路，比如，"接下来是该泰迪熊做，还是该我做？"。

> 你可以问宝宝你不知道答案的问题

对宝宝提问时应该遵守的"黄金法则"是：只有当你确实不知道某个问

由于很难说出完整的句子，迈克被他的妈妈带来见我。在和迈克交流的时候，为了让他将词语连成句子，他的妈妈不停地向他提出问题："这个是公共汽车，还是小汽车？""这是黑袜子还是白手套？"迈克不愿意回答这些问题，于是变得越来越叛逆，甚至连其他人也不搭理了。当他的妈妈不再不断地向他提问，而是和他谈论他所关注的事物时，他让他和妈妈一起做的游戏变得充满了乐趣——其实，他是一个想象力非常丰富，而且非常幽默的孩子。

题的答案时，你才可以问宝宝。

亲子游戏

在这个阶段，宝宝的探索游戏和假装游戏都得到了发展和完善。

在探索游戏方面，身体控制能力和手眼协调能力的发展使宝宝能够用玩具做更多的事情。现在，宝宝能够更加熟练地使用剪刀和绘画工具，能够更加娴熟地堆积木、拼图或者穿珠。在探索游戏中，他掌握了关于颜色、形状、尺寸和材质等方面的丰富知识。他也越来越擅长玩假装游戏，喜欢在游戏中加入更多的角色，这样他可以和大人互换角色，比如，轮流扮演牙医和病人。宝宝做想象游戏的能力也得到了很大的发展。

大人在宝宝的游戏中有着非常重要的作用。在探索游戏中，你可以给宝宝准备合适的游戏材料，并且和以前一样告诉他或者给他演示这些东西的不同玩法，这能够极大地丰富他的游戏内容。

你可以带着宝宝开展各种活动，比如，带他去公园和动物园，或者去购物，他能够从中获得不同的生活体验。这些体验都能够丰富他的想象游戏，因为宝宝在之后的游戏中会把这些活动表演出来，以便弄明白这些活动到底是怎么回事。

在家里，宝宝也需要有机会观察大人是怎么做饭或者洗衣的。如果大人能够参与到宝宝的游戏中，扮演宝宝指定的所有角色，并能够给宝宝一些建议，对这些角色进行拓展，宝宝将受益良多。比如，你可以告诉宝宝图书管理员是如何给书盖章的，甚至可以给他一个玩具印章。

固定的人，在固定的时间和宝宝做游戏，对宝宝的发育有非常大的帮助。这个人知道他们以前做过什么游戏，什么时候需要重复做这个游戏或者对它进行拓展，也知道宝宝在生活中有过什么真实的体验，并希望在游戏中再现出来。

探索游戏

宝宝现在喜欢运动量大的游戏，比如，骑三轮童车，扔球，或者踢球。他还非常着迷于玩水和沙子，玩的方式比以前更加复杂了：他不再是单纯地玩水或者沙子，而是把它们当做游戏的背景或者道具，比如，他现在喜欢在水里划他的玩具小船，在沙子里为他的玩具小汽车修路。他喜欢在大人的照看下玩公园里的户外玩具，比如秋千和滑梯，也喜欢在其他小朋友附近玩耍。

这个阶段的宝宝仍然非常喜欢配对游戏和分类游戏，能够熟练地给颜色、形状和尺寸归类。

现在，宝宝能够对游戏材料进行更加精细的加工。他能够更好地使用剪刀剪东西，还喜欢学大人折纸——他会竖着折，也会横着折，但是由于视力还没有发育完全，还不会斜着折。

宝宝也喜欢用蜡笔、铅笔、粉笔和水彩笔涂鸦，还能够告诉你他画的是什么。他开始尝试画人了，先画一个圆圈代表人的头，再画2条线代表两条腿。

现在，积木、沙子、水等游戏材料在他眼里也不一样了，他会有目的地利用这些材料去修路、盖房子，发挥它们应有的作用。

假装游戏

宝宝现在非常擅长做这种游戏，看他做游戏是一种乐趣，和他一起做游戏也是一件非常快乐的事情。他能够在游戏中准确地再现大人一连串的活动（比如，他会假装给泰迪熊洗衣服，把衣服拿出去晒干，收回来熨平，然后给泰迪熊穿上），这得益于他日常的观察。

宝宝还非常喜欢角色扮演游戏，能够表演得惟妙惟肖。他喜欢穿上妈妈的高跟鞋扮演妈妈，或者假装像爷爷那样吸烟，还可能扮演消防员、护士或者邮递员等角色。

宝宝会在他的游戏中增加越来越多的细节，比如，他在假扮理发师时，不仅会为顾客剪头发，还会在剪完头发后非常认真地扫去顾客肩膀上的头发，并把顾客身上的罩衣脱掉。

这样的角色扮演游戏，能够很好地促进宝宝对世界的理解和认识。在游戏中，宝宝需要回忆和理解事情的经过，从而使自己的思维能力和交流技巧得到提高。

假装游戏中用来代替现实物品的玩具在外形上不用像以前那么逼真了，一条绳子可以是一个听诊器，一张卡片可以是一本书。到 3 岁的时候，宝宝可能根本不需要任何物品就可以做假装游戏了。他开始充分发挥自己的想象力，已有的语言能力也可以帮助他展开想象的翅膀。他可能想象在一条绳子的那一头有一只狗，或者在假装开公共汽车的时候和想象中的乘客说话，有的时候，他甚至会分不清哪是现实的生活，哪是想象的世界。最近，一个朋友给我讲了他儿子的故事——他的儿子查尔斯被自己虚构的故事吓得不轻。查尔斯说，有一个小男孩在森林里走着走着，天就黑了，然后他迷路了，找

玩具箱

宝宝可以使用下面这些玩具做探索游戏和想象游戏。不过，和以前一样，他玩玩具的方法可能完全出乎你的意料。

探索游戏

★ 小球　★ 小积木　★ 玩橡皮泥需要的小擀面杖和小刀

★ 秋千和滑梯之类的大型户外游戏设施

★ 更多搭建材料

假装游戏

★ 玩水游戏需要的小船　★ 玩具娃娃　★ 玩具汽车

★ 玩沙需要的玩具　　★ 农场模型和玩具动物

★ 机场模型和玩具飞机

★ 能够给娃娃穿上和脱下的衣服

★ 带有司机和乘客以及轨道的玩具火车

★ 玩具吊车　★ 手指偶

不到家。讲到这里，查尔斯开始害怕起来，直到他的妈妈提醒他那只是一个故事，并立刻给故事接续了一个令人开心的结局，他才平静下来。我觉得这个故事很有趣，许多小孩子在这个时候都有一个想象中的朋友。

宝宝越来越喜欢在玩玩具的时候发挥自己的想象力了，他会把各种玩具与他的假装游戏很好地结合在一起，使游戏更加有趣。比如，他会为他的小汽车修一条长长的路，或者为飞机修一条跑道，还会在公共汽车或者火车里放上司机和乘客。他的火车会出现故障，需要检查，也会在不同的站停下来（这些站都是他曾经去过的地方）。动物园或者农场里的动物也会有各种冒险经历，比如，动物们跑出去了，然后走丢了，最后又安全地回家了。

在这个阶段，宝宝会用洋娃娃和泰迪熊做过程更长的游戏，比如，他会给它们脱掉衣服，洗澡，喂奶，最后换上睡衣。

手指偶也是非常棒的玩具，宝宝会让它们扮演个性独特的角色，经历神奇的冒险。

本阶段，虽然大部分时间宝宝还是自己一个人玩，但是他也开始让其他小朋友加入他的假装游戏了。随后，在这些假装游戏中会出现社会交往活动，比如，宝宝可能假装邀请另一个宝宝参加聚会，并假装请他喝茶。

亲子阅读

宝宝仍然喜欢看他以前看过的一些书，他喜欢把一本书翻来覆去地看，所以这个阶段你不需要为他添置太多新书。

像以前一样，一定不要试图教宝宝阅读。你可以告诉宝宝图片上有些什么，给他读一些小故事。如果他主动拿起书看，你可以给他说说书中的人物、发生的事情，还可以把这些人物和事情与他的生活经验联系起来。你们的这些对话常常与过去和将来的事情有关，是语言输入的绝佳材料。

最重要的仍然是你和宝宝都非常享受亲子阅读的时光。正如上个阶段中所说，宝宝在快乐的阅读过程中能够学到很多基础的阅读知识，比如，我们是从左向右看书的，书上的图片和文字能够代表真实的事物。基础打好以后，宝宝就能够在合适的时候快速、轻松地学会阅读。很多家长在孩子还没有准备好的时候就教他们阅读，结果反而使他们对书产生了厌恶，并在以后的阅读中遇到很大的困难。所以，现阶段最重要的是你们在一起看书时能够感受到快乐。

宝宝仍然喜欢内容与他的日常生活经历相关的图书，他喜欢谈论书中的人物对这些经历的感受。他还喜欢涉及他感兴趣的概念的图书，比如关于大小、数字和颜色的书。

宝宝已掌握的语言技能足以让他听懂一个简单的故事，他已有的关于"世界如何运转"的知识也可以帮助他区分真实和幻想，让他现在能够欣赏一些幻想故事。现在，他已经很清楚现实生活中的动物和汽车是什么样的，所以当看到动物和汽车可以做他平时做的事情时，他只会觉得很有趣，而不会信以为真。

用悦耳的嗓音为不同的人物配上不同的声音，将书的内容用生动有趣的形式表现出来，会让宝宝觉得其乐无穷。（现阶段，如果你觉得某个故事太长了，宝宝的注意力水平还不允许他听完整个故事，或者你觉得改动一些话语能够帮助他更好地理解故事，你可以稍微改动一下书中的话语。）

一定要注意，不要让宝宝被虚构的故事吓着了。你要帮助他认识什么是真实的，什么是虚幻的。如果他真的觉得害怕了，你就把故事改动一下，尤其是要给它一个皆大欢喜的结局。

"半小时"之外，怎样对宝宝说话？

★尽可能让宝宝自己做一些力所能及的事情（但是在他变得焦虑的时候，要给他帮助）。

★给他解释为什么有的事情不能做，而有的事情必须做。

★让宝宝有很多机会观察你和其他人的日常活动，比如，做饭和收拾屋子。

★在日常生活中多多和宝宝交流，告诉他正在发生什么事情。

★带宝宝去公园里的大型户外游戏设施上玩，比如，滑滑梯，荡秋千等。

★给宝宝创造与其他小朋友一起玩耍的机会。

★让宝宝有机会将他的经历表演出来，比如，表演他去理发或者去看牙医时的情景。

关于看电视或录像的问题

和以前一样，宝宝每天看电视和录像的时间不能超过半个小时。你最好和他一起看电视和录像，这样你可以和他就所看的内容进行交流，并在必要的时候作出解释。

选择电视和录像节目的标准和选择图书的标准一样。宝宝喜欢看熟悉的人物做着他平时也会做的事情，还喜欢节目中的场景和活动大量反复。他也喜欢看一些虚构的故事，但是和看书时一样，不要让他在看这些故事的时候产生恐惧。

宝宝依然非常喜欢音乐、儿歌和幽默剧，喜欢节目中介绍他感兴趣的概念，比如大小和颜色。

从 3 岁到 4 岁

关键能力的发育

与宝宝的其他发育阶段相比，3～4 岁是一个让人感觉非常愉快的阶段，大人在这个阶段的感觉相对比较轻松。

这个阶段的宝宝在日常生活中已经非常能干了，基本上可以自己吃饭，自己穿衣服。他也能够"察言观色"，体察他人的情绪和需求——无论是大人的感受，还是其他小朋友的感受，他都能够感同身受。现在，我们还可以和他讨论这些事情——他已经是一个很棒的聊天伙伴了！

你会发现，宝宝开始对人表现出关爱和信任，还非常想让你开心。他乐意帮助你干活，甚至还试着使周围的环境保持整洁。

本阶段，宝宝的一个重要进步是：即使没有你陪着，他也可以去小伙伴家玩；如果你们是一起去的，而中途你要离开，那么只要知道你什么时间去

请注意：本书中所介绍的儿童各阶段发展水平都是平均水平。

不同宝宝的成长速度存在差异，而且某一方面发育迅速通常会导致另一方面的发育暂时落后。所以，即使你的宝宝在某一阶段某方面的能力没有达到本书中的相应水平，你也不用担心和沮丧。更多内容，参见第 233 页"应该注意的问题"。

接他，他就会高兴地留下来和其他小朋友一起玩。

宝宝现在喜欢和其他小朋友一起玩了，你会发现，当有小朋友和他一起玩的时候，他就不会像以前那样频繁地打扰你了。他可以更长时间地做一个游戏或者一件事情了，不会像以前那样总是玩几分钟就不玩了。

从3岁到3岁半

语言能力和沟通能力发育

我们已经看到，刚满3岁的宝宝能够理解很多名词、动词、形容词以及连词，能够听懂包含3个重要词语的句子，比如，"泰迪熊在最大的椅子上"。

这个阶段的宝宝已经能够理解一些话语间接表达的意义了，比如，"一下就好"。他也非常清楚其他人知道什么，不知道什么，这样一来，他就可以和更多的人更好地进行交流。

到了3岁半，宝宝开始理解一些平时用得很少的词语，比如"运送"和"恐怖"。他逐渐能够听懂包含4个重要词语的句子了，比如，"宝宝的黄色杯子在厨房里"——这是另外一个重要的进步。他还开始理解并喜欢比喻句，比如，"鞋大得像船一样"。

随着宝宝的语言理解能力不断提高以及他对语言的兴趣越来越浓厚，你会发现，你只要稍微改动一下歌词或者故事中的词句，他就会提出强烈的抗议。

现在，宝宝开始有自己的想法了，有时候他会向你提出一个问题，但是并不会认真听你解释，而是继续自己思考。比如，他可能问你"小花骨朵怎么就变成花了呢？"，可是在你详细地回答这个问题以后，他的回应却是"公园里有好多花"。

在这个阶段的初期，宝宝的语言表达的特点是：在一般情况下，他能够说包含3个或者3个以上重要词语的句子，比如，"妈妈开车去上班"。他还开始以幽默的方式使用语言了，因为他发现讲笑话能够让大家发笑，所以他会经常这样做，尽管他还不能完全理解这些笑话。

说话的时候，宝宝常常会用"然后"、"因为"这样的连词把几个句子连在一起，比如，"我去食品店，买了一个烤红薯，然后我把它扔了，因为它太烫了"。

到了3岁半，宝宝可以说更复杂的句子了，这些句子的结构更加多样，语法更加正确，可以清楚地表示事情是发生在过去、现在还是将来。

随着语言能力不断提高，宝宝可以更加自如地表达自己的想法了，他的表达更加清晰、更加详细了，比如，他现在可以向大人要"那种上面有巧克力的大饼干"了。

有时候，宝宝还能够对别人的交谈作出反应。我最近在超市里见过一个小男孩，他专心地听另外两个顾客聊关于狗的事情，并且在从他们身旁经过的时候大声对他们说："我有一只狗狗，它叫贾斯特。"

语言已经真正成为宝宝的思维工具，能够帮助他解决问题、制订计划。宝宝现在已经是一个熟练的交谈者了，他能够主动开始和人交谈，能够使谈话持续下去，还能够在必要的时候对自己的话进行补充和解释。到了3岁半，宝宝会掌握更多与人交流的技巧，比如，他会用"你知道什么吗？"这样的开放式问题开始与他人的对话。他能够更好地与陌生人和同龄人进行交流了，这主要得益于他知道了陌生人和同龄人知道什么，不知道什么，这样他就能够选择恰当的话题与他们交谈。他现在也非常清楚与人谈话的规则，比如，他知道别人是对他提出一个问题，还是让他解释他说过的话。

本阶段还有一个有意思的特点是，宝宝在和别人一起玩的时候，能够一会儿对自己说话，一会儿冲对方说话，比如，他可能先对自己说"我把这个放在这儿"，然后对他的伙伴说"你把那个放在那儿"。

现在，宝宝还能够进行表演式的对话，能够用不同的声音和方式说话，比如，他可以用粗哑、低沉的声音假装巨人说话，也可以用尖细、欢快的声音假装小孩子说话。

动作能力和认知能力发育

这个阶段的宝宝非常喜欢充满活力的户外活动，他做户外游戏的技能也熟练多了。他能够踢大球，也能够把小球扔出一米远；他能够单脚或者双脚跳到下一级台阶上，跑起来也更加轻松自如了，拐弯的时候也不用先停下来了，还能够推着或者拉着玩具跑。

手眼协调能力和控制手的能力的提高，让宝宝掌握了一些新本领。3 岁半的时候，他就能够沿着笔直的线用剪刀剪东西了，还能够沿着线剪出一个菱形。此外，宝宝现在还能够模仿着写出字母 V、H 和 T。

宝宝的生活自理能力更强了，他会自己吃饭，也会自己洗手、洗胳膊、洗脸，洗完之后还会自己擦干。

宝宝非常喜欢得到大人的肯定，也会努力遵守大人制订的规矩，比如，他会帮忙收拾玩具，和别人分享他的玩具。

注意力发育

在大约 3 岁的时候，宝宝的注意力发育会有一个重要的进展：他第一次能够主动将注意力从他正在做的事情上转移到某个正在说话的人身上。他不再需要大人叫他的名字来提醒他听人说话，而是自己就能注意到有人在说话，然后就会主动转移注意力，不再关注手头的事情，而是去听别人在说什么。不过，他的注意力转移得还不够快：他需要一段时间才能注意到有人在说话，并停下手头的事情去听。通常，他在他正在做的事情上投入的注意力越多，他转移注意力所需的时间就越长，同时，他将注意力再转移回来所需的时间就越短。

听力发育

如果你一直坚持采用"与宝宝对话"这套方法与宝宝交流，那么宝宝现在应该能够毫无困难地选择自己想听的声音了，并且只要他愿意，就可以一直集中注意力去听这个声音。即使宝宝曾经有过听力障碍，但是因为"与宝宝对话"这套方法为他创造了大量在安静的环境中听别人说话的机会，而且他听到的声音也是悦耳动听的，听力障碍给他带来的影响会被减至最小。

从3岁半到4岁

语言能力和沟通能力发育

在这个阶段结束的时候，你会惊喜地发现，宝宝已经基本掌握了语言。来到这个世界仅仅4年时间，他就已经能够理解和使用几千个词语以及所有的基本句型了。现在，他已经成长为一个能够完全用语言进行交流的人了！当然，和我们一样，他一生都会不断扩大词汇量，也会用越来越复杂的方式将词语和句子组织在一起。

宝宝的语言理解能力已经非常强了，到4岁的时候，他已经能够理解几千个词语了，包括名词、动词、副词、形容词和连词等基本类型。他能够理解一些平时不常用的词语，比如"液体"、"森林"、"老鹰"、"糨糊"和"混乱"。更重要的是，他能够听懂包含6个重要词语的句子了，比如，"我们把大泰迪熊都放在长架子下面"，或者"大积木在门后面的红色盒子里"。这就是说，几乎没有什么日常对话是他听不懂的了，于是，现在宝宝在大多数情况下都能够听懂和掌握新词语和新句型，而不是只在别人直接对他说的时候才能理解了。

宝宝的语言理解能力大幅度提高以后，他的表达能力也有了很大的提高。4岁的时候，他掌握了大约5000个词语以及所有基本的语法规则和句型结构（当然，他还会时不时地犯错误）。从此以后，宝宝的任务就是扩大词汇量，以及掌握更加复杂的表达方式——这些工作我们一生都在做。

宝宝开始说"我觉得我们还可以叫汤姆来"、"我想出去玩，可外面还在下雨"之类的句子了，这说明他已经开始用语言制订计划和解决问题了。

尽管有的时候宝宝的语言不那么规范，但是通常人们都能够听懂他在说什么。他仍然会用容易发的音代替难发的音，可能要再过 2 年，甚至更长的时间，他的发音才能变得完全正确。有的宝宝要到 7 岁，才能正确发出所有的音。

这个阶段的宝宝常常会沉醉于自己新获得的语言技能，说起话来滔滔不绝。他能够条理清楚地讲述已经发生的事情或者未来的打算，还能够讲很长的故事，但是他在故事里会把事实和幻想交织在一起，这说明他还不能很好地将二者区分开。他还能够编出美妙的理由和故事掩饰自己做的错事，比如，他会对你说有个巨人从烟囱里钻出来了，还把他的果汁给打翻了。

宝宝能够告诉别人更多的真实信息了，包括他的全名和家庭住址。

本阶段，宝宝提出的问题是最多的。他现在所提的问题和以前有所不同：他不再像以前那样简单地追问原因和结果（比如，"那个为什么是湿的？"），他现在所提的许多问题都体现了他想理解大自然和人类社会的愿望，比如，他可能经常问"为什么那个阿姨给……？"或者"小鸟怎么飞啊？"。

随着宝宝的社会意识有了极大的提高，他现在已经成为一名出色的沟通者了。如果想和某个人说话，他可能先叫他的名字或者称呼，也可能直接说"我想告诉你一件事"；如果他不想再说某件事了，他就会转移话题，或者去做别的事情；如果对方有些疑惑不解，他立刻就能觉察到，并且会在对方提出要求之前重复或者解释自己刚说过的话。他能够像大人那样把握接过话头的时机，比如，他会在恰当的时候加入别人的谈话，会等别人说完一句话停下的时候再开始说话，而且所说的内容也与正在谈论的话题有关。宝宝和别人交流的时间更长了，在对方说话的时候，他会通过点头或者说"是"来表示赞同。社会意识的提高甚至使他能够针对不同的对象调整自己的说话方式，比如：对一个婴儿，他可能说非常简单的话；对一个权威人物（比如幼儿园的园长），他可能非常有礼貌，会说"谢谢"、"麻烦"之类的话——对家里人或者很好的朋友他常常不会说这些。

宝宝对谈话对象所掌握的信息有了更加清楚的认识，不过还不全面。比如，他可能忘了邻居阿姨并不知道他周末去了海边，因而会对她说"浪越来越大"，这一定会让对方摸不着头脑。

在与大人和其他小朋友交流的时候，宝宝能够根据交流目的更加灵活地运用语言：他会和小朋友商量两个人怎么玩，比如"你先去滑滑梯，我先去荡秋千"；会和小朋友讨价还价讲条件，比如，"如果你让我决定搭什么，我就让你玩这些积木"；会用话语威胁别人，比如，"要是你不让我玩那个，我就把它们都拿走"；还会用语言陈述规则，比如，"你应该把这个大积木放在下面"；甚至还会为自己辩解，比如，"肯定是乔尼，我在外面呢！"。除此以外，宝宝还能够用语言评价自己的行为：有时候他会进行自我批评，比如，"我真笨"；有时候，他会自我表扬一下，比如，"我今天画的画可漂亮了"。

宝宝现在喜欢用语言来做游戏（比如，说绕口令《吃葡萄不吐葡萄皮》），还会说一些小笑话，虽然有时候他并不理解这些笑话的意思，但是当他发现人们听了以后会发笑时，就会反复地说。

动作能力和认知能力发育

宝宝现在能够非常熟练地做他喜欢的户外运动，他能够一边跑一边踢球，并且把球踢到他选定的方向，还能够接住反弹到他附近的球。他会踮起脚尖跑步，能够一边跑一边拐一个很急的弯。他喜欢爬梯子或者爬树，能够单脚跳，还能够弯腰从地上捡起小物品。他能够站着向上跳，也能够一边跑一边向上跳，甚至还能够翻筋斗。现在他骑车的水平非常高，不仅速度很快，技法也很娴熟。

在这个阶段，宝宝能够像大人那样握住铅笔了，这样他就可以用另外一只手按住纸。现在，他能够画出一个有脑袋、胳膊、腿、眼睛和身子的人了，也会画简单的房子。他能够把一张纸对折3次，还能够把纸揉成一团。他能够把 10 块积木摞在一起搭建一座塔。至于数数，现在他能够凭着记忆从 1 数到 10（但是现在他可能只能理解到 3）。

在这个阶段，宝宝能够自己做日常生活中的大部分事情。他基本上可以自己穿衣服和脱衣服，只有在扣子比较难扣或者带子比较难系的时候需要大人帮忙。此外，他还能够独立刷牙。现在，宝宝还非常喜欢帮大人跑腿，比如，把信投入邮筒。

宝宝长到 4 岁的时候，会变得精力充沛，活泼好动，很难安静地坐下来。他变得非常有主意，常常去做大人不允许他做的事情，还会表现出蛮横无理的样子，对你说："我不喜欢你，我不想做你说的事情。"但是有时候，他也能够克服自己任性的缺点，去做正确的事情。

这个时期，宝宝的表现欲很强，一有机会就会通过模仿搞笑的动作和说笑话逗别人发笑。

注意力发育

在这个阶段，宝宝的注意力仍然是单通道的，要到整整 4 岁或者再大一点儿的时候，他才能听见别人说与他正做的事情无关的话。（这种能力对宝宝适应学校生活非常重要，在学校里，他必须一边听老师讲解，一边完成自己的任务。）

如果需要宝宝转移注意力做另一件事情，你应该多次提醒他。你最好是在很快就要他做另一件事情的时候提醒他，比如，在马上就要他洗手之前，告诉他"吃饭之前去洗手"。

听力发育

本阶段，听力发育方面没有大的变化，情况和上个阶段基本一样。

小结

满4岁的宝宝应该具备以下能力：

★ 不熟悉他的人也能够听懂他的话。

★ 能够连贯地讲述最近发生的事情。

★ 能够告诉别人他的住址和年龄。

★ 会提出数不清的问题。

★ 能够听很长的故事，也能够自己讲很长的故事。

★ 能够用语言与人进行协商或者讨价还价。

★ 能够使用礼貌用语，比如"请"和"谢谢"。

应该注意的问题

如果出现以下几种情况，建议你带宝宝去找专业人士咨询。(不过，请记住：不同宝宝的成长速度是各不相同的。)

如果你对宝宝的发育状况有任何疑虑，而你所担心的问题并不在下列问题之中，我也希望你尽快带宝宝去寻求儿科医生等专业人士的建议。

宝宝满4岁时，如果出现以下情况，请务必重视：

★ 常常看起来很困惑，好像不明白你在说什么，也不会按照你说的话去做。

★ 将注意力集中在任何事情上的时间都不超过两三分钟。

★ 说话不是很清楚。

★ 不能清楚地向你描述你不在场时发生的事情。

★ 不会问很多问题。

★ 不愿意和其他小朋友一起玩。

★ 他用行为或者语言告诉你他知道自己说话不流利，或者在吐词的时候显得非常困难。

与宝宝对话

独处每天半小时

在这个阶段，宝宝与小伙伴在一起做游戏变得越来越重要了。无论是在幼儿园里和小朋友玩，还是请小朋友到家里来玩，宝宝都会受益匪浅。

但是，你和宝宝单独相处对他的发育仍然大有帮助，所以，请继续坚持每天与他对话。"与宝宝对话"的环境仍然是宝宝学习语言的最佳环境，而且你已经非常了解他的注意力水平了，这对他的帮助是不言而喻的。你还可以和宝宝开展更多富有创造性的活动，帮助他拓展做游戏的方式。你每天全身心地、无条件地关注宝宝，倾听他的心声，仍然会让他在情感上获得极大的安全感，同时，也让你们有机会讨论一些生活中应该做和不应该做的事情，从而减少彼此的摩擦和不快。此外，宝宝也会很高兴能够利用这段时间向你提出无穷无尽的问题。

关于宝宝说话不流利的问题

在这个阶段，一半以上的宝宝会经历一段"说话不流利"的时期，他们经常会将一个音或者一个词重复很多遍。产生这种现象的原因是：宝宝的小脑袋里装了许多事情，可是他们所掌握的语言还不足以把这些事情都表达出来。当宝宝思考如何把自己的想法表达出来的时候，"结巴"的情况就出现了。这时，宝宝的注意力都集中在思考上，根本注意不到重复的问题。这是一种很正常的现象，几个星期或者两三个月之后，当宝宝的语言能力进一步提高以后，这种现象就会自行消失。

下面我将谈一谈如何帮助宝宝更好地度过这个阶段，因为说话不流利的问题经常引起不必要的紧张和沮丧的情绪。如果认识的人中有口吃的人，尤其是当家族中有人有这个问题的时候，父母通常就会错误地认为自己的宝宝也有口吃的问题，这会让他们非常恐慌。这时，父母通常会采取一种危险的做法，即经常对宝宝说一些他们自以为有帮助的话，比如，"再说一遍，说慢一点儿"，"说话前深呼吸一下"等，而实际上，在此之前宝宝并没觉得自己说话有问题，经大人这么一说，他反而意识到了自己的问题，然后就会试图停止重复。这会导致宝宝非常辛苦地与自己做斗争，而且往往会导致真正的口吃问题产生。在这个阶段，你一定要遵守的"黄金法则"是：绝对不要让宝宝把注意力集中在他说话的方式上。

> 不要让宝宝关注自己的说话方式

每天半小时的对话可以帮助宝宝轻松地度过这个阶段。在这段时间里，你为他提供了一个完全没有沟通压力的环境：他不用和人抢着说话；你会给他充足的时间进行表达；他说话的时候不会被打断；他也不用担心有人向他提问或者要求他说什么话。（你可能也意识到了，"与宝宝对话"的重要内容之一是，尽量避免给宝宝施加交际压力，这也正是很多孩子在使用这套方法进行交流后就成为自信的沟通者的原因。）

这个阶段唯一需要额外注意的就是，如果宝宝说话很快，那么你就要放

迈克3岁了，他是一个非常漂亮的卷发小男孩。他的妈妈心急如焚地带着他来找我，她说她担心极了，因为迈克说话开始结结巴巴的了。迈克的两个舅舅说话都结巴，所以她对这个问题很敏感。她不停地提醒迈克说话慢一点儿，结果却发现他重复词语的现象反而更加严重了。在我的治疗室里，迈克自己走到玩具箱旁，开始不停地说起话来，很显然，他有很多话要说，有几次他把一个词重复说了15遍。我看得出来，他显然并没有意识到这个问题，他显得非常轻松，不像他的妈妈那样紧张。

我告诉迈克的妈妈，迈克的表现在这个阶段是很正常的，不久就会有所改善，她这才松了一口气。两三个星期之后，她打电话告诉我迈克说话结结巴巴的现象已经完全消失了。

慢自己的语速，这样他的语速也会在不知不觉中自动慢下来。

对话的环境

在这个阶段，你与宝宝对话的环境会有所变化：任何你们能够单独相处的安静环境，都可以作为与宝宝对话的场所。你和宝宝在一起散步的时候，一起干家务活的时候，或者一起烤蛋糕的时候，都可以进行愉快的交流。

如果你们待在家里，那么你可以为宝宝准备一些适合创造性活动的材料（比如颜料或者橡皮泥），还可以准备一些做探索游戏和想象游戏需要的材料，这对你们的对话会很有帮助。

本阶段如何与宝宝对话？

继续关注宝宝关注的事物

尽管我们在前面说过，现在宝宝转移注意力的能力增强了，但是在你们每天半小时的对话时间里，你仍然要和以前一样，让宝宝主动选择他要关注的事物，让他来决定你们的对话有多少是关于"此时此地"发生的事情的，又有多少是谈论过去和未来的事情的。如果宝宝关注的是"此时此地"发生的事情，那么你要像以前一样，不给他任何指令，而是给他解释正在发生的事情（我希望你已经很习惯这样做了），让他在关注事物的同时自然而然地听你说话。比如，当宝宝推着玩具一圈一圈地转时，你可以说："哦，它在一圈一圈地转，你推它的话，它就会一圈一圈地转。"

另外，我们也曾讲过，不要试图去教宝宝。如果能够让宝宝无意之间将这些知识、信息与他正感兴趣的事物联系起来，他就会学得更多、更快，比如，当宝宝对颜色、数字等概念感兴趣时，他会通过他自主选择的图书或者他的谈话告诉你。早期和近期的研究都表明，有父母陪着一起玩的孩子以后在学校的学习和考试中会比那些很早就接受知识教育的孩子表现得更好。

帮助宝宝发展游戏技能

为宝宝提供合适的游戏材料和玩具，并向他展示它们丰富而奇妙的玩法，能够最大限度地帮助宝宝提高他的探索游戏技能。签字笔、涂色海绵等新鲜的游戏材料能够重新激发宝宝对以前做过的游戏的兴趣；在图画上涂抹糨糊，这样你就能够用一些东西（比如树枝、梳子和牙刷）在上面拼出图案，这也非常好玩。

宝宝也喜欢玩橡皮泥，你可以给他提供不同的模具，让他用橡皮泥制作不同的东西。另外，把纸放在树皮或者其他材料上面，然后用蜡笔拓印，也很有意思。你还可以告诉他如何从杂志上剪下喜欢的图片制作一个剪贴簿。

给宝宝提供游戏材料是非常重要的。20世纪80年代美国的一项研究显示：给宝宝提供适当的游戏材料与宝宝在儿童时代后期取得更大的进步之间存在关联。

如果你还能够给宝宝演示这些材料的用法，帮助他更好地利用这些玩具做游戏，他会受益无穷，你们两个人也会在不断尝试新玩法以及开展其他创造性活动的过程中获得极大的乐趣。宝宝一定会愿意同你一起做游戏，并且

本尼已经3岁了，可是他只会说由2个词或者3个词组成的句子，而且还说得不清楚，于是他的爸爸把他带到了我的治疗室。我发现，本尼的爸爸总是很想教本尼学习知识——他很难克制这个冲动，于是我和他好好地聊了一番。3个星期以后，我就看到了他们父子二人在一起做游戏的美好情景：本尼选择了一袋形状各异的积木，想用它们铺一条"复杂"的路；在他摆积木的时候，他的爸爸就谈论他正在做的事情，比如，他的爸爸会很自然地说起积木的形状——"真不错，这个正方形的积木放在那个长方形的积木后面太合适了"，或者"那个圆形的积木正好可以当红绿灯"。以前本尼一直容易混淆各种形状，而现在做了不到一个小时的游戏之后，他就能够正确地说出各种形状的名称了。

从中学到丰富的语言表达方式，比如，在拓印树皮的活动中，你们可能用到"粗糙"、"层状"、"浮雕般的"、"突出"、"轮廓分明"等表达方式。

同以前一样，你要帮助宝宝拓展他已经掌握的游戏技能。比如，在他学会玩橡皮泥后，告诉他如何把不同的模具压在上面制作各种各样的东西；在他学会使用剪刀后，给他演示一下怎样用剪刀剪出不同的形状。

表扬孩子付出的努力

对宝宝努力的成果给予表扬和鼓励，能够有效地提高他的信心。看到自己画的画贴在墙上，或者看到自己搭建的作品摆在窗台上，宝宝会非常高兴。

宝宝也喜欢你和他玩简单的纸牌游戏或者棋类游戏。你要清楚地向他解释这些游戏的玩法，这样他就能够在和其他小朋友一起玩之前，率先熟悉游戏规则。

做想象游戏的时候，你也能够给予宝宝同样多的帮助。同样，你可以为他提供丰富的游戏材料，比如，你不穿了的裙子、鞋，以及可以用来制作车库、商店、消防队和房子的大盒子等。

还有一点非常重要：要让宝宝获得足够的生活体验，这样他才能够在游戏中把它们表演出来，并且更加深刻地理解它们以及它们在生活中的意义。

和以前一样，宝宝喜欢你给他的游戏提建议，使其更加有趣，比如，当他扮演消防员的时候，你可以告诉他消防员如何进入消防车里，以及如何把软水管盘起来；当他做商店游戏的时候，你可以告诉他如何将货物存放在商店的后面，架子上没货了就要从那里补货。

但是，你无论有多少好点子，都要克制住自己，千万不能取代宝宝在游戏中的位置。

让宝宝主导整个游戏过程

你一定要遵守的"黄金法则"是：让宝宝主导整个游戏过程。美国的一项研究清楚地表明，父母过多地干涉孩子的游戏，只会阻碍孩子的发展。

如果你带着好几个小孩子一起做游戏，你也可以给他们提供许多帮助。你要努力使他们有足够的空间以及时间（起码半个小时）玩耍，还要给他们提供足够的游戏材料，比如盒子、纸箱和圆桶等，让他们可以制作船、飞机和房子，这会让他们感到非常高兴。你也可以帮助他们消除分歧，因为他们现在还没有足够的能力解决出现的矛盾。

让宝宝继续享受倾听的乐趣

继续让宝宝获得许多声音体验，从而享受倾听声音的乐趣。宝宝现在非常喜欢唱歌、跟着音乐跳舞或者和着节奏拍手。他还是非常喜欢歌词重复的儿歌，比如《王老先生有块地》和《如果感到幸福你就拍拍手》。

在亲子阅读时间，宝宝也可以获得倾听声音的美妙体验。如果几个小朋友一起玩，那么玩"听音乐抢板凳"或者"击鼓传花"之类的游戏会很有趣，这些游戏都是依靠倾听声音来玩的。

在宝宝画画的时候，模仿笔发出的声音也会很有趣，比如，画圆圈时发出"呜呜"的声音，画弯弯曲曲的线条时发出"嘀嘟嘀嘟"的声音。你还可以在他玩水的时候发出"咕咕咕"的声音，在他玩车的时候发出"嘀嘀嘀"的声音——这些声音对这个年龄段的宝宝来说仍然非常有趣。

关于句子的长度

现在你不用再考虑句子的长度了，尽管放心地跟宝宝聊天吧。如果宝宝不理解某个词，他会直接问你"这是什么意思"，或者让你把刚才说的话重复一遍。

你也不必限制你所使用的新词语的数量了。宝宝已经有了一定的语言基础，只要语境合适，即你所说的话与他正在关注的事物相关，他就能够轻松地掌握新词语。另外，如果你觉得某个词宝宝可能不熟悉，你仍然可以把它用在一系列短句中说给他听，这对他理解新词语仍然有帮助，比如，"这是一只羚羊，羚羊长着长长的角，我觉得羚羊的样子像鹿，但是羚羊比鹿更加优雅"。

现在，你不必特意放慢自己的语速了（除非你的宝宝正处于说话不流利的时期），也不必刻意大声地、抑扬顿挫地对宝宝说话了，你完全可以用你平时习惯的方式和他对话。他已经能够很好地理解语言，对语言的兴趣也很浓厚，完全认识到了听人说话是多么有趣的事。

宝宝有时候也会犯一些语法错误，还会出现一些发音不准的情况。当宝宝出现这些问题的时候，你一定要用正确的表达方式清晰地对他重复他的话，这对他仍然很有帮助。但是，你重复的时候一定要记得用"是的"来开始你的话，让你的话成为你们的自然对话的一部分，不要让宝宝感觉你在纠正他的错误。

补充宝宝说的话

你一定已经发现，很多时候你都在非常自然地这么做。和上个阶段一样，你要对宝宝说的话进行补充，增加更多的信息，比如，当宝宝说"我们去玩蹦蹦床了"，你可以说"是啊，我们去玩蹦蹦床了，泰迪熊摔倒了，它的鼻子撞到了地上，可怜的泰迪熊，它的鼻子可撞惨了"。

在回答宝宝提出的问题时，你可以在回答中额外添加一些信息，这也会很有好处（不过你要仔细观察，确定他对这个问题依然有兴趣），比如，如果宝宝问你"为什么那只鸟衔着一根树枝"，你就可以给他讲一讲鸟儿筑巢的事。宝宝可能对你提出很多问题，希望你给他解释，如果他觉得你的解释还不够，他会清楚地让你知道。

本阶段的"禁忌"

本阶段你仍然需要注意以前的一些"禁忌"：

不要纠正宝宝的话。我们已经说过，这一点非常重要。当宝宝的某个词语或者句子说得不清楚的时候，你对他最有效的帮助就是让他清楚地听到你是怎么说的。

不要让宝宝把注意力集中在他说话的方式上。当他处于说话不流利的时有一天，尼古拉斯来我的治疗室玩，在他玩的时候，我就对他说他正在做的事情，很快我们俩就开始聊天了，而且聊了很长的时间。

在和我交谈的时候，尼古拉斯表现出了熟练的语言技能。他的妈妈看到这个场景，感到非常惊讶。她一直认为尼古拉斯是一个非常害羞的孩子，因为他总是需要很长的时间才能开始和不认识的大人聊天。

我告诉尼古拉斯的妈妈，我的"秘诀"其实非常简单，就是和尼古拉斯谈论眼前他正感兴趣的事情，而不对他提出任何问题。这让她想起了尼古拉斯的爷爷一向和尼古拉斯说话的样子：他将双手抱在胸前，一边盯着尼古拉斯，一边问"你最近都干什么了？"。她还想起了她自己听到这些话时的感受，于是终于理解了为什么尼古拉斯喜欢别人跟他谈论眼前的事情，而不喜欢别人对他提问。

期时，这一点尤为重要。你需要做的是对他所说的内容作出回应，而不是对他说话的方式评头论足。

对宝宝提问的方式

到了这个阶段，你可以对宝宝提一些经过仔细斟酌的问题，促使他开动脑筋进行思考，帮助他找出解决问题的办法。比如：在他拼图遇到困难的时候，你可以说"如果把那个拼图块倒过来，会怎么样啊？"；在他搭积木的时候，你可以说"把这个大积木放在那些小积木下面能够搭一个什么东西啊？"。不过，请记住：这样的问题不要问得太多，而且，和以前一样，如果宝宝不回答你的问题，你就要自己回答。

继续遵守以前的提问原则：不能仅为了让宝宝说话而提问。无论宝宝的语言能力如何，他都非常清楚你的目的，这只会让他变得非常拘束，从而限制他的进步。

亲子游戏

3～4岁是做游戏的绝佳阶段，宝宝的各种游戏技能都将有很大的提高。

本阶段最大的一个变化是，游戏开始成为一种合作进行的社交活动。尽管宝宝有时候仍然会和别的小朋友各玩各的，但是他已经越来越喜欢和小伙伴们一起玩耍了。新掌握的语言技能让他可以和别人讨论和制订游戏计划和规则，从而逐渐学会与别人合作。他学着轮流发言，学着解释自己的话，学着倾听他人的话，并且学着理解和谈论彼此的想法——这些都是重要的生活技能。

在这个阶段，宝宝对游戏的兴趣出现了明显的个体差异，这预示着不同的宝宝成年以后的业余爱好各不相同。同时，一个人对美术、音乐或者科学的终生兴趣也是在这个阶段开始产生的。

本阶段的另一个重要进步是，创造性游戏开始出现。这是因为宝宝已经非常了解他所拥有的玩具和游戏材料的特点，并且掌握了足够的语言能力，可以充分发挥自己的想象力，对这些玩具的玩法进行创新性思考。

3 岁到 3 岁半的游戏

★探索游戏

宝宝现在非常喜欢户外活动，他喜欢骑三轮童车，喜欢跑和跳，也喜欢踢球。

宝宝仍然对玩沙子和玩水非常着迷，他喜欢把沙子和水在不同的容器里倒进倒出，更喜欢用它们构造复杂的游戏背景，用玩具车和洋娃娃来做游戏。本阶段，宝宝继续从这些游戏材料中获得与尺寸、重量、材料和体积等概念有关的知识。

宝宝越来越喜欢可以塑形的材料了，比如橡皮泥和黏土。他能够用这些材料制作出做游戏需要的物品，比如聚会需要的食物或者动物们的房子。他还开始用这些材料开始一些新的尝试，比如，他会发现，把不同的模具放在上面能够压出不同的东西。

宝宝能够利用废旧物品了，比如，他会用旧盒子和桶搭建有趣的建筑物。

在这个阶段，宝宝也喜欢参与一些真正的劳动，比如做饭和种花。如果能够吃到自己做的小饼干，或者看到自己种的花一天天长大，宝宝会非常开心。另外，蚕蛾或者蝴蝶破茧而出，以及小蝌蚪长成青蛙的过程也会让他惊叹不已。

★想象游戏

在这个阶段，宝宝的假装游戏会发展为社交游戏——在游戏中，不同的宝宝担任不同的角色，比如在购物游戏中分别扮演售货员和顾客。不过，宝宝并不能长时间地玩这种游戏，常常是玩一会儿就停下来了，他还需要学习和了解许多东西，才能更好地组织游戏和使游戏持续下去。对宝宝来说，和小朋友合作是一个新的起点。此外，这个阶段的游戏还没有太多的情节和步骤——这些稍后会出现。

当没有其他小朋友和他一起玩的时候，宝宝就会和以前一样，将他以前的一些经历表演出来，比如，假装去看病。当然，他仍然喜欢大人和他一起做这种游戏。他现在还能够把故事中或者电视节目中的情节表演出来，比如，假装自己是跑得飞快的火车或者怪兽。他依然喜欢外形逼真的"道具"，比如购物袋、收银机和玩具钞票。

宝宝能够更加逼真地做一些涉及车库、农场或者动物园的假装游戏了，他会和别的小朋友一起做这些游戏：一个人扮成农场主，用拖拉机运载货物，另一个人则负责看管动物，看它们是不是都返回农场了。

在这个阶段，宝宝开始喜欢竞技类游戏了，比如简单的卡片游戏"拍洋画"。他开始对游戏规则产生极大的兴趣，会主动去学习这些规则（然后在必要的时候加以运用）。

3岁半到4岁的游戏

★探索游戏

宝宝还是非常喜欢户外活动，到了4岁，他喜欢挑战自己的极限，比如，尽可能跳得更高、更远。他还喜欢表演"特技"，比如，站着骑三轮童车。

宝宝对创意材料的使用比以前更加有条理了。他非常喜欢染色和画画，还喜欢用各种不同的材料进行创作，比如，用土豆片或者其他材料进行拓印、拼接、裁剪或者粘贴。

他还会用一些废旧物品（比如不用的盒子、盖子或桶）搭建很棒的建筑物，比如大楼或者城堡。此外，他对做饭和种花的兴趣依然不减。

现在，宝宝喜欢玩难度更大的拼图游戏，喜欢用积木搭建更复杂的建筑物。他还喜欢用一些较小的搭建材料在他的机场模型周边搭建一些小建筑物。

宝宝现在可以和小朋友们合作用积木玩搭建游戏了，比如，一起修路；而且，在玩游戏之前，他们还会制订详细、明确的计划。当然，在玩游戏的过程中，他们并不能总是和谐相处，争吵是不可避免的。在这个阶段，宝宝无论是和小伙伴还是和大人一起做游戏，都是一会儿和平共处，一会儿硝烟弥漫。不过，这个阶段的宝宝对他人的情绪十分敏感，尤其是当他的兄弟姐妹或者小伙伴不开心的时候。

宝宝和别人一起合作做的游戏越来越多了，比如"请你跟我这样做"和"过家家"，以及简单的卡片游戏和棋类游戏。

大盒子或者大方块积木之类的游戏材料很受宝宝欢迎。他会用这些东西制作商店、飞机或者其他游戏用品。

宝宝从上个阶段开始就对大自然产生了兴趣，到了这个阶段，他的兴趣丝毫不减。豆子发芽、花骨朵开花以及蝌蚪和蝴蝶的成长变化，对他来说都十分神奇。他还喜欢看小鸟吃食，对毛毛虫和蜘蛛也非常感兴趣。

★想象游戏

宝宝越来越喜欢和小伙伴一起做假装游戏了。他的社会交往能力有了很大的提高，而且游戏情节更加丰富了，过程也更加明确了。游戏的内容可能是他经历过的一些事情，比如，去剪头发或者去看病；也可能是他从书上或者电视上看到的内容。此外，游戏中还开始出现一些虚构的内容，比如，龙或者怪兽的故事。宝宝和小伙伴玩的游戏可能是这样的：发了一场大火，他们要把所有的人都从楼里救出来，并且把火扑灭。如果要对游戏进行拓展，

玩具箱

宝宝可以使用下面的玩具做探索游戏、假装游戏和互动游戏。不过，和以前一样，他玩玩具的方法可能完全出乎你的意料。

探索游戏

★ 黏土或者橡皮泥　　★ 儿童手指画颜料　　★ 签字笔

★ 印章或者其他可以盖印的东西　　★ 卫生纸

★ 难度更大的拼图玩具　　★ 用于室外搭建的大盒子

★ 家中不用的盒子、箱子、塑料瓶、鞋带等

★ 植物，比如盆栽花　　★ 蚕茧或者蝴蝶茧　　★ 蝌蚪

假装游戏

★ 外表逼真的玩具娃娃　　★ 玩具房子和玩具植物

★ 更多职业服装，比如消防员或者医生的服装

★ 儿童木马　　★ 农场模型或者动物园模型

★ 房间布局图

社交游戏

★ 用于简单的卡片游戏或者棋类游戏的材料

他们可能加入一些虚构的内容：一辆消防车从天上飞下来救火。如果配上适当的装备，他们的游戏更是会增色不少。宝宝会发现，表演是一件非常有意思的事情，他可以用不同的声音、不同的举动演绎不同的人物。

洋娃娃还是常被宝宝用来玩想象游戏，比如扮演撞车事故中的火车乘客，被送到医院接受治疗。同样，这些游戏的过程都变得更加复杂了，玩的时间也更长了。

亲子阅读

现在是亲子阅读的大好时机——在这个阶段，宝宝能够充分认识到书籍给他带来的乐趣：他能够通过阅读获取知识和信息，丰富自己的想象力，并且能够获得简单的、无穷的快乐。

　　和对游戏的喜爱一样，宝宝对书籍的喜爱也出现了较大的个体差异。所以，你在给宝宝买书之前，可以先带他去图书馆，了解他真正喜欢什么样的书。比如，无论我给我的女儿和大儿子读什么书，他们都非常喜欢，但是我的小儿子却对某些故事表现出明显的偏爱，他总是一遍又一遍地看这些书，而不想看别的书。

　　宝宝仍然对与他的日常生活密切相关的故事很感兴趣，但是这时他也开始喜欢虚构的故事了。你要认识到，由于宝宝对世界的认识依然有限，他很难分清什么是现实，什么是幻想，尤其是在看那些会让他害怕的故事时，这时你就要给他提供一些适当的帮助，帮他分清现实和幻想。还有一点也非常重要：虽然宝宝已经对修辞手法有所了解了，但是他的理解大多还停留在字面意义上，所以有些句子可能让他感到困惑，无法理解，比如，"大雪给庄稼盖上了一层厚厚的被子"（他还不能将舒适的被子和冰冷的雪联系在一起），这时你就要耐心地给他解释清楚。

　　宝宝非常喜欢经典的故事，比如《三只小猪》和《拔萝卜》等，他喜欢故事里反复出现的话语和儿歌。这些故事能够让宝宝一遍又一遍地感受到惊奇和快乐，就像大人喜欢反复听某些音乐一样，宝宝也喜欢反复听这些故事，而且每听一遍，他的快乐就会增加一些。每当猜到接下来会发生什么时，他都非常高兴，而一旦大人对故事的字句稍作改动，他就会立刻提出抗议。

　　你会发现，宝宝现在还会反过来给你讲他非常熟悉的故事。

　　宝宝还可能喜欢介绍大自然的图书，尤其是那些介绍他熟悉的事物的图书。比如，如果他曾经见过青蛙，那么他就会喜欢看介绍小蝌蚪如何变成青蛙的图书。

　　这个阶段的宝宝喜欢看包含很多细节的图片，还喜欢找出其中一些细节。

　　宝宝还对介绍颜色、数字、相同和不同等概念的图书感兴趣，也非常喜欢儿歌书。

　　你会发现，现在宝宝开始对印刷文字产生兴趣，这是因为他意识到印在纸上的文字和我们说出的话是对应的，他甚至能够意识到印在书上的某个字就代表某个声音。如果他能够自发地认出某个字，并且告诉你这是什么字，那当然是再好不过了；如果他做不到，你一定不要试图去教他认。其实，你和宝宝的亲子阅读正在为他以后的阅读奠定广泛而坚实的基础。

你一定要坚持每天和宝宝一起阅读。正如我们前面所说，这个阶段的宝宝对图书有了自己的偏好，所以你一定要遵循一条"黄金法则"——给宝宝自主选择图书的权利。

"半小时"之外，怎样对宝宝说话？

★给宝宝做游戏的时间和空间。

★只要宝宝愿意，就让他自己做自己的事情。

★关注宝宝的注意力水平。

★让宝宝有很多机会和其他小朋友一起玩耍。

★尽可能多地带宝宝参加各种户外活动。

★帮助宝宝探索大自然的奥秘。

关于看电视或录像的问题

现在，宝宝已经具备足够的语言能力，能够较好地理解电视节目或者录像的内容了。这样，电视和录像便成为宝宝的信息、知识和快乐之源，此外，它们还能够极大地丰富宝宝的想象力。与对图书和游戏的喜爱一样，宝宝对电视和录像节目的喜爱也存在明显的个体差异，但是某些节目会受所有的宝宝喜爱。

宝宝喜欢看故事节目，尤其喜欢看系列节目中他熟悉的人物的故事。他喜欢关注事件的发展，特别是当他能够预测下面会发生什么事情的时候。他也喜欢看虚构的故事，但是你仍然要记住，宝宝现在还是很难分清现实和幻想，你要在这方面给他一些帮助。另外，你也要记住，宝宝现在基本上还是只能理解字面意义，所以，如果你对他说的句子使用了修辞手法（比如，"巨人的腿就像树干一样）"，他可能感到非常困惑。

宝宝非常喜欢儿歌节目和音乐节目，也更加喜欢笑话和幽默剧了。

我们之前曾提到，宝宝现在对大自然的兴趣非常浓厚，在这一点上，电视和录像可以提供很大的帮助——它们能够让宝宝获得许多奇妙的体验，而这些是他在日常生活或者其他媒体中无法获得的。在电视或者录像上，宝宝能够看到令人惊叹的画面（比如，鲜花绽放的过程或者毛毛虫变成蝴蝶的过程），还能够看到生活在自然界中的各种动物的真实状态。（你一定要和宝宝一起看这些节目，并且随时准备回答他的问题。）

尽管在这个阶段看电视和录像对宝宝很有帮助，但是限制他看电视和录像的时间仍然非常重要。宝宝每天看电视或者录像的时间不应该超过一个小时。他很容易受到诱惑而长时间看下去，但是你一定要知道，电视和录像不会回答他的任何问题，不会给他解释词语的意义，更不会告诉他哪些内容是真实的，哪些内容是虚构的。

宝宝4岁了

关键能力的发育

语言能力和沟通能力发育

正如我们已经看到的，到了4岁，宝宝已经掌握了丰富的词汇，能够理解和运用所有的基本句型，可以说已经基本掌握了语言。现在，他会继续扩充词汇和语法知识，并且学着用更成熟、更规范的语言表达自己的意思。

宝宝越来越频繁地使用语言来思考问题和解决问题，比如，如何爬到树上的小屋里，以及应该为自己和小伙伴制订怎样的游戏计划——游戏中的角色怎么分配，虚构的故事情节应该怎样发展。他的语言技能越来越娴熟，不仅能够自如地表达自己的看法，还能够和别人讨价还价、谈条件、达成协议，比如，如何在游戏中轮流扮演主要角色。他还能够熟练地运用语言描述自己的经历，以及自己对这些经历的感受。

在这个阶段，宝宝能够与别人进行复杂的长谈，也能够根据说话的场合和听众改变自己的说话方式，比如，他很清楚对老师说话与对小朋友说话的方式是不同的。他开始记住一些礼仪，比如，他不用大人提醒就会主动说"请"和"谢谢"之类的礼貌用语。当想和别人说话的时候，他会非常努力地去吸引别人的注意力。此外，他还能够选择最佳时机加入别人的谈话——他会等到别人停下来的时候开始说话，而不是打断别人。

宝宝非常喜欢谜语和笑话，而且喜欢听比较长的、情节复杂的故事。

尽管已经取得了很大的进步，但是宝宝学会说话的时间毕竟还不太长，他的语言表达还有许多不成熟的地方。4 岁以上的宝宝仍然会犯一些语法错误，大多数宝宝都还会出现不规范的发音。有时候，宝宝还是弄不清对方对他所谈论的话题了解多少，所以说的话可能让人不知所云；而当他思想不集中的时候，他也不能对别人说的话作出回应。

动作能力和认知能力发育

4 岁以后，宝宝的动作能力发育也相当迅速，他变成了一个生气勃勃、精力充沛的小孩子，能够熟练地爬到高处以及开展一些户外活动，比如荡秋千和滑滑梯。到了 5 岁，他能够跟着音乐跳舞，玩球类游戏的时候也十分灵活。本阶段，他极强的身体控制能力体现为他能够手里拿着东西下楼梯。

宝宝喜欢画画，我们能够轻松地认出他画的是什么，有的宝宝还能够简单地写几个字母。宝宝还会发展一些新技能，比如做针线活——当然，针脚非常大。他越来越愿意和小朋友一起玩，而且一起玩的时候能够更好地与小朋友合作。

注意力和听力发育

4 岁以后，宝宝能够主动转移注意力；到了 5 岁，他会有一个巨大的进步：他的注意力终于变成双通道的了。也就是说，他能够一边做自己的事情，一边听别人对他说话，而不必停下手里的事情专门看着说话的人。刚开始的时候，他这样做的时间还很短，随后会逐渐变长。具备了这种能力，说明宝宝已经为上学做好了准备，因为这样他就能够在老师的指导下学习——能够一边听老师指导，一边自己做。这种能力对课堂学习非常关键。（但是，这种能力还需要一年的时间才能发育完全。）

坚持与宝宝对话

我希望你已经非常喜欢每天和宝宝单独相处半小时，而且不用我再强调，你也会继续坚持下去。和上个阶段一样，这个阶段你不用安排专门的时间与宝宝对话，你可以充分利用你和宝宝一起活动的时间，比如你们一起散步、一起劳动的时候，你带他去游泳馆游泳或者去图书馆看书的时候。在这些时间里，你可以回答他的问题，和他讨论生活中发生的事情以及他对这些事情的感受，尤其是当他遇到一些特别难过的事情时，比如父母离异、家人去世或者宠物死亡。要让宝宝有机会说出他对这些事情的感受，并且帮助他理解这些事情，尤其应该告诉他发生这些事情都不是他的错，这对他来说非常有帮助。

本阶段怎样帮助宝宝？

一定要坚持每天和宝宝一起看书。我希望你们能够享受一起阅读的乐趣，并且把这个习惯一直保持下去，不要半途而废。

宝宝对图书应该已经有了自己的喜好，这个时候带他去图书馆或者书店选择他自己喜欢的图书是再好不过的了。

在这个阶段，你仍然可以做很多事情来继续帮助宝宝提高他的语言能力。

和上个阶段一样，你完全不用限制自己使用的新词语的数量，也不用故意降低句子的难度。如果宝宝对你说的话有什么不明白的地方，他会立刻让你知道的。

继续补充宝宝说的话。比如，如果宝宝说"我们吃饭后去公园"，你可以说"是的，我们要去公园。威廉和他的爸爸也去，然后，他们会来我们家做客"。现在，你很可能是习惯性地说出这些话来。

如果你发现宝宝的话语中存在语法错误或者语音错误，和以前一样，要在交谈中自然地对他说出正确的说法，而不要直接纠正他。比如，宝宝可能说"那只鸟的羽毛是*非色的*"，你可以说"是的，它的头上长着*灰色*的羽毛，我看到它尾巴上的羽毛也是*灰色*的"。

当宝宝不清楚别人是否了解某一信息的时候，你的及时提醒对他非常有用。我的忘年交查尔斯最近给我讲了很多关于乔维尼掉进泥坑里的事情，他的妈妈就提醒他说我还不知道乔维尼到底是个小孩还是只动物。

继续帮助宝宝拓展他的游戏，要保证他有足够的时间和空间玩耍，也有机会和别的小伙伴一起玩耍。

一定要限制宝宝看电视的时间，每天不能超过一个小时。他现在喜欢看少儿节目，这些节目能够激发他的想象力，还能够让他看到平时在生活中无法体验的自然奇观。但是，他仍然需要大量的时间做游戏，与人互动和交流，并通过在游戏中表演日常生活经历加深自己对这些生活经历的理解。除开这些活动所花的时间，他可利用的时间也就不会超过一个小时了。

和以前一样，如果你能够和宝宝一起看电视，在看的时候回答他的问题，解释他不理解的内容，还能够和他交流所看的内容，宝宝会受益无穷。

亲子游戏

这个阶段的宝宝非常喜欢运动，骑小自行车和玩球的本领很强。他仍然喜欢从上个阶段开始的艺术类活动和创造性活动，能够用积木或者其他材料搭出非常好的作品。

在这个阶段，与其他小伙伴一起做游戏对宝宝来说更加重要了。假装游戏仍然是非常好的儿童社交活动——在游戏中，小朋友们需要一起计划，共同合作，他们会制订规则，也通常能够遵守规则。宝宝会充分地发挥自己的想象力，还经常会把从书中和电视节目中看到的故事表演出来。

宝宝快上学了

宝宝快到上学的年龄了，如果你一直坚持采用"与宝宝对话"这套方法与他交流，那么他的注意力、听力和语言能力一定已经有了很好的发育，这会使他喜欢学校生活，也乐于参加各种活动。

至于应该在什么时候正式开始教宝宝阅读、写作和算术，这个问题一直都存在争议。我的经验使我觉得，晚点儿开始正式的学习对很多宝宝会更好一些。可是大多数父母并没有权利选择什么时候让宝宝上学，去哪里上学。那么，作为父母，你能够做的就是保证宝宝在家里有足够的机会做游戏，并且能够获得丰富的生活经历，比如，你可以经常带他去游泳馆、去公园和去图书馆。当然，如果宝宝自己愿意待在家里读书、写作和做算术，完全没问题。我们一定要让宝宝有自主选择的权利。

在宝宝开始学校生活之前，家长可以做很多事情来帮助他做好准备：有的学校会让你带他去参观；你可以给他讲讲学校生活是什么样子的，并留出时间来回答他的问题；他也会非常愿意听你讲你小时候开始上学的故事。最重要的是，你要记住：宝宝很快就会接受你对生活中的所有事件的态度——如果你认为上学是有意义的、积极的、充满乐趣的，那么他也会这样认为。

结束语

我非常希望你见证了宝宝从一个无助的婴儿成长为一个自信能干的沟通者的整个经过，我相信你一定会为他的进步感到无比喜悦和自豪。

我也希望你已经掌握了与宝宝交流和互动的最佳方式，能够帮助宝宝最大限度地发挥他的潜能，同时，也希望你们一直都非常喜欢彼此的陪伴，希望你们今后的生活也其乐融融。

无论如何，我都希望"与宝宝对话"对你和宝宝来说是一个充满了快乐的过程。

如果你对我的这些希望的回答都是肯定的，那么我写这本书的目的就达到了。

祝你和宝宝一切顺利！

附录 1

错误的标签

下面我将简单介绍一些因神经系统损伤而导致的长期语言困难。这些疾病通常会给一个家庭带来很多困扰，受到影响的孩子需要长期的语言治疗，有很多孩子还需要接受特殊教育。这些病的发病率并不高，我之所以要介绍它们，是因为实践经验告诉我，这些病的名称常常被错误地用来给孩子贴上标签。

特殊言语损伤（Specific Language Impairment）：患有此种疾病的孩子会出现严重的长期语言学习障碍，他们听力正常，没有自闭症或者学习障碍。

动作协调能力丧失症（Dyspraxia）：另一种导致孩子语言能力发育迟缓的神经性疾病。由于动作协调能力丧失，患有此种疾病的孩子的舌头和嘴唇运动难以协调，很难发出语言中的声音。他们也很难控制自己的身体运动，比如，他们不知道如何钻进一个狭小的空间里，也不知道怎样挪动椅子并站在上面去够玩具。他们的动作常常十分笨拙、不协调，他们的游戏也毫无章法。

注意力缺陷多动障碍（Attention Deficit Hyperactivity Disorder, ADHD）：这种病有很强的家族遗传性。患有此种疾病的孩子常常难以控制自己的注意力，无法将注意力保持在一件事情上，他们的注意力非常容易分散。有些孩子经过药物治疗会有很大的好转。

我见过很多孩子被贴上这些病的标签，还有人建议这些孩子的父母教孩

> 3岁的索妮有一双大大的蓝眼睛，是一个非常迷人的小姑娘，在家里的3个孩子中是最小的。她的语言发育有些缓慢，这让她的父母非常担忧，他们带着她在全国很多地方接受了很多次测评和诊断，最终，她被诊断为患有"动作协调能力丧失症"和"严重的语言发育迟缓"，有人还建议她接受特殊教育。索妮的动作的确有些笨拙，她不知道怎么握住笔或者剪刀，也不能控制自己的动作，比如，她不知道怎样站在箱子上去够一个玩具，而且她只能听懂和说出几个词语。
>
> 一眼看上去，索妮的确像一个有严重问题的孩子，但是真实的情况是，她每天都与保姆生活在一起，而保姆尽管精心照料她的生活，却几乎从不和她说话，所以她每天的大多数时间都是坐着看电视。在她的父母采用"与宝宝对话"这套方法与她交流3周后，她就能够听懂并说出含有两三个词语的句子了。而且，在大人陪她一起画画、搭积木和剪纸之后，她的这些技能也很快提高了。很显然，她并不存在长期学习障碍。最近，我收到了她妈妈的来信，信中说她已经5岁了，能够阅读6岁半孩子看的书，在学校里也生活得很快乐，这让我非常高兴。
>
> 另一个曾被诊断为患有"特殊言语损伤"的孩子本，实际上拥有出色的思维能力和创造能力。我第一次见到本的时候，他已经3岁了，可是他的语言理解能力和表达能力只相当于16个月大的孩子，他当时正在学习手语。令人难以置信的是，在他的父母采用"与宝宝对话"这套方法与他交流6个月以后，他就可以提出"时间是什么？"、"骨头是怎么到皮肤里面去的呢？"这样的问题了。满4岁的时候，他的语言能力已经达到7岁半孩子的水平了。

子学习手语，去接受特殊教育。事实上，只有极少数孩子真正存在这样的问题。对大多数孩子来说，如果早期在听力、注意力以及语言理解能力的发育上得到适当的帮助，语言发育迟缓的问题就可以避免。大多数语言发育迟缓的孩子，在父母采用"与宝宝对话"这套方法与他们交流之后，语言能力都能够在几个月之内就达到同龄孩子的正常水平，有的孩子的语言能力和智力甚至能够达到优秀水平。

附录 2

父母们的问题

下面是父母们在采用"与宝宝对话"这套方法与宝宝交流的过程中经常会遇到的问题，我希望我对这些问题的解答对你有所帮助。

宝宝 6 个月的时候，我就必须回单位上班了，这会有什么影响吗？

我非常希望你能够一直和宝宝共享每天半小时的快乐时光，即使你回单位上班了，坚持做到这一点也不困难。每天半小时对宝宝的成长发育有着不可估量的影响。如果你能够把"与宝宝对话"这套方法的原则教给宝宝的主要看护者，那么也可以由他们来代替你与宝宝对话；如果你没有人能够代替你，那么你至少要坚持做这套方法中最重要的一些事情。

我的妻子要上班了，我在家里看护宝宝，这会有什么问题吗？

一点儿问题都没有。我认识很多照顾宝宝的父亲，他们都做得非常好。我注意到与母亲们最大的不同是，父亲们很难做到不去教孩子，不对孩子提问。我希望你能够努力遵守"与宝宝对话"这套方法中的所有原则，克制自己，不要去教孩子或者对孩子提问。如果你做到了这些，我认为你就是一位成功的父亲，而且你在这个过程中会收获很多快乐。

我是一个单亲母亲，有 3 个孩子，我自己很难找到时间和老三单独待在一起，我该怎么办？

我非常理解你，也知道对你来说困难有多大。要想每天和老三单独相处半个小时，你可以去找朋友、邻居或者亲戚帮你照顾另外两个孩子，我相信这样做是非常值得的。另外，你也可以改变老三的作息时间，在另外两个孩子去学校或者去玩耍的时间里，不要让他睡觉，这样你就可以利用这段时间与他对话。即使你不能做到每天都这样，他仍然能够取得很大的进步——一天中宝贵的半小时会导致很大的差别。

我们打算给宝宝找个保姆，请问应该找什么样的保姆？

如果保姆几乎整天都和宝宝在一起，那么首先要保证她的第一语言和你们的语言是一样的。最理想的情况是，你能够和她分享"与宝宝对话"这套方法，这样她在和宝宝说话时也能够应用其中的原则——即使这样，我仍然希望你能够亲自与宝宝进行每天半小时的对话。

如果保姆的第一语言和你们的语言不同，那么请你鼓励她用她自己的第一语言和宝宝说话，以及给宝宝唱歌。这样，宝宝将有机会掌握多种语言。这里还有一个比较重要的问题，就是你换保姆的时候一定要保证第二个保姆的第一语言和第一个保姆的第一语言是一样的。我见过很多孩子，他们被说不同语言的保姆照顾过，结果哪一种语言都没有学会。

我上班的时候，不得不把孩子送到托儿所。如果托儿所不能按照"与宝宝对话"的原则对待孩子，会有麻烦吗？比如，我听说那里的老师会问孩子许多问题，而我已经逐渐认识到这样对孩子不好。

当你的宝宝进了托儿所，那么你每天与宝宝的对话就显得更加重要了，如果可以，你一定要坚持每天都与宝宝对话半小时。幸运的是，宝宝的适应性都非常强，只要你能够在家中坚持采用"与宝宝对话"这套方法与宝宝交流，他就能够得到很大的帮助，并不会因为托儿所的老师采用了不同的教育方法而受到影响。实际上，宝宝也能够从托儿所的游戏中以及与其他小朋友的相处中受益。另外，你也可以及时与托儿所的老师交流你的想法。

我要和丈夫离婚了，我怎么做才能将离婚对我 3 岁女儿的影响降到最低呢？

当然，小女孩在遇到这样的事情时，伤心难过是不可避免的。但是我相信，坚持每天和她单独相处，让她有机会说出自己的感受，解答她提出的问题，对她一定会有很大的帮助。你可以帮助她去理解将会发生什么事情，不会发生什么事情。非常重要的一点是，她可能认为离婚是她造成的，是她的错，所以你一定要反复告诉她：事情并不是这样的，你们离婚并不是她的错。

我是意大利人，我的妻子是英国人，我们住在伦敦。我想让我的儿子学意大利语，但是我担心他会混淆这两种语言。我这样的看法正确吗？

有机会掌握两种语言的孩子是非常幸运的，只要环境合适，小孩子就能够轻松地掌握两种语言。生活在双语环境中的孩子只有在下面两种情况下才会混淆两种语言：

第一，大人混合使用两种语言，也就是在说每句话的时候都夹杂两种语言中的词语。

第二，大人对孩子说的并不是他们从小就使用的语言。为什么这会对孩子产生影响呢？我们知道，"与宝宝对话"这套方法的一个重要内容就是我们要不断调整和修正我们与婴幼儿对话的方式。但是，如果我们对孩子说的不是自己从小就说的语言，我们很难做到这一点。另外，如果我们使用的是母语之外的另一种语言，我们可能不知道这种语言中传统的儿歌、歌曲或者故事，而这些儿歌、歌曲和故事是我们应该与孩子分享的非常重要的一部分内容。

我给你的建议是：无论什么时候，你都对宝宝说意大利语。而要想获得最完美的结果，我的建议是：你每天坚持用意大利语与宝宝对话半小时，而你的妻子每天坚持用英语与宝宝对话半小时，这样，宝宝就能够非常轻松地掌握这两种语言！